诚信为本 操守为重

坚持准则 不做假账

——与学习会计的同学共勉

● 财会类专业校企"双元"合作开发教学改革成果教材

● "财务数字化应用""业财一体信息化应用"1+X 证书制度书证融通教材

税费计算
与申报

配有
"新道教学平台"
数字化资源及
实训

主编 黄 玑 杨则文

主审 赵丽生 程淮中

高等教育出版社·北京

内容提要

本书是财会类专业校企"双元"合作开发教学改革成果教材，也是"财务数字化应用""业财一体信息化应用"1+X 证书制度书证融通教材。

本书依据现行最新的税收法律法规、最新颁发的国家会计专业教学标准和《高等职业院校会计专业（云财务会计师方向）人才培养方案与核心课程标准》编写而成。

本书共包括导言和 15 个项目，每个项目下又分为若干模块，每一项目都以企业真实案例贯穿全文，力求通过工作任务引领税务活动，训练学生熟练运用税收法律法规解决实务问题的能力，达到了解税收理论知识、熟悉税法主要内容、熟练操作办税业务的目的。

本书内容全面，案例丰富，适合高职和应用型本科会计相关专业学生使用，也适合社会财务工作者、各级管理者阅读。

与本书配套的教学 PPT、参考答案可登录高等教育出版社产品信息检索系统下载使用。其他资源可登录"新道教学平台"进入"税费计算与申报"进行在线学习，也可以扫描书中二维码观看相关教学视频、拓展阅读，完成项目练习。具体操作方式请见书后"郑重声明"页的资源服务提示。

图书在版编目（CIP）数据

税费计算与申报 / 黄玑，杨则文主编. -- 北京：
高等教育出版社，2021.3（2022.2重印）
ISBN 978-7-04-055805-0

Ⅰ. ①税… Ⅱ. ①黄… ②杨… Ⅲ. ①税费-计算-
高等职业教育-教材②纳税-税收管理-中国-高等职业
教育-教材 Ⅳ. ①F810.423②F812.42

中国版本图书馆CIP数据核字(2021)第036418号

税费计算与申报
SHUIFEI JISUAN YU SHENBAO

策划编辑	武君红	责任编辑	张雅楠	封面设计	赵 阳	版式设计 马 云
插图绘制	黄云燕	责任校对	窦丽娜	责任印制	赵 振	

出版发行	高等教育出版社	咨询电话	400-810-0598
社　　址	北京市西城区德外大街 4 号	网　　址	http://www.hep.edu.cn
邮政编码	100120		http://www.hep.com.cn
印　　刷	天津市银博印刷集团有限公司	网上订购	http://www.hepmall.com.cn
开　　本	787mm×1092mm 1/16		http://www.hepmall.com
印　　张	23		http://www.hepmall.cn
字　　数	470千字	版　　次	2021 年 3 月第 1 版
插　　页	1	印　　次	2022 年 2 月第 2 次印刷
购书热线	010-58581118	定　　价	49.80元

本书如有缺页、倒页、脱页等质量问题，请到所购图书销售部门联系调换

总 序 Preface to the Series

技术进步永远是推动社会发展的原动力，信息技术作为进步的基础是不容置疑的。以"互联网+"、大数据、人工智能、云计算、物联网、区块链等为代表的信息技术正在进一步推动企业组织变革和效率提升，也在不知不觉间悄悄地改变着人们的思维、习惯、生活和工作方式。重塑教育系统、提供教育版图，已成为每一位教育工作者的责任和担当。

会计是人类借助于特殊工具、运用专门方法对经济活动进行的记录计量行为，及时准确地储存、加工和输送会计信息是会计的基本特征。在现代社会中，影响会计发展最主要的力量是新技术革命，特别是云计算、人工智能和区块链，这些新兴技术作为人类的伟大作品正在从根本上改变会计。一方面，会计人才新需求开始发生颠覆性的变化；另一方面，企业内生动力驱使财务转型、集团财务共享中心迅速发展、财务机器人的出现、智能会计的广泛应用等，已成为当下会计界一道亮丽的风景线。拥抱云时代，既是现代会计发展进程中的一种理性选择，也是一个更艰难的挑战。毋庸置疑，新的信息技术发展得相当成熟并且日益商品化，这对传统会计来说，既是一次生死攸关的考验，也是一个涅槃重生的机会。然而至今为止，我们的会计教育界在确立人才培养目标和课程体系架构上对此却反应迟钝，重构意识极为淡薄，甚至有不屑一顾之嫌。事实上，今天的会计实践已经远远走在会计教育的前面，真所谓"云财会"时代将要到来，这是研究并实现传统会计专业向云财务会计师方向转型发展的一个非常重要的时刻。会计发展史上的第三次革命悄然而至。

习近平总书记在十九大报告中指出，"深化产教融合、校企合作"，2017年国务院办公厅印发《关于深化产教融合的若干意见》中要求教育链、人才链与产业链、创新链有机衔接。产教融合就是要把产业元素与教育元素有机交融，它是一个逐步演化和递进的过程，从融入到融通再到融合，其基本路径是学校与企业合作。深化产教融合的主要目标是，逐步提高行业企业参与办学程度，健全多元化办学体制，全面推行校企协同育人，用10年左右时间，教育和产业统筹融合、良性互动的发展格局总体形成。在这个背景下，2017年12月新道科技股份有限公司依托用友集团作为中国领先的财务软件服务供应商，联合国内外知名企业和高职院校，在北京用友软件园召开云财务会计师人才培养专题会议，确定了以会计专业（云财务会计师方向）人才培养方案为突破口，按照教育部最新《高等职业学校专业教学目录》和《高等职业学校会计专业教学标准》进行系统的会计专业教学改革，会后迅即在全国 30 多所高职院校部署云财务会计师人才培养工作。为达到更高质量更高水平并在更多高职院校落地，2018 年 4 月新道科技股份有限公司在成都成立了云财会产教融合高职协作委员会（简称协作委员会），由山西省财政税务专科学校校长赵丽生教授担任主任、江苏财经职业技术学院校长程淮中教授担任常务副主任，集聚国内一批知名企业家、会计专家、IT 专家和高职财会领域教育专家，携手开展"互联网＋"背景下的会计专业教育教学改革。协作委员会立足于全球视野、前瞻未来、顶层设计、整体开发，既科学研判了"大智移云物区"对会计提出的新需求，也充分考虑了经济全球化、经济转型发展对会计提出的新要求，同时还研究了技术进步、制度创新、组织形式变革背后的文化力量对会计的影响。两年多来，协作委员会先后完成组建机构、优化团队、专题调研、方案起草、课标研讨、教材开发、资源研制、专业共建、推广宣传等方面的工作，坚持高质量，树牢品牌意识，发扬钉钉子精神，久久为功，把习近平总书记"深化产教融合、校企合作"的重要指示和《国家职业教育改革实施方案》精神落细落实，以满足"互联网＋"背景下社会对新会计人才的需求。《高等职业院校会计专业（云财务会计师方向）人才培养方案》及其 7 门核心课程标准就是协作委员会成立以来的阶段性研究成果。

会计专业（云财务会计师方向）改革的基本思路是充分考虑新技术革命给会计带来的冲击，满足会计业务人才对熟悉"大智移云物区"环境的强烈需求，坚持"自我革命、大胆改革、改中求稳、循序渐进"的方针，既要顺应科技进步、经济发展大势，引领高职院校会计专业教育教学改革的发展方向，又要充分考虑地区差异、发展差异、水平差异，争取让全国更多的高职院校能够享受改革成果。

伴随着高职"双高计划"的落实和1+X证书制度的推进，《高等职业院校会计专业（云财务会计师方向）人才培养方案与核心课程标准》也可供中国特色高水平高职学校和高水平专业群建设参考。

直接参与《高等职业院校会计专业（云财务会计师方向）人才培养方案》及其核心课程标准研发的人员有：赵丽生（山西省财政税务专科学校校长、教授）、程淮中（江苏财经职业技术学院校长、教授）、杨则文（广州番禺职业技术学院财经学院院长、教授）、王忠孝（浙江金融职业学院会计学院党总支书记、院长、教授）、陈晨（杭州科技职业技术学院工商学院院长、教授）、李爱红（河南财政金融学院教授）、陈三华（武汉船舶职业技术学院经济与管理学院院长、教授）、新道科技股份有限公司杨晓柏总裁、宋健副总裁、贾大明助理总裁等。本书最后由赵丽生教授、程淮中教授和杨则文教授修改并总纂定稿。在会计专业（云财务会计师方向）研究与探索过程中，我们得到了中国会计学会副会长刘永泽教授、中国高等教育学会高等财经教育分会副理事长兼秘书长张国才教授的悉心指导，全国财政职业教育教学指导委员会高职专业教学指导委员会成员单位以及率先启动云财会专业共建的 350 多所院校提出许多建设性的意见和建议，在此一并表示感谢！

史蒂夫·乔布斯说过这样一段话："每一个革命性的产品到来都将改变一切……如果你的职业生涯中能够为其中一件工作过那将是非常幸运的。"对此，云财会产教融合高职协作委员会全体成员深有体会。两年多来，我们秉持"不忘初心、牢记使命"，遵循立德树人和问题导向，先后在淮安、大理和北京，聚焦主题，头脑风暴，集体备课，从改革背景、理念思路、技术路径、方案画像、课程地图、课标要素、教材呈现、资源种类，到推广宣传、专业共建、凝练成果，最终形成淮安共识。

潮起潮落，花开花谢，自然世界的沧桑变幻并非无迹可寻，会计发展的历史也总是遵循一定的规律。今天，会计已经处于新的十字路口，面对的是一场前所未有的技术革命。拥抱云时代，一切都在变化之中。提出答案，永远比舔舐恐惧更适合驾驭未来会计发展的巨变。

两年多来我们付出不懈的努力，第一时间推出了《高等职业院校会计专业（云财务会计师方向）人才培养方案与核心课程标准》，希冀找到在云时代背景下推动高职会计教育改革的秘诀。特别是在 2018—2019 年期间，在用友集团和新道科技股份有限公司举办的三次大型产教融合推广宣传会上，协作委员会研究成果受到与会代表的广泛赞誉，同时新道科技股份有限公司申报的"财务数字化应用职业技能等级标准""业财一体信息化应用职业技能等级标准"成功入选教育部第三批职业技能等级证书标准，令我们更为振奋。虽然本书人才培养方案和核心课程标准还会存在一些问题，但我们相信，本书的出版有助于重构会计教育的课程体系，并立志为实现中国会计向云财会方向转型发展贡献力量！

云财会产教融合高职协作委员会

2020 年 3 月 28 日

前 言 Preface ······

随着科技进步，很多传统会计工作已经被现代先进技术所取代。在管理会计越来越重要的今天，只有提前筹谋策划才能为会计转型发展提供动力源。"税"则是众多管理内容中的一个重要核心，因此，"税费计算与申报"这门课程也就成为会计、审计、财务管理、税务等专业的职业能力核心课程之一。

本书践行课程思政，以培养思想政治坚定、德技并修，主动适应现代技术创新的高素质技术技能人才为根本任务；以企业办税业务岗位的工作任务为内容导向，以具体税种的税费计算与申报为核心内容，以我国目前正在施行的18个税种的最新法律法规为依据，按项目式开发原理，每一税种的纳税业务为一个项目，以贯穿整个项目的模拟任务为工作内容，以各税种的征税范围、纳税人、税率、计税依据、应纳税额和纳税申报为主线，以完成每一税种的税费计算与申报为终极目标，培养学生的执业能力；教材的最后，以当前数字化时代下的税收征管变化以及财务机器人在税务管理中的应用为结尾，体现了前沿科技在税收中的作用。

本书配套建设有教学课件、微课视频、习题库、仿真报税系统等数字化资源，可登录"新道教学平台"（https://cloud.seentao.com）进入"税费计算与申报"进行在线学习，也可以扫描书中二维码观看相关教学视频、拓展阅读，完成项目练习。

本书由云财会产教融合高职协作委员会"税费计算与申报"课程团队成员编写。广州番禺职业技术学院黄玑任第一主编，负责编写导言、项目一、项目十一、项目十三、项目十五；广州番禺职业技术学院杨则文任第二主编，负责本书的整体设计和修改定稿；广州番禺职业技术学院李映负责编写项目三、项目八、项目十二；四川财经职业学院罗艾负责编写项目二、项目七、项目十；云南财经职业学院倪洪燕负责编写项目四、项目九；江苏财会职业学院任燕红负责编写项目五、项目六、项目十四。限于作者水平，不足之处，恳请读者批评指正。电子邮箱：huangj@gzpyp.edu.cn。

本书得以付梓，要特别感谢云财会产教融合高职协作委员会的委员们，也要感谢新道科技股份有限公司连丽女士，还要感谢高等教育出版社的张雅楠编辑，他们的帮助给了编者完成任务和追求创新的动力。

编者

2020 年 12 月

目 录 Contents ······

导言 税收基础

学习目标

知识目标
- 理解税收的含义
- 熟悉税法的构成要素
- 认识我国税的种类及分类

技能目标
- 能按全额累进和超额累计方法计算相关应纳税额

素养目标
- 理解国家征税的必要性，树立依法纳税意识
- 树立税收风险意识
- 养成关注国家税收政策变化的习惯

项目引例

罗马帝国的灭亡与包税制

诞生于 2 000 多年前的罗马帝国通过不断对外征服，帝国达到了前所未有的极盛，疆域面积辽阔，人口达数千万人，经济空前繁荣。维系如此庞大的帝国统治，需要拥有大量的军队和官僚机构。因此，行省税收制度在帝国公共制度中占非常重要的地位。其税种主要包括土地税、人头税、释奴税、遗产税等。

税制作为社会财富分配的杠杆，涉及每个公民利益，关乎社会稳定。罗马统一税制的实施，使中央政权拥有驱动经济进一步市场化的经济杠杆，对罗马帝国的贸易及市场经济的形成产生了深远的影响。政府一方面利用税制杠杆，推动经济社会转型；另一方面，利用税制给公民减负，推行精英治国和地方自治。国家出现了空前繁荣的局面。

随着疆域的不断扩大，罗马开始推行全国统一的包税制。由贵族"骑士"充当包税人。由中央政府给各地区分别定出税收数额，由包税人组织征收。包税人按照规定的数额上交后，其余全部归包税人所有。由于包税人的权力得不到有效制约，他们常常不顾税法规定，随意加重纳税人的税收负担，导致了纳税人的强烈反抗。

凯撒上台以后，针对包税制的弊端进行了大胆改革。他把直接税征收的大权收归中央政府，只留一些间接税性质的收入仍由骑士们征收。由于利益受到影响，骑士们转而反对凯撒。统治集团内部的斗争，加上奴隶、平民的激烈反抗，社会矛盾日益激化，凯撒的地位日益削弱。公元前44年凯撒被刺身亡。

随着公共开支日益增加，税收种类日趋增多，税收的弊端也日益显现。公元2世纪末，戴克里先夺得帝位，对税收制度又进行了一次改革。他把帝国分成多个"税区"，分区征收土地税和人头税，为防止偷税，严格限制了劳动力的流动。包税制表面上有些改动，实际上并无根本性差别。苛捐杂税日益增多，税法执行层层加码。奴隶和平民不堪其苦，反抗起义连绵不断。加之外族入侵，官僚腐败。终于把罗马帝国连同它的包税制送进了历史的档案馆。

模块一 税 收 概 述

一、税收的含义

税收是国家为了满足社会公共需要，凭借政治权力，利用法律手段，以政府为征收主体，强制、无偿地取得财政收入的一种形式。理解税收的内涵要从税收的本质、国家征税的依据和国家征税的目的三方面进行把握。

（一）税收的本质

政府要满足社会公共需要必须有一定的财政收入作为保障。取得财政收入的手段多种多样，比如征税、发行货币、发行国债、收费、罚没等，但是，其中最重要的是征税。税收是大部分国家取得财政收入的主要形式，它是政府取得财政收入的基本工具。在社会再生产过程中，分配是连接生产与消费的必要环节，在市场经济条件下，分配主要是对社会剩余产品价值的分割。税收是政府参与社会剩余产品价值分配的法定形式，处于社会再生产的分配环节，本质上体现一种分配关系。

（二）国家征税的依据

国家通过征税，将一部分社会产品由纳税人所有转变为政府所有，因此，征税过程实际上是政府参与社会产品的分配过程。国家利用税收参与分配凭借的是政治权力，即国家的权力。这种权力是因全体公民需要委托一个公共管理者管理公共事务而授予政府的。公民委托政府管理公共事务和向政府纳税是出于权利与义务的对等，一方面，国家公共权力要靠征税取得赖以存在的物质基础；另一方面，征税又必须以各种强制性的公共权力为后盾。

（三）国家征税的目的

国家征税最直接的出发点是为了满足社会公共需要。社会公共需要是指向社会提供安全、秩序、公民基本权利和经济发展的必要条件等方面的需要，如国防、外交、公安、司法、行政管理、基础教育、基础科学研究、卫生保健、生态环境保护、城市基础设施等。社会公共需要与微观经济主体（个人、企业、团体）的个别需要相比，其效用具有不可分割性、非排他性和价值难以通过市场交换得到补偿的特点，因此，市场机制不能提供满足上述公共需要的产品和服务。而这些需要的满足又是社会正常运转和发展进步的必要条件，作为公共管理和服务主体的政府必须担负起弥补市场机制缺陷（不能提供公共产品）的职责，通过征税来保证全体国民对于各类公共产品的需要。

二、税收的基本特征

政府筹集财政收入的方式除税收外，还有借债（发行国债）、凭借国有资产所有权获得利润、租金、股息，红利、资金使用费和向社会收取各种规费等。从形式上看，税收与其他财政收入相比具有无偿性、强制性和固定性的特征，习惯上称之为税收"三性"。也就是说，判断一种财政收入是不是税收，就看它在形式上是否具有"三性"。

（一）税收的无偿性

税收的无偿性是指国家征税以后对具体纳税人既不需要直接偿还，也不需要付出任何直接形式的报酬。通过征税，单位和个人缴纳的实物或货币即转变为国家所有，不再直接归还给缴纳者。但其他财政收入，如国债收入是国家以债务人的身份凭借国家信用取得收入，国家对债券持有者具有直接的偿还义务；规费收入是国家机关向有关当事人提供某种服务而收取的一种报酬，也不具有无偿性。无偿性是税收的关键特征，它使税收明显地区别于国债等财政收入形式，决定了税收是国家筹集财政收入的主要手段，并成为调节经济和矫正社会分配不公的有力工具。

（二）税收的强制性

税收的强制性是指税收这种分配是以国家的政治权力为依托的，具体表现为国家以颁布税收法令和制度等法律形式来规范、制约、保护和巩固这种分配关系。国家规定的税收法令和制度，任何单位和个人都必须遵守，否则就要受到法律的制裁。税收的强制性，不仅仅只是要求纳税人必须依法纳税这一个方面。对征税机关来说，税收也是强制的，如不依法征税，无论多征还是少征，都要承担相应的法律责任。

（三）税收的固定性

税收的固定性是指对什么征税和征多少税是通过法律形式事先规定的，征纳双方都必须遵守。这是保证税收征收空间上的并存性和时间的继起性以及政府权力的有限性的必要条件。这和一次性的临时摊派以及对违法行为的罚款、没收等有明显的区别。固定性也是税收区别于罚没收入等其他财政收入的重要标志，也正因为税收的固定性特征，才得以保证国家财政收入的均衡和纳税人负担的稳定。

税收的"三性"是税收的基本标志，是衡量"税"与"非税"的主要尺度。税收的"三性"相互依存、缺一不可。无偿性是税收的本质和体现，是"三性"的核心，是由财政支出的无偿性决定的。而要无偿取得财物，就必须凭借法律的强制性手段，强制性是无偿性的必然要求，是实现无偿性、固定性的保证。固定性则是保证强制、无偿征收的适当限度的必然结果。税收"三性"只是税收的形式特征，就实质而言，税收征收形式上的强制性是与民主协商过程的自愿性相结合的；税款征纳的无偿性是与"取之于民，用之于民"的总体有偿性相结合的；税收法律的固定性是与按照规定程序调整的可变性相结合的。

【项目引例分析】

罗马帝国因为合理的税收带来了国家的繁荣，没有强大的税收就没有强大的政府和军队，也就不会有罗马帝国的强大。政府机器要运作，必然需要税收。目前，我国 90% 的财政收入依靠税收，它是国家满足社会公共需要的基本收入来源。

模块二　税法基本要素

税法是国家制定的用以调整政府与纳税人之间在征纳税款方面的权利与义务关系的法律规范的总称。税法既是税务机关向纳税人征税的法律依据，又是纳税人履行纳税义务的法定准则，是税收制度核心内容的法律体现。

税法要素是指各种单行税法具有的基本要素的总称。首先，税法要素包括实体性的，也包括程序性的；其次，税法要素是所有完善的单行税法共同具备的，仅为某一税法所单独具有而非普遍性的内容，不构成税法要素，如扣缴义务人。

税收实体法的主要要素是纳税义务人、征税对象、税率、纳税环节、纳税期限、纳税地点、减免税、罚则等。

一、纳税义务人

纳税义务人简称纳税人，又称纳税主体，是指税法规定直接负有纳税义务的单位和个人。任何一个税种首先要解决的就是国家对谁征税的问题。如个人所得税的纳税义务人为取得各类应税所得的个人。

纳税人有两种基本形式：自然人和法人。自然人和法人是两个相对称的法律概念。自然人是基于自然规律而出生和存在的、有民事权利和义务的主体，包括本国公民，也包括外国人和无国籍人。法人是自然人的对称，它是基于法律规定享有权利能力和行为能力，具有独立的财产和经费，依法独立承担民事责任的社会组织。我国的法人主要有四种：机关法人、事业法人、企业法人和社团法人。在税法中，自然人可划分为居民个人和非居民个人，个体经营者和其他个人等；法人可划分为居民企业和非居民企业，还可以按企业的不同所有制性质来进行分类等。这些分类对国家制定区别对待的税收政策，发挥税收的经济调节作用，具有重要的意义。

与纳税人相关的两个概念是代扣代缴义务人和代收代缴义务人。

代扣代缴义务人是指有义务从持有的纳税人收入中扣除其应纳税额并代为缴纳的单位和个人，如发放工资的单位，代扣代缴职工工资所得的个人所得税等；代收代缴义务人是指有义务从纳税人处收取其应纳税额并代为缴纳的单位和个人，如委托加工的应税消费品，由受托方在向委托方交货时代收代缴委托方应缴纳的消费税。

二、征税对象

征税对象又叫课税对象、征税客体，是指税法规定的对什么征税，也是征纳双方权利义务共同指向的客体或标的物，又是区别一税种与另一税种的重要标志。如房产税的征税对象是房屋，个人所得税的征税对象是个人取得的各类应税所得。

征税对象是税法最基本的要素，因为它体现着征税的最基本界限，决定着某一种税的基本征税范围，同时征税对象也决定了不同税种的名称。如增值税，房产税、契税等。这些税种因征税对象不同，性质不同，税名也不同。

税目是各个税种所规定的具体征税项目，反映具体的征税范围。有些税种课税对象比较复杂，需要规定税目，如消费税。消费税将作为征税对象的消费品具体划分为烟、酒等15 个税目，而除了这 15 类特定消费品以外的其他消费品，就不需要缴纳消费税。但并非所有税种都需要规定税目，有些税种不分课税对象的具体项目，一律按照课税对象的应税数额采用同一税率计征税款，因此一般无须设置税目，如企业所得税。

税基，也叫计税依据，是据以计算征税对象应纳税款的直接数量依据，解决对征税对象课税的计算问题，是对课税对象的量的规定。不同税种甚至不同税目的计税依据是不同的，一种按征税对象的实物量计税，称为从量计征。如城镇土地使用税应纳税额等于占用土地面积乘以每单位面积应纳税额，其税基为占用土地的面积。另一种按征税对象的价值量计税，称为从价计征。如从租计征的房产税应纳税额等于租金收入乘以适用税率，其税基为租金收入。

三、税率

税率是征税对象的征收比例或征收程度，是应纳税额与征税对象数量之间的法定比例或额度，它是计算税额的尺度，也是衡量税负轻重与否的重要标志。我国现行税率主要有比例税率、定额税率和累进税率三种类型。

（一）比例税率

比例税率是指对同一征税对象不分数额大小，规定相同的征收比例。如我国的增值税、企业所得税、城市维护建设税采用的是比例税率。比例税率又分为三种具体形式：

（1）单一比例税率，是指对同一征税对象的所有纳税人都适用同一比例税率，如房产税等。

（2）差别比例税率，是指对同一征税对象的不同纳税人适用不同的比例征税。它具体又分为三种类型：一是产品差别比例税率，即对不同产品分别适用不同的比例税率，同一产品采用同一比例税率，如消费税、关税等；二是行业差别比例税率，如对不同行业分别适用不同的比例税率，同一行业采用同一比例税率，如增值税等；三是地区差别比例税率，即区分不同的地区分别适用不同的比例税率，同一地区采用同一比例税率，如城市维护建设税等。

（3）幅度比例税率，是指对同一征税对象，税法只规定最低税率和最高税率，各地区在该幅度范围内确定具体的适用税率，如资源税等。

（二）定额税率

定额税率是按征税对象确定的计算单位，直接规定一个固定的税额。如我国的车船税、耕地占用税、城镇土地使用税等都有按照台、平方米等计税的规定。

（三）累进税率

累进税率在我国目前采用超额累进税率和超率累进税率两种形式。超额累进税率是将征税对象按数额的大小分成若干等级，每一等级规定一个税率，对每个等级分别计算税款。征税对象数额越大，税率越高。超率累进税率是以征税对象数额的相对率划分若干等级，分别规定相应的差别税率。征税对象的相对率越高，税率越高。累进税率的具体种类如表0-1所示。

表0-1　累进税率种类

税率类别		具体形式	备注
依额累进	全额累进税率	将课税对象的全部数额都按照其所适用的最高一级征税比例计税	我国目前未采用
	超额累进税率	将课税对象按计税依据数额大小划分为若干个等级部分，并分别规定每一等级的税率，当计税依据的数额增加到需要提高一级税率时，仅就超过上一等级的部分，按高一级税率计算征税。该课税对象的全部应纳税额为多个等级部分应纳税额的合计数	如个人所得税
依率累进	超率累进税率	以征税对象数额的相对率划分若干等级，分别规定相应的差别税率，相对率每超过一个级距的，对超过的部分就按高一级的税率计算征税	如土地增值税

累进税率是按征税对象即应纳税所得额的数量，由少到多地划分若干等级，并分等级确定不同比例税率的一种税率组合形式。这些等级称之为累进级次，有几个级次就相应称之为几级累进税率。如我国现行税法规定有"七级超额累进税率""五级超额累进税率"等。每一级的起止数之间的距离称为级距。不同级距的税率是逐级提高的。七级超额累进税率表如表0-2所示。

表0-2 七级超额累进税率表

级数	应纳税所得额	税率（%）	速算扣除数（元）
1	不超过3 000元的	3	0
2	超过3 000元至12 000元的部分	10	210
3	超过12 000元至25 000元的部分	20	1 410
4	超过25 000元至35 000元的部分	25	2 660
5	超过35 000元至55 000元的部分	30	4 410
6	超过55 000元至80 000元的部分	35	7 160
7	超过80 000元的部分	45	15 160

【例题0.1】

纳税人甲全年应纳税所得额为12 000元，纳税人乙全年应纳税所得额为12 001元。按照表0-1的税率种类，如果实行全额累进税率，其应纳税额为：

纳税人甲应纳税额 = 12 000 × 3% = 360（元）

纳税人乙应纳税额 = 12 001 × 20% = 2 400.20（元）

比较纳税人甲与纳税人乙，乙比甲只多了1元应税所得额，但要多交2 040.2元的税款。这种征税方式存在不合理性，我国不采用这种累进税率形式。

超额累进税率，则只是将超过一定级距范围的部分按高一级的税率计算征收，避免了应纳税额的增加高于计税依据增加的现象。

【例题0.2】

我们将上述纳税人甲和乙的应纳税所得额分别改按超额累进税率计算。则：

纳税人甲应纳税额为：

第一级：3 000 × 3% = 90（元）

第二级：（12 000 - 3 000）× 10% = 900（元）

应纳税额 = 90 + 900 = 990（元）

纳税人乙应纳税额为：

第一级：$3\,000 \times 3\% = 90$（元）

第二级：$(12\,000 - 3\,000) \times 10\% = 900$（元）

第三级：$(12\,001 - 12\,000) \times 20\% = 0.20$（元）

应纳税额 $= 90 + 900 + 0.20 = 990.20$（元）

本例中，纳税人乙比纳税人甲的计税依据多1元，应交税金只多0.20元，比较合理。

由【例题0.1】与【例题0.2】可见，在税率既定的前提下，对同等量的应纳税所得额来说，超额累进的税负要比全额累进的税负轻。对不等量的应税所得额来说，超额累进不会出现在级距临界部分的税负陡增的现象。换句话说，超额累进的累进幅度比较缓和，更能体现合理负担原则，但计算比较复杂。

上述三种税率体现着不同的负担政策。比例税率体现等比政策，对收入水平不同的纳税人征收，实际税率相等，税额不等，纳税人之间税前收入和税后收入水平的差距比例不变。定额税率体现着等量负担政策，同等数量条件下，收入不同，税额相同，实际负担比率不等，单位数量收入越高，负担比率越低，纳税人之间税后收入水平的差距比税前扩大。累进税率体现累进负担政策，收入不等，实际税率也不等，收入越高，税率越高，纳税人之间税后收入水平的差距比税前缩小。

四、纳税环节

纳税环节是税法规定的征税对象在从生产到消费的流转过程中应当缴纳税款的环节。

按照纳税环节的多少，可以将税收制度划分为一次课征制和多次课征制。如现行的消费税实行一次课征制，仅对应税消费品的生产、委托加工、进口或者零售过程中的某一环节缴纳消费税，该商品在其他流通环节不再缴纳消费税。而增值税则实行多次课征制，从商品生产环节到商业零售环节，每一个环节都要就其增值额部分纳税。

五、纳税期限

纳税期限是指税法规定的关于税款缴纳时间即纳税时限方面的限定。税法关于纳税时限的规定，有三个相关的概念：

一是纳税义务发生时间。纳税义务发生时间，是指应税行为发生的时间。如采取托收承付和委托银行收款方式销售货物，其增值税纳税义务发生时间为发出货物并办妥托收手续的当天。

二是纳税期限。纳税人每次发生纳税义务后，不可能马上去缴纳税款。税法规定了每种税的纳税期限，即每隔固定时间汇总一次纳税义务的时间。如：增值税的纳税期限分别为 1 日、3 日、5 日、10 日、15 日、1 个月或 1 个季度。纳税人的具体纳税期限，由主管税务机关根据纳税人应纳税额的大小分别核定；不能按照固定期限纳税的，可以按次纳税。

三是缴库期限。缴库期限是缴纳税款的期限，也称缴款期限。即税法规定的纳税期满后，纳税人将应纳税款缴入国库的期限。如增值税的缴库期限：纳税人以 1 个月或者 1 个季度为 1 个纳税期的，自期满之日起 15 日内申报纳税；以 1 日、3 日、5 日、10 日或者 15 日为 1 个纳税期的，自期满之日起 5 日内预缴税款，于次月 1 日起 15 日内申报纳税并结清上月应纳税款。

六、纳税地点

纳税地点主要是指根据各个税种纳税对象的纳税环节和有利于对税款的源泉控制而规定的纳税人（包括代征、代扣、代缴义务人）的具体申报缴纳税收的地方。

七、减免税

减税、免税，是根据国家政策，对某些纳税人和征税对象通过减征部分税款或免于征税而给予鼓励和照顾的一种特殊规定。

减税、免税的具体形式有三种：其一是税基式减免，即通过缩小计税依据来实现减税、免税。它具体又包括起征点、免征额、项目扣除、跨期结转等。其二是税率式减免，即通过降低税率来实现减税、免税，包括规定低税率和零税率、暂定照顾性税率等。其三是税额式减免，即通过减少一部分或全部应纳税额，包括全部免征、减半征收、规定减征比例或核定减征额等。

八、罚则

罚则，主要是指对纳税人违反税法的行为所采取的惩罚措施，它是税收强制性特征的具体体现。

【项目引例分析】

国家需要税收，而税收只能凭借政治权力，按照法律的规定征收，这就是税法，它涵盖了征税对象、纳税人、税率、纳税环节、纳税期限、减免税和法律责任等要素。罗马帝国的包税制带来的征收随意性本身就是对税法的破坏，税制赖以建立的基石被毁坏，必然影响到国家政权的稳定和社会经济的发展。

模块三　我国税种及其分类

我国现行开征的税种有增值税、消费税、关税、船舶吨税、企业所得税、个人所得税、资源税、耕地占用税、城镇土地使用税、土地增值税、房产税、契税、车船税、车辆购置税、印花税、城市维护建设税、烟叶税和环境保护税共18个税种，它们按照不同的划分方法可有如下归类。

一、按税收管理使用权限划分

税收按其管理和使用权限划分，我国税收可分为中央税、地方税、中央与地方共享税。这是在分级财政体制下的一种重要的分类方法。通过这种划分，可以使各级财政有相应的收入来源和一定范围的税收管理权限，从而有利于调动各级财政组织收入的积极性，更好地完成一级财政的任务。

当前我国中央政府固定收入包括关税、船舶吨税、消费税、车辆购置税和海关代征的增值税；地方政府固定收入包括房产税、城镇土地使用税、耕地占用税、契税、土地增值税、车船税、烟叶税；中央与地方共享收入主要有增值税、企业所得税、个人所得税、资源税等。中央与地方共享税收入分配比例表见表0-3。

表0-3　中央与地方共享税收入分配比例表

税种	中央	地方
增值税（不含进口环节海关代征的增值税）	50%	50%
企业所得税（中国铁路总公司、银行总行、海洋石油企业除外）	60%	40%
个人所得税	60%	40%
资源税	海洋石油企业（暂不征）	其余部分
城市维护建设税	中国铁路总公司（原铁道部）、银行总行、保险总公司	其余部分
印花税	证券交易	其余部分

由于税收的征管要求不同，我国税收征收管理机构包括税务机关和海关。其中，海关负责关税和船舶吨税的征管，并负责代征进口环节的增值税和消费税。其余税收、非税收入及各项社会保险费的征管则由税务系统即国家税务总局系统负责。

二、按税收的征税对象划分

按征税对象的不同来划分，是税收分类最主要的方法。按照这种方法，我国目前征收的 18 个税种大体可分为以下五类。

（一）商品劳务税

对商品和劳务的征税简称商品劳务税，也称流转税，它是对商品和劳务交易征收的一类税收。对商品和劳务的征税是与商品和劳务的流转紧密联系在一起的。商品和劳务无处不在，又处于不断流动之中，这就决定了对商品和劳务的征税范围十分广泛。商品劳务税形式上由商品生产者或销售者缴纳，但其税款常附着于卖价，易转嫁给消费者负担，而消费者却不会直接感受到税负的压力。由于以上这些原因，商品劳务税一直是我国的主体税种。

我国当前开征的商品劳务税主要有：增值税、消费税和关税。它们主要在生产、流通或服务业中发挥调节作用。

（二）所得税

对所得的征税简称所得税，是对纳税人在一定时期的合法收入总额减除成本费用和法定允许扣除的其他各项支出后的余额（即应纳税所得额）征收的税。所得税按照纳税人负担能力（即所得）的大小和有无来确定税收负担，它对调节国民收入分配、缩小纳税人之间的收入差距有着特殊的作用。

我国当前开征的所得税主要有企业所得税和个人所得税。它们主要调节生产经营者的利润和个人的纯收入。

（三）资源税

对资源的征税是对开发、利用和占有国有自然资源的单位和个人征收的一类税收。征收这类税有两个目的：一是取得资源消耗的补偿基金，保护国有资源的合理开发利用；二是调节资源级差收入，以利于企业在平等的基础上开展竞争。

我国目前对资源的征税主要有：资源税、耕地占用税、城镇土地使用税和土地增值税。

（四）财产税

对财产的征税是对纳税人所拥有或属其支配的财产数量或价值额征收的税，包括对财产的直接征收和对财产转移的征收。开征这类税收在为国家取得财政收入的同时，对提高财产的利用效果、限制财产不必要的占有量也有一定作用。

我国目前对财产的征税主要有：房产税、契税、车船税和车辆购置税。

（五）行为税

对行为的征税也称行为税，它一般是指针对某些特定行为或为达到特定目的而征收的一类税收。征收这类税，或是为了对某些特定行为进行限制、调节，或只是为了开辟地方财源，达到特定的目的。这类税的设置比较灵活，其中有些税种具有临时税的性质。

我国目前对行为的征税主要有：印花税、城市维护建设税、船舶吨税、烟叶税和环境保护税。

三、按其他方法划分

（一）按税负能否转嫁划分

税负转嫁是指税法上规定的纳税人将自己所缴纳的税款转移给他人负担的过程。按税负能否转嫁可以将各税种划分为直接税和间接税。

直接税是指由纳税人直接负担、不易转嫁的税种。直接税的纳税人，不仅在表面上有纳税义务，而且实际上也是税收承担者，即纳税人与负税人一致。如所得税、财产税均属于直接税。

间接税是指纳税人能将税负转嫁给他人负担的税种。间接税的纳税人，虽然表面上负有纳税义务，但是实际上可以将自己的税款用提高价格或提高收费标准等方法转嫁给消费者或其他相关者负担，即纳税人与负税人不一致。如商品劳务税就是由商品和劳务的购买者即消费者最终负担的。

（二）按税收与价格的关系划分

按照税收与价格的关系划分，税收可以分为价内税和价外税。凡在征税对象的计税价格中包含税款的税，都称为价内税，如我国现行的消费税。这些税的计税销售额是包含该税款的销售额。凡在征税对象的计税价格中不包含税款的税，都称为价外税，如我国现行的增值税，其计税销售额是不含税款的销售额。

（三）按税收的计税标准划分

税收按其计税标准的不同，可分为从价税和从量税。从价税是以征税对象的价值量为标准计算征收的税收。税额的多少会随着价格的变动而相应增减。从量税是按征税对象的重量、件数、容积、面积等为标准，采用固定税额征收的税。从量税具有计算简便的优点，但税收收入不能随价格高低而增减。

除上述主要分类外，还有一些其他分类方法，此处不一一介绍。

【项目引例分析】

　　国家需要税收，但国家不能仅对某一对象或某一纳税人征收一种税，那样无法征收足够的满足社会公共需要的财政收入。国家必须有一套严谨的税制体系来征收足够的税额，目前，我国的税制体系按照不同的划分方法可以有不同的分类。

✍ 项目小结

　　国家行使职能必须有一定的财政收入作为保障，而税收收入是国家财政收入的最主要来源。税收凭借政治权力取得财政收入，具有强制性、无偿性和固定性的特征。

　　税法最基本的要素是纳税义务人、征税对象、税率等，规定了对谁征税、对什么征税和征多少等问题。

　　我国目前施行的税种共有 18 个，按不同的分类方法，它们可以分为中央税、中央与地方共享税、地方税；商品劳务税、所得税、资源税、财产税、行为税；直接税、间接税；价内税、价外税；从价税、从量税等。

☷ 思维导图

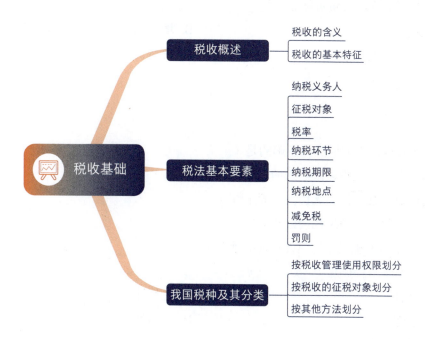

✎ **项目练习** ┃--

一、单选题

1. 我国政府目前取得财政收入的主要形式是（　　　）。

A. 税收 　　　　　　　　　　　B. 发行货币

C. 收费 　　　　　　　　　　　D. 发行国债

2. 税收法律关系的主体是指（　　　）。

A. 各级人民政府 　　　　　　　B. 纳税方

C. 征税方 　　　　　　　　　　D. 征纳双方

3. 税收与其他财政收入形式相比，不具有（　　　）特征。

A. 自愿性 　　　　　　　　　　B. 无偿性

C. 强制性 　　　　　　　　　　D. 固定性

4. 税法构成要素中，用于区分不同税种的是（　　　）。

A. 征税对象 　　　　　　　　　B. 税率

C. 纳税义务人 　　　　　　　　D. 税目

5. 下列税收由海关负责征收的是（　　　）。

A. 关税 　　　　　　　　　　　B. 增值税

C. 个人所得税 　　　　　　　　D. 消费税

二、多选题

1. 关于税收的下列说法，正确的是（　　　　　）。

A. 税收是国家取得财政收入的主要来源

B. 税收具有强制性、无偿性、固定性

C. 征税的目的是满足社会公共需要

D. 税收是国家积累经济建设资金的重要工具

2. 税收的基本特征是（　　　　　）。

A. 强制性 　　　　　　　　　　B. 无偿性

C. 有偿性 　　　　　　　　　　D. 固定性

3. 税制构成要素有（　　　　　）。

A. 纳税义务人 　　　　　　　　B. 税目

C. 税率 　　　　　　　　　　　D. 减税、免税

4. 我国现行税法中明确规定使用的税率形式有（　　　　　）。

A. 比例税率　　　　　　　　　B. 定额税率

C. 超额累进税率　　　　　　　D. 超率累进税率

5. 从量税是指以课税对象的（　　　）为依据，按固定税额计征的一类税。

A. 数量　　　　　　　　　　　B. 面积

C. 重量　　　　　　　　　　　D. 件数

三、判断题

1. 政府征税的目的是满足国家经济建设的需要。（　　　）

2. 国家对需要鼓励发展的产业一般实行减税或免税政策。（　　　）

3. 按税负能否转嫁可以将各税种划分为直接税和间接税。（　　　）

4. 税收按其管理和使用权限划分，我国税收可分为流转税、所得税、资源税、财产税和行为税。（　　　）

5. 征税对象是区分不同税种的最基本界限。（　　　）

项目一　增值税计算与申报

学习目标

知识目标
- 熟悉增值税征税范围、纳税人、适用税率和征收率
- 掌握销项税额、进项税额、留抵税额、进口增值税、简易计税、出口退（免）税的含义
- 掌握增值税税收优惠政策
- 掌握增值税纳税时间、纳税地点

技能目标
- 能准确填写增值税一般纳税人资格登记表
- 能进行增值税发票的开具、认证和管理
- 能正确计算增值税应纳税额
- 能进行增值税的纳税申报
- 能计算出口退（免）税额

素养目标
- 了解增值税作为我国财政税收主要来源的地位
- 熟悉我国增值税相关法律法规
- 了解国家关于执行增值税不同时期税收优惠政策的背后原因

项目引例

爱德公司增值税的纳税申报

广州爱德有限责任公司（以下简称爱德公司）为增值税一般纳税人，主要从事计算机的生产、进口以及销售，所售产品适用增值税税率为13%。公司地址：广州市番禺区市桥清河路×××号，主管税务机关：国家税务总局广州市番禺区税务局市桥分局，统一社会信用代码：990178954096688233，开户银行及账户：中国建设银行清河路办事处105100098903，法定代表人：张明峰，财务负责人：谭明明，税务会计：谢利芳。202×年9月5日下午，谢利芳准备申报缴纳8月的增值税，她查账得知增值税8月的期初余额

为未交增值税5 320元。同时，谢利芳将公司8月份相关增值税的各项业务整理如下：

（1）8月1日，销售自产计算机200台，不含税单价为4 000元，同时，应对方要求，为其提供送货服务（公司未设独立运输车队），收取不含税运输费用2 000元，开具增值税专用发票。

（2）8月2日，购进原材料1 000件，增值税专用发票注明货款300 000元，税款39 000元。

（3）8月5日，公司举行促销活动，售出自产计算机100台，原不含税售价为每台4 000元，现给予8%的折扣，开具增值税专用发票时销售额和折扣额在同一张发票上注明。

（4）8月8日，销售自产计算机1台给某小规模纳税人，开具普通发票，共收取价税款4 520元。

（5）8月9日，联系货运公司为客户送货上门，支付不含税运输费用1 000元，增值税税款90元，取得货运公司开具的增值税专用发票。

（6）8月9日，发现仓库存放的一台产品被盗，该产品生产成本2 000元。

（7）8月10日，申报缴纳上月应纳税额5 320元。

（8）8月12日，经领导批示，被盗产品由仓库管理员赔偿500元，其余由企业自行承担，该产品耗用材料等对应的进项税额为320元。

（9）8月13日，将原总经理个人上下班开的小轿车出售，收取购买方60 000元。

（10）8月16日，外购一批清凉饮料，发放给职工作为夏季高温福利品，取得普通发票，注明价税款项共计113 000元。

（11）8月22日，从境外进口的原材料到货，材料到岸价折合人民币250 000元，该材料进口关税税率为20%，适用增值税税率为13%。取得海关提供的进口增值税专用缴款书。

（12）8月23日，将自产的计算机50台捐赠给某公益机构，同类产品的不含税单价为4 000元，开具增值税专用发票。

（13）8月23日，从小规模纳税人处购入零件一批，价税合计额为12 000元，取得普通发票。

（14）8月24日，公司将新研发的生产技术的使用权转让给其他公司，收到当月使用费50 000元，开具增值税专用发票注明价款50 000元，增值税税额3 000元。

（15）8月28日，公司将闲置的仓库对外租赁，开具增值税专用发票，注明当期厂房租赁金额20 000元，增值税税额1 800元。

（16）8月30日，公司为客户修理一批旧计算机，开具增值税专用发票，注明修理费用600元，增值税税率为13%，增值税税额为78元。

根据上述信息，谢利芳对爱德公司8月增值税应纳税额进行申报缴纳。

模块一　增值税的征税范围、纳税人和税率

　　增值税是对纳税人生产经营活动过程中产生的增值额征收的一种流转税，以商品、劳务、服务等在流转过程中产生的增值额作为计税依据。

　　增值税实行价外税，实际税负的最终承担者是消费者，有增值才征税，否则不征税。

一、增值税的征税范围

　　增值税的征税范围包括在中华人民共和国境内销售货物或者加工、修理修配劳务（以下简称劳务），销售服务、无形资产、不动产以及进口货物。根据相关制度规定，我们将增值税征税范围分为一般规定和特殊规定。

（一）征税范围的一般规定

1. 销售或进口的货物

　　货物是指除土地、房屋和其他建筑物等不动产以外的各种有形动产，包括水、电力、热力、气体在内。

【项目引例分析】

　　爱德公司8月1日、8月5日、8月8日销售产品，有偿转让了货物的所有权，属于在我国境内销售货物的行为，应缴纳增值税。8月22日，进口原材料，亦为增值税征税范围，应缴纳增值税。

2. 销售劳务

　　劳务是指纳税人提供的加工、修理修配劳务。加工是指受托加工货物，即委托方提供原料和主要材料，受托方按照委托方的要求制造货物并收取加工费的业务。修理修配是指受托对损伤和丧失功能的货物进行修复，使其恢复原状和功能的业务。凡有偿提供加工、修理修配劳务的，属于增值税的征税范围。单位或个体工商户聘用的员工为本单位或雇主提供加工、修理修配劳务，不包括在内。

【项目引例分析】

　　爱德公司8月30日为客户修理旧计算机，属于提供修理修配劳务的行为，按规定应缴纳增值税。

3. 销售服务

销售服务，是指提供交通运输服务、邮政服务、电信服务、建筑服务、金融服务、现代服务、生活服务。

（1）交通运输服务。交通运输服务，是指利用运输工具将货物或者旅客送达目的地，使其空间位置得到转移的业务活动。包括陆路运输服务、水路运输服务、航空运输服务和管道运输服务。

（2）邮政服务。邮政服务，是指中国邮政集团公司及其所属邮政企业提供邮件寄递、邮政汇兑和机要通信等邮政基本服务的业务活动。包括邮政普遍服务、邮政特殊服务和其他邮政服务。

（3）电信服务。电信服务，是指利用有线、无线的电磁系统或者光电系统等各种通信网络资源，提供语音通话服务，传送、发射、接收或者应用图像、短信等电子数据和信息的业务活动。包括基础电信服务和增值电信服务。

（4）建筑服务。建筑服务，是指各类建筑物、构筑物及其附属设施的建造、修缮、装饰，线路、管道、设备、设施等的安装以及其他工程作业的业务活动。包括工程服务、安装服务、修缮服务、装饰服务和其他建筑服务。

（5）金融服务。金融服务，是指经营金融保险的业务活动。包括贷款服务、直接收费金融服务、保险服务和金融商品转让。

（6）现代服务。现代服务，是指围绕制造业、文化产业、现代物流产业等提供技术性、知识性服务的业务活动。包括研发和技术服务、信息技术服务、文化创意服务、物流辅助服务、租赁服务、鉴证咨询服务、广播影视服务、商务辅助服务和其他现代服务。

（7）生活服务。生活服务，是指为满足城乡居民日常生活需求提供的各类服务活动。包括文化体育服务、教育医疗服务、旅游娱乐服务、餐饮住宿服务、居民日常服务和其他生活服务。

4. 销售无形资产

销售无形资产，是指转让无形资产所有权或者使用权的业务活动。无形资产，是指不具有实物形态，但能带来经济利益的资产，包括技术、商标、著作权、商誉、自然资源使用权和其他权益性无形资产。

5. 销售不动产

销售不动产，是指转让不动产所有权的业务活动。不动产，是指不能移动或者移动后会引起性质、形状改变的财产，包括建筑物、构筑物等。

确定一项经济行为是否需要缴纳增值税，除另有规定外，一般应同时具备4个条件：① 应税行为发生在中华人民共和国境内；② 应税行为属于增值税征税范围内的业务活动；③ 应税服务是为他人提供的；④ 应税行为是有偿的。

有偿，是指取得货币、货物或者其他经济利益，包括以投资入股的形式销售不动产和转让无形资产。

【项目引例分析】

爱德公司 8 月 24 日转让生产技术的使用权，8 月 28 日将闲置的仓库对外租赁等行为均为增值税征税范围，应缴纳增值税。

（二）征税范围的特殊规定

增值税的征税范围除了上述一般规定外，还对经济实务中某些特殊项目或行为是否属于增值税的征税范围，作出了具体规定。

1. 属于征税范围的特殊行为

（1）视同销售行为。单位或者个体工商户的下列行为，视同发生应税销售行为，应征收增值税：

① 将货物交付其他单位或者个人代销。

② 销售代销货物。

③ 设有两个以上机构并实行统一核算的纳税人，将货物从一个机构移送其他机构用于销售，但相关机构设在同一县（市）的除外。这里的用于销售是指收货机构发生以下情形之一的经营行为：A. 向购货方开具发票；B. 向购货方收取货款。收货机构的货物移送行为有上述两项情形之一的，应当向所在地税务机关缴纳增值税；未发生上述两项情形的，则应由总机构统一缴纳增值税。

④ 将自产或者委托加工的货物用于免税项目、简易计税项目。

⑤ 将自产、委托加工的货物用于集体福利或者个人消费。

⑥ 将自产、委托加工或者购进的货物作为投资，提供给其他单位或者个体工商户。

⑦ 将自产、委托加工或者购进的货物分配给股东或者投资者。

⑧ 将自产、委托加工或者购进的货物无偿赠送其他单位或者个人。

⑨ 单位或者个体工商户向其他单位或者个人无偿提供服务，单位或者个人向其他单位或者个人无偿转让无形资产或者不动产，但用于公益事业或者以社会公众为对象的除外。

⑩ 财政部和国家税务总局规定的其他情形。

【项目引例分析】

爱德公司 8 月 23 日将自产的计算机捐赠给某公益机构，虽然没有直接销售，但符合视同销售条件也应缴纳增值税。

（2）混合销售。混合销售是指纳税人的一项销售行为如果既涉及服务又涉及货物。从事货物的生产、批发或者零售的单位和个体工商户的混合销售行为，按照销售货物缴纳增值税；其他单位和个体工商户的混合销售行为，按照销售服务缴纳增值税。此处所称从事货物的生产、批发或者零售的单位和个体工商户，包括以从事货物的生产、批发或者零售为主，并兼营销售服务的单位和个体工商户在内。

【项目引例分析】

爱德公司 8 月 1 日销售自产产品并提供运输服务的行为，属于混合销售行为。由于该公司是从事货物的生产和销售为主要经营业务的单位，所以应按销售货物缴纳增值税。

（3）兼营行为。纳税人兼营销售货物、劳务、服务、无形资产或者不动产，适用不同税率或者征收率的，应当分别核算适用不同税率或者征收率的销售额；未分别核算的，从高适用税率。

【项目引例分析】

爱德公司的主要经营业务是生产销售计算机，增值税适用税率为 13%，但是，8 月 24 日，转让技术使用权，适用税率为 6%；8 月 28 日，将闲置的仓库对外租赁，为不动产租赁，适用税率为 9%；8 月 30 日，公司为客户修理旧计算机，为修理修配劳务，适用税率为 13%，它们与主营业务都不同，是兼营，且都能确定它们的销售额，因此应单独核算其增值税税额。但是，如果兼营业务未分别核算，则应按该公司的最高适用税率 13% 征税。

2. 不征税行为

（1）不征收增值税项目。

① 用于公益事业或者以社会公众为对象的无偿提供服务、无偿转让无形资产或者不动产。

② 根据国家指令无偿提供的铁路运输服务、航空运输服务，主要用于公益事业的服务。

③ 存款利息。存款利息是指按照《中华人民共和国商业银行法》的规定，经国务院银行业监督管理机构审查批准，具有吸收公众存款业务的金融机构支付的存款利息。非金融企业之间、企业和个人之间借贷涉及的利息，不包括在不征税的范围之内。

④ 被保险人获得的保险赔付。

⑤ 房地产主管部门或者其指定机构、公积金管理中心、开发企业以及物业管理单位代收的住宅专项维修资金。

⑥ 在资产重组过程中，通过合并、分立、出售、置换等方式，将全部或者部分实物资产以及与其相关联的债权、负债和劳动力一并转让给其他单位和个人，其中涉及的不动

产、土地使用权转让行为。

⑦ 视罚没物品收入归属确定征税与否，凡作为罚没收入如数上缴财政的，不予征税。

⑧ 纳税人取得的中央财政补贴不属于增值税的应税收入。

⑨ 国务院或者税务总局规定的其他不征税项目。

除了不征收增值税的项目，还有一些活动，它们不是增值税征税对象，也不需要征收增值税，它们有：

① 行政单位收取同时满足以下条件的政府性基金或者行政事业性收费：由国务院或者财政部批准设立的政府性基金，由国务院或者省级人民政府及其财政、价格主管部门批准设立的行政事业性收费；收取时开具省级以上（含省级）财政部门监（印）制的财政票据；所收款项全额上缴财政。

② 单位或者个体工商户聘用的员工为本单位或者雇主提供取得工资的服务。

③ 单位或者个体工商户为聘用的员工提供服务。

④ 各党派、共青团、工会、妇联、中科协、青联、台联、侨联收取党费、团费、会费，以及政府间国际组织收取会费以及财政部和国家税务总局规定的其他情形。

（2）免征增值税行为或项目。

① 纳税人生产销售的免税货物。纳税人生产销售以下货物免税：农业生产者销售的自产农产品，包括种植业、养殖业、林业、牧业和水产业生产的各种初级产品；避孕药品和用具；古旧图书，指向社会收购的古书和旧书；直接用于科学研究、科学试验和教学的进口仪器、设备；外国政府、国际组织无偿援助的进口物资和设备；由残疾人的组织直接进口供残疾人专用的物品；销售自己使用过的物品（自己使用过的物品是指其他个人自己使用过的物品）；国家规定的其他免税货物。

② 纳税人发生的免税行为。纳税人发生以下行为免税：托儿所、幼儿园提供的保育和教育服务；养老机构提供的养老服务；残疾人福利机构提供的育养服务；婚姻介绍服务；殡葬服务；残疾人员本人为社会提供的服务；医疗机构提供的医疗服务等54项行为。

需要注意的是，纳税人发生应税行为适用免税、减税规定的，可以放弃免税、减税，依照规定缴纳增值税，即按一般纳税人可享受进项税额抵扣政策，可开具增值税专用发票。放弃免税、减税后，36个月内不得再申请免税、减税。

纳税人发生应税行为同时适用免税和零税率规定的，纳税人可以选择适用免税或者零税率。

二、增值税的纳税人和扣缴义务人

在中华人民共和国境内销售货物、劳务、服务、无形资产、不动产以及进口货物的单位和个人，都是增值税的纳税义务人。单位，是指企业、行政单位、事业单位、军事单位、社会团体及其他单位。个人，是指个体工商户和其他个人。

境外的单位或者个人在境内发生应税行为，在境内未设有经营机构的，以其境内代理人为扣缴义务人；在境内没有代理人的，以购买方为扣缴义务人。财政部和国家税务总局另有规定的除外。

为了便于征管，借鉴国际通行的做法，我国将增值税纳税人按其经营规模大小及会计核算健全与否，划分为"一般纳税人"和"小规模纳税人"。一般纳税人，采用一般计税法；小规模纳税人，采取简易计税法。

（一）小规模纳税人

1. 小规模纳税人的标准

小规模纳税人目前是指年销售额在规定标准（500万元）以下，并且会计核算不健全，不能按规定报送有关税务资料的增值税纳税人。所称会计核算不健全是指不能正确核算增值税的销项税额、进项税额和应纳税额。

年应税销售额，是指纳税人在连续不超过12个月的经营期内累计应征增值税销售额，含减、免税销售额、发生境外应税行为销售额以及按规定已从销售额中差额扣除的部分。如果该销售额为含税的，应按照适用税率或征收率换算为不含税的销售额。但纳税人偶然发生的销售无形资产、转让不动产的销售额，不计入应税行为年应税销售额。

2. 小规模纳税人的管理

增值税小规模纳税人（其他个人除外）发生增值税应税行为，需要开具增值税专用发票的，可以自愿使用增值税发票管理系统自行开具。选择自行开具增值税专用发票的小规模纳税人，税务机关不再为其代开增值税专用发票。其他个人转让、出租不动产可以到税务机关代开增值税专用发票；保险企业、证券经纪人、信用卡和旅游等行业的个人代理人收取佣金费用可以由支付方企业到税务机关申请汇总代开专用发票。代开增值税专用发票除加盖纳税人财务专用章或发票专用章外，必须同时加盖"税务机关代开增值税专用发票专用章"，凡未加盖上述专用章的，购货方一律不得作为扣税凭证。

【项目引例分析】

对小规模纳税人，采取简易办法计税，无须核算销项税额和进项税额，因此，爱德公司8月8日销售自产计算机给某小规模纳税人开具的是普通发票；8月23日，从小规模纳税人处购入零件，取得的也是普通发票。以上买卖业务均未使用增值税专用发票。

（二）一般纳税人

1. 一般纳税人的标准

小规模纳税人以外的增值税纳税人，为增值税一般纳税人。但要注意：

（1）年应税销售额未超过规定标准的纳税人，会计核算健全，能够提供准确税务资料的，可以向主管税务机关办理一般纳税人资格登记，成为一般纳税人。能够准确提供税务资料，是指能够按照增值税规定如实填报增值税纳税申报表及其他税务资料，按期申报纳税。是否做到"会计核算健全"和"能够准确提供税务资料"，由小规模纳税人的主管税务机关认定。

（2）年应税销售额超过规定标准的其他个人不属于一般纳税人，不得办理一般纳税人的资格登记。

（3）不经常发生应税行为的单位和个体工商户可选择按照小规模纳税人纳税。另外，兼有销售货物、提供加工修理修配劳务以及应税行为，且不经常发生应税行为的单位和个体工商户也可选择按照小规模纳税人纳税。但应当向主管税务机关提交书面说明。

2. 增值税一般纳税人的资格登记

（1）登记时限。纳税人年应税销售额超过规定标准的，须在销售额超过规定标准的月份（或季度）的所属申报期结束后15日内，向主管税务机关办理一般纳税人资格登记，或向主管税务机关提交书面说明按小规模纳税人纳税。未按规定时限办理的，主管税务机关会在规定期限结束后5个工作日内制作税务事项通知书，通知纳税人在5日内向主管税务机关办理相关手续。逾期仍不办理的，次月起依照增值税税率按销售额计算应纳税额，不得抵扣进项税额，也不得使用增值税专用发票（含税控机动车销售统一发票），直至纳税人办理相关手续为止。

除国家税务总局另有规定外，一经登记为一般纳税人之后，便不得转为小规模纳税人。

（2）登记程序。纳税人办理一般纳税人资格登记应向主管税务机关填报增值税一般纳税人资格登记表，并提供税务登记证件；纳税人填报内容与税务登记信息一致的，主管税务机关当场登记；纳税人填报内容与税务登记信息不一致，或者不符合填列要求的，税务机关应当场告知纳税人需要补正的内容。

下面以爱德公司登记成为增值税一般纳税人为例，填报增值税一般纳税人资格登记表（见表1-1）。

除财政部、国家税务总局另有规定外，纳税人自选择的一般纳税人资格生效之日起，按照增值税一般计税方法计算应纳税额，并按照规定领用增值税专用发票。

纳税人年应税销售额超过财政部、国家税务总局规定标准，且符合有关政策规定，选择按小规模纳税人纳税的，应当向主管税务机关提交书面说明（见表1-2）。需要说明的是，个体工商户以外的其他个人年应税销售额超过规定标准的，不需要向主管税务机关提交书面说明。

表 1-1　增值税一般纳税人资格登记表

纳税人名称	广州爱德有限责任公司		纳税人识别号		990178954096688233
法定代表人（负责人、业主）	张明峰	证件名称及号码	身份证 441267197303201665	联系电话	85213828
财务负责人	谭明明	证件名称及号码	身份证 441267198808121321	联系电话	85213328
办税人员	谢利芳	证件名称及号码	身份证 441267198201224652	联系电话	85213228
税务登记日期	2019 年 6 月 20 日				
生产经营地址	广州市番禺区市桥清河路 ××× 号				
注册地址	广州市番禺区市桥清河路 ××× 号				
纳税人类别：企业☑　非企业性单位□　个体工商户□　其他□					
主营业务类别：工业☑　商业□　服务业□　其他□					
会计核算健全：是☑					
一般纳税人资格生效之日：当月 1 日□　次月 1 日☑					
纳税人（代理人）承诺： 上述各项内容真实、可靠、完整。如有虚假，愿意承担相关法律责任。 经办人：谢利芳　　　　法定代表人：张明峰　　　　代理人：（签章） 　　　　　　　　　　　　　　　　　　　　　　　　2019 年 6 月 20 日					
以下由税务机关填写					
主管税务机关受理情况	受理人：　　　　　　主管税务机关（章） 　　　　　　　　　　　　　　　年　月　日				

填表说明：① 本表由纳税人如实填写。

② 表中"证件名称及号码"相关栏次，根据纳税人的法定代表人、财务负责人、办税人员的居民身份证、护照等有效身份证件及号码填写。

③ 表中"一般纳税人资格生效之日"由纳税人自行勾选。

④ 主管税务机关（章）指各办税服务厅业务专用章。

⑤ 本表一式二份，主管税务机关和纳税人各留存一份。

表1-2　选择按小规模纳税人纳税的情况说明

纳税人名称		纳税人识别号	
连续不超过 12 个月的经营期内累计应税销售额		货物劳务：　年　月至　年　月共　　元。	
		应税服务：　年　月至　年　月共　　元。	
情况说明			
纳税人（代理人）承诺： 上述各项内容真实、可靠、完整。如有虚假，愿意承担相关法律责任。 　　　　经办人：　　　　　法定代表人：　　　　　代理人：（签章） 　　　　　　　　　　　　　　　　　　　　　　　　　　　年　月　日			
以下由税务机关填写			
主管税务机关受理情况	受理人：　　　　　主管税务机关（章） 　　　　　　　　　　　　　　　　　　　年　月　日		

　　填表说明：①"情况说明"栏由纳税人填写符合财政部、国家税务总局规定可选择按小规模纳税人纳税的具体情形及理由。

　　②主管税务机关（章）指各办税服务厅业务专用章。

　　③本表一式二份，主管税务机关和纳税人各留存一份。

三、增值税税率及征收率

　　我国增值税适用税率目前分为 13%、9%、6% 和 0% 四种，征收率分为 3% 和 5% 两种。

（一）标准税率

　　增值税一般纳税人销售货物，提供劳务、有形动产租赁服务或者进口货物等，除适用低税率、零税率和征收率范围外，税率均为 13%。

（二）低税率

　　纳税人提供交通运输、邮政、基础电信、建筑、不动产租赁服务，销售不动产，转让土地使用权，销售或者进口下列货物，税率为 9%：① 粮食等农产品、食用植物油、食用盐；② 自来水、暖气、冷气、热水、煤气、液化石油气、天然气、二甲醚、沼气、居民用煤炭制品；③ 图书、报纸、杂志、音像制品、电子出版物；④ 饲料、化肥、农药、农机、农膜；⑤ 国务院规定的其他货物。

需要注意的是"车辆停放服务、道路通行服务（包括过路费、过桥费、过闸费等）等按照不动产经营租赁服务缴纳增值税"适用 9% 的税率，而非交通运输服务。

纳税人提供增值电信、金融、生活、现代服务（租赁服务除外），销售无形资产（转让土地使用权除外），税率为 6%。

（三）零税率

（1）纳税人出口货物，税率为零。不包括国家禁止出口的货物（天然牛黄、麝香、铜和铜基合金等）和国家限制出口的部分货物（矿砂及精矿、钢铁初级产品、原油、车用汽油、煤炭、原木、尿素产品、山羊绒、鳗鱼苗、某些援外货物等）。

（2）纳税人提供国际运输服务、航天运输服务、向境外单位提供的完全在境外消费的相关服务，包括研发服务、合同能源管理服务、设计服务、广播影视节目（作品）的制作和发行服务、软件服务、电路设计及测试服务、信息系统服务、业务流程管理服务、离岸服务外包业务及转让技术，以及财政部和国家税务总局规定的其他服务，税率为零。

（四）征收率

对特定的货物或特定的纳税人发生应税销售行为，适用征收率征税。纳税人按销售额与征收率计算应纳税额。

征收率适用于两种情况：一是小规模纳税人；二是一般纳税人发生应税销售行为按规定可以选择简易计税方法计税的。

除部分不动产销售和租赁行为的征收率为 5% 以外，小规模纳税人发生的应税行为以及一般纳税人发生特定应税行为，增值税征收率为 3%。

下列情况适用 5% 征收率：

1. 销售不动产

（1）一般纳税人选择简易计税方法计税的不动产销售。

（2）小规模纳税人销售自建或取得的不动产（不含个体工商户销售购买的住房和其他个人销售不动产）。

（3）房地产开发企业中的小规模纳税人，销售自行开发的房地产项目。

（4）其他个人销售其取得（不含自建）的不动产（不含其购买的住房）。

2. 不动产经营租赁服务

（1）一般纳税人选择适用简易计税的不动产租赁。

（2）小规模纳税人出租（经营租赁）其取得的不动产（不含个人出租住房）。

（3）其他个人出租（经营租赁）其取得的不动产（不含住房）。

（4）个人出租住房，应按照 5% 的征收率减按 1.5% 计算应纳税额。

【项目引例分析】

爱德公司是增值税一般纳税人，该公司销售产品，对外捐赠产品，进口原材料，公司为客户修理旧计算机等均应按 13% 税率计算缴纳增值税；对外转让生产技术的使用权适用 6% 税率计算缴纳增值税；将闲置的仓库对外租赁适用 9% 税率计算缴纳增值税。

<h2 style="text-align:center">模块二　增值税的计税方法</h2>

增值税的计税方法

纳税人计算缴纳增值税，首先应该清楚增值税应纳税额的计算方法。目前增值税的计税方法，包括一般计税法、简易计税法和扣缴计税法。

一、一般计税法

按目前规定，一般纳税人销售货物、劳务、服务、无形资产、不动产（以下统称应税销售行为），应纳税额为当期销项税额抵扣当期进项税额后的余额，即为一般计税法计税。应纳税额计算公式：

当期应纳税额 = 当期销项税额 − 当期进项税额

当期销项税额小于当期进项税额不足抵扣时，其不足部分可以结转下期继续抵扣。

二、简易计税法

（一）小规模纳税人的简易计税

1. 普通销售

小规模纳税人发生应税销售行为，实行按照销售额和征收率计算应纳税额的简易办法，并不得抵扣进项税额。应纳税额计算公式：

应纳税额 = 销售额 × 征收率

2. 销售旧固定资产、旧货和物品

（1）小规模纳税人（除其他个人外，下同）销售自己使用过的固定资产和旧货，按照 3% 的征收率减按 2% 征收增值税。按下列公式确定销售额和应纳税额：

销售额 = 含税销售额 ÷（1+3%）

应纳税额 = 销售额 × 2%

小规模纳税人销售自己使用过的固定资产，应开具普通发票。纳税人亦可以放弃减税，按照简易办法依照 3% 征收率缴纳增值税，并可以开具或由税务机关代开增值税专用发票。但销售旧货，不能放弃减税。

需要注意的是：自 2020 年 5 月 1 日至 2023 年 12 月 31 日，从事二手车经销的纳税人销售其收购的二手车，由原按照简易办法依 3% 征收率减按 2% 征收增值税，改为减按 0.5% 征收增值税。此规定亦适用于一般纳税人。

（2）小规模纳税人销售自己使用过的除固定资产以外的物品，应按 3% 的征收率征收增值税。

3. 销售不动产

（1）小规模纳税人销售其取得（不含自建）的不动产（不含个体工商户销售购买的住房和其他个人销售不动产），应以取得的全部价款和价外费用减去该项不动产购置原价或者取得不动产时的作价后的余额为销售额，按照 5% 的征收率计算应纳税额。纳税人应按照上述计税方法在不动产所在地预缴税款后，向机构所在地主管税务机关进行纳税申报。

（2）小规模纳税人销售其自建的不动产，应以取得的全部价款和价外费用为销售额，按照 5% 的征收率计算应纳税额。纳税人应按照上述计税方法在不动产所在地预缴税款后，向机构所在地主管税务机关进行纳税申报。

（二）一般纳税人的简易计税

一般纳税人发生财政部和国家税务总局规定的特定应税销售行为，也有适用简易计税方法的情况。主要包括以下情况：

1. 销售旧固定资产、旧货和物品

（1）一般纳税人销售自己使用过的按规定不得抵扣且未抵扣进项税额的固定资产，按简易办法依 3% 征收率减按 2% 征收增值税。销售时应开具普通发票，不得开具增值税专用发票。纳税人亦可以放弃减税，按照简易办法依照 3% 征收率缴纳增值税，并可以开具增值税专用发票。

（2）一般纳税人销售自己使用过的物品和旧货，适用按简易办法依 3% 征收率减按 2% 征收增值税，不能放弃减税。按下列公式确定销售额和应纳税额：

$$销售额 = 含税销售额 \div （1 + 3\%）$$

$$应纳税额 = 销售额 \times 2\%$$

所称旧货，是指进入二次流通的具有部分使用价值的货物（含旧汽车、旧摩托车和旧游艇），但不包括自己使用过的物品。

【项目引例分析】

爱德公司 8 月 13 日原总经理个人上下班开的小轿车，因购进时提供给个人消费，故当时不能抵扣进项税额，出售时适用按简易办法依 3% 征收率减按 2% 征收增值税政策，产生应纳税额 $[60\,000 \div （1 + 3\%）] \times 2\% \approx 1\,165.05$（元）。

2. 销售特定货物

（1）一般纳税人销售自产的下列货物，可选择按照简易办法依照 3% 征收率计算缴纳增值税，且一经选择，36 个月内不得变更：① 县级及县级以下小型水力发电单位生产的电力。② 建筑用和生产建筑材料所用的砂、土、石料。③ 以自己采掘的砂、土、石料或其他矿物连续生产的砖、瓦、石灰。④ 用微生物、微生物代谢产物、动物毒素、人或动物的血液或组织制成的生物制品。⑤ 自来水。对属于一般纳税人的自来水公司销售自来水按简易办法依照 3% 征收率征收增值税，不得抵扣其购进自来水取得增值税扣税凭证上注明的增值税税款。⑥ 商品混凝土。

（2）一般纳税人销售货物属于下列情形之一的，暂按简易办法依照 3% 征收率计算缴纳增值税：① 寄售商店代销寄售物品（包括居民个人寄售的物品在内）；② 典当业销售死当物品；③ 经国务院或国务院授权机关批准的免税商店零售的免税品。

3. 提供特定应税服务

一般纳税人提供下列应税服务，可选择按照简易办法依照 3% 征收率计算缴纳增值税，且一经选择，36 个月内不得变更：① 公共交通运输服务，包括轮客渡、公交客运、地铁、城市轻轨、出租车、长途客运、班车。② 动漫服务。③ 电影放映服务、仓储服务、装卸搬运服务、收派服务和文化体育服务。④ 以纳入营改增试点之日前取得的有形动产为标的物提供的经营租赁服务。⑤ 在纳入营改增试点之日前签订的尚未执行完毕的有形动产租赁合同。

4. 建筑服务

一般纳税人以清包工方式提供的建筑服务，为甲供工程提供的建筑服务，为建筑工程老项目提供的建筑服务，可以选择适用简易计税方法依照 3% 征收率计税。以清包工方式提供建筑服务，是指施工方不采购建筑工程所需的材料或只采购辅助材料，并收取人工费、管理费或者其他费用的建筑服务；甲供工程，是指全部或部分设备、材料、动力由工程发包方自行采购的建筑工程。

5. 销售不动产

（1）一般纳税人销售其 2016 年 4 月 30 日前取得（不含自建）的不动产，可以选择适用简易计税方法，以取得的全部价款和价外费用减去该项不动产购置原价或者取得不动产时的作价后的余额为销售额，按照 5% 的征收率计算应纳税额。

（2）一般纳税人销售其 2016 年 4 月 30 日前自建的不动产，可以选择适用简易计税方法，以取得的全部价款和价外费用为销售额，按照 5% 的征收率计算应纳税额。按照上述计税方法在不动产所在地预缴税款后，纳税人发生以上（1）（2）业务，应向机构所在地主管税务机关进行纳税申报。需要注意的是：

① 一般纳税人销售其 2016 年 5 月 1 日后取得（不含自建）的不动产，应适用一般计税方法，以取得的全部价款和价外费用为销售额计算应纳税额。纳税人应以取得的全部价

款和价外费用减去该项不动产购置原价或者取得不动产时的作价后的余额，按照 5% 的预征率在不动产所在地预缴税款后，向机构所在地主管税务机关进行纳税申报。

② 一般纳税人销售其 2016 年 5 月 1 日后自建的不动产，应适用一般计税方法，以取得的全部价款和价外费用为销售额计算应纳税额。纳税人应以取得的全部价款和价外费用，按照 5% 的预征率在不动产所在地预缴税款后，向机构所在地主管税务机关进行纳税申报。

三、扣缴计税法

境外单位或个人在境内销售应税劳务，在境内未设有经营机构的，以其境内代理人为扣缴义务人；在境内没有代理人的，以购买方为扣缴义务人。

应扣缴增值税＝接受方支付的价款 ÷（1＋税率）× 税率

【例题 1.1】

美国 A 公司为中国境内 B 公司提供内部控制咨询服务，为此在 B 公司所在市区租赁一办公场所，A 公司从美国派出业务人员到 B 公司工作，服务全部发生在中国境内，双方签订的服务合同约定，服务期限为 1 年，收到服务费用为 200 万元（含增值税），所涉及的税费由 B 公司缴纳。

要求：计算 B 公司应代扣代缴美国 A 公司的增值税税额。

分析：咨询服务属于现代服务，适用税率为 6%，境内 B 公司应为美国 A 公司扣缴增值税 = 200 ÷（1＋6%）× 6% ≈ 11.32（万元）

模块三　增值税应纳税额的计算

一、一般计税法应纳税额的计算

我国现行增值税一般纳税人应纳税额的计算采用购进扣税法，也叫一般计税法，即根据购进业务增值税专用发票上注明的税款进行抵扣，销项税额与进项税额之差为应纳税额。计算公式为：

应纳税额＝当期销项税额－当期进项税额

增值税一般纳税人当期应纳税额的多少，取决于当期销项税额和当期进项税额这两个因素。

（一）销项税额的确定

销项税额是指纳税人发生应税销售行为时，按照销售额与规定税率计算并向购买方收取的增值税税额。其计算公式为：

销项税额＝不含税销售额 × 适用税率

销项税额的确定

所以，要确定当期销项税额，首先要确定销售额。销售额的具体确定方法有如下几种情况：

1. 一般销售方式下销售额的确定

销售额是指纳税人销售货物、提供应税劳务或者发生应税行为向购买方收取的全部价款和价外费用，但不包括向购买方收取的销项税额。

价外费用，是指向购买方价外收取的手续费、补贴、基金、集资费、返还利润、奖励费、违约金（延期付款利息）、包装费、包装物租金、储备费、优质费、运输装卸费、代收款项、代垫款项及其他各种性质的收费。但不包括下列项目：

（1）受托加工应征消费税的消费品所代收代缴的消费税。

（2）以委托方名义开具发票代委托方收取的款项。

（3）符合条件的代为收取的政府性基金或者行政事业性收费。

（4）销售货物的同时代办保险等向购买方收取的保险费，以及向购买方收取的代购买方缴纳的车辆购置税、车辆牌照费。

凡随同应税销售行为向购买方收取的价外费用，无论其会计制度如何核算，均应并入销售额计算应纳税额。增值税一般纳税人（包括纳税人自己或代其他部门）向购买方收取的价外费用和应税的包装物押金，应视为含税收入，在征税时应换算为不含税收入再并入销售额。其换算公式为：

销售额＝含税销售额 ÷（1＋税率）

【项目引例分析】

爱德公司8月8日，销售自产计算机给小规模纳税人，收取的款项是价税合并收取的，需要通过计算来确定销项税额：

销项税额＝4 520÷（1＋13%）×13%＝520（元）

销售额以人民币计算。纳税人以外汇结算销售额的，可以选择销售额发生的当天或当月1日的国家外汇牌价（原则上为中间价）折合成人民币计算。纳税人应事先确定采用何种折合率，确定后12个月内不得变更。

销售业务，如果对方要求开具发票，销售方需要按规定给客户开具增值税专用发票或者增值税普通发票。通常情况下，销售发票上的"税额"就是销项税额。

【项目引例分析】

爱德公司8月1日销售产品，8月23日将自产产品对外捐赠，8月24日转让生产技术使用权，8月28日将闲置的仓库对外租赁，8月30日为客户修理旧计算机均开具增值税专用发票。

发票上增值税销项税额应为：

①8月1日：混合销售货物，应按销售货物缴纳增值税，销项税额＝（4 000×200＋2 000）×13%＝104 260（元）。

②8月23日：对外捐赠，视同销售，销项税额＝4 000×50×13%＝26 000（元）。

③8月24日：转让生产技术使用权，销项税额＝50 000×6%＝3 000（元）。

④8月28日：转让不动产使用权，销项税额＝20 000×9%＝1 800（元）。

⑤8月30日：为客户修理旧计算机，销项税额＝600×13%＝78（元）。

2. 特殊销售方式下销售额的确定

（1）折扣、折让、中止或退回时销售额的确定。折扣销售（又称商业折扣）是按商品标明的价格扣减一定数额后销售。这项扣减数通常用百分比表示，如10%、20%等，我国习惯用九折、八折等表示。在发生商业折扣时，如果销售额和折扣额在同一张发票上注明的，可按折扣后的销售额计税；如果将折扣额另开一张发票，则不论其在财务上如何处理，均不得从销售额中减除折扣额。这里的折扣销售仅限于货物价格折扣，如果是实物折扣，实务处理中有两种方式，一是按视同销售中"无偿赠送"处理，实物款额不能从原销售额中减除；二是视为有偿的捆绑销售，按照商品和赠品各自的公允价值占比来计算销售额。

销售折扣（又称现金折扣），是指在采用赊销方式销售商品时，为了鼓励购货方在一定期限内尽早偿还货款，而规定一个短于规定期限的折扣。比如，规定在10天内付款的给予5%的货款折扣；15天内付款的，折扣3%；一个月内付款的，无折扣，其表示方法为5/10，3/15，n/30。这种折扣发生在销售货物之后，属于一种融资行为，折扣额不得从销售额中减除。

销售折让是指销货之后，作为已售产品出现质量、品种问题而给予购买方的补偿，是原销售额的减少，折让额可以从销售额中减除。因销售折让、中止或者退回而退还给购买方的增值税额，应当从当期的销项税额中扣减。

销售退回是指售出的商品由于质量、品种等不符合要求等原因而发生的退货。发生退货业务，商品并没有实现销售，退回金额可以减除计税销售额。

【项目引例分析】

爱德公司8月5日举行促销活动，给予8%的折扣为商业折扣，销售额和折扣额在同一张发票上注明，可按折扣后的销售额计税。

销项税额 = 4 000 × (1 - 8%) × 100 × 13% = 47 840 (元)。

（2）以旧换新时销售额的确定。以旧换新是指纳税人在销售自己的货物时，有偿收回旧货物的行为。按税法相关规定，采取以旧换新方式销售货物的，应按新货物的同期销售价格确定销售额，不得扣减旧货收购价格，回收的旧商品作为购进处理。但是，考虑到金银首饰以旧换新的特殊情况，对金银首饰以旧换新业务，可以按实际收到的不含税销售价格确定销售额。

【例题 1.2】

广州百货商场为增值税一般纳税人，202× 年 10 月采用以旧换新方式销售首饰，取得含税销售额 5.65 万元。在以旧换新业务中，旧首饰作价的含税金额为 2.26 万元，百货商场实际收取的含税金额为 3.39 万元。

要求：计算该百货商场应确认的销项税额。

分析：该百货商场 10 月份以旧换新方式销售首饰的增值税销项税额 = 3.39 ÷ (1 + 13%) × 13% = 0.39 (万元)

（3）以物易物时销售额的确定。以物易物是指购销双方不是以货币结算，而是以同等价款的应税销售行为相互结算，实现应税销售行为购销的一种方式。以此种方式购销，购销双方都应作购销处理，以各自发出应税销售行为核算销售额并计算销项税额，而且双方都应分别开具合法的票据，购入方如果不能取得相应的增值税专用发票或其他合法票据的，不能抵扣进项税额。

（4）还本销售时销售额的确定。还本销售是纳税人在销售货物后，到一定期限由销售方一次或分次退还购货方全部或部分价款。这种方式实际上是一种融资方式，是以货物换取资金的使用价值，到期还本不付息的方法。相关税收法律法规规定，采取还本销售方式销售货物，其销售额就是货物的销售价格，不得从销售额中减除还本支出。

（5）包装物收取押金时销售额的确定。通常情况下，包装物是商品的组成部分，纳税人销售带包装的货物，无论包装物是否单独计价，在财务上如何核算，也不论这部分包装物是自制的或外购的，均应包括在销售额内。但有的纳税人为了能收回包装物周转使用，对包装物不作价随同货物出售，而是另外收取押金，并单独记账核算，这种情况下，包装物押金一般不并入销售额。但对销售除啤酒、黄酒外的其他酒类产品而收取的包装物押金，无论是否返还以及会计上如何核算，都应并入当期销售额征税。对销售啤酒、黄酒所收取的包装物押金，则按一般押金的规定处理。

纳税人为销售货物出租出借包装物而收取的押金，无论包装物周转使用期限长短，超过 1 年（含 1 年）以上仍不退还的，均应并入销售额征税。在将包装物押金并入销售额征税时，需要先将该押金换算为不含税价，再并入销售额征税。

逾期包装物押金销售额 = 逾期包装物押金 ÷（1 + 适用税率）

（6）视同销售行为或售价明显偏低时销售额的确定。纳税人销售货物、提供应税劳务或发生应税行为价格明显偏低或者偏高且不具有合理商业目的的，或视同销售但无实际销售额发生的，主管税务机关有权按照下列顺序确定销售额：

① 按照纳税人最近时期销售同类货物、同类服务、无形资产或者不动产的平均价格确定。

② 按照其他纳税人最近时期销售同类货物、同类服务、无形资产或者不动产的平均价格确定。

③ 按照组成计税价格确定。组成计税价格的公式为：

组成计税价格 = 成本 ×（1 + 成本利润率）

成本利润率由国家税务总局确定。根据国家税务总局相关规定，应税消费品全国平均成本利润率规定如下：甲类卷烟、粮食白酒为 10%；乙类卷烟、雪茄烟、烟丝、其他酒、高档化妆品、鞭炮、焰火、汽车轮胎、小客车为 5%；贵重首饰及珠宝玉石、越野车、摩托车为 6%；小轿车为 8%；其他货物按 10% 计算。

如货物是属于应征消费税的货物，其组成计税价格应加计消费税税额；属应从价定率征收消费税的货物，公式中的成本利润率需按消费税的有关规定计算。

组成计税价格 =（成本 + 利润）÷（1 - 消费税比例税率）

不具有合理商业目的，是指以谋取税收利益为主要目的，通过人为安排，减少、免除、推迟缴纳增值税税款，或者增加退还增值税税款。

（7）贷款服务销售额的确定。贷款服务，以提供贷款服务取得的全部利息及利息性质的收入为销售额。银行提供贷款服务按期计收利息的，结算日当日计收的全部利息收入，均应计入结算日所属期的销售额。

（8）直接收费金融服务销售额的确定。直接收费金融服务，以提供直接收费金融服务收取的手续费、佣金、酬金、管理费、服务费、经手费、开户费、过户费、结算费等各类费用为销售额。

3. 差额计税销售额的确定

（1）金融商品转让的销售额。金融商品转让，按照卖出价扣除买入价后的余额为销售额。转让金融商品出现的正负差，按盈亏相抵后的余额为销售额。若相抵后出现负差，可结转下一纳税期与下期转让金融商品销售额相抵，但年末仍出现负差的，不得转入下一个会计年度。

金融商品的买入价，可以选择按照加权平均法或者移动加权平均法进行核算，选择后 36 个月内不得变更。

金融商品转让，不得开具增值税专用发票。

（2）经纪代理服务的销售额。经纪代理服务，以取得的全部价款和价外费用，扣除向委托方收取并代为支付的政府性基金或者行政事业性收费后的余额为销售额。向委托方收取的政府性基金或者行政事业性收费，不得开具增值税专用发票。

（3）劳务派遣服务的销售额。劳务派遣服务，可选择差额计税，以扣除代用工单位支付给劳务派遣员工的工资、福利和为其办理社会保险及住房公积金后的余额计税。

（4）融资租赁和融资性售后回租业务。

① 经人民银行、银监会或者商务部批准从事融资租赁业务的纳税人，提供融资租赁服务，以取得的全部价款和价外费用，扣除支付的借款利息（包括外汇借款和人民币借款利息）、发行债券利息和车辆购置税后的余额为销售额。

② 经人民银行、银监会或者商务部批准从事融资租赁业务的纳税人，提供融资性售后回租服务，以取得的全部价款和价外费用（不含本金），扣除对外支付的借款利息（包括外汇借款和人民币借款利息）、发行债券利息后的余额作为销售额。

（5）航空运输企业的销售额。航空运输企业的销售额，不包括代收的机场建设费和代售其他航空运输企业客票而代收转付的价款。

（6）一般纳税人提供客运场站服务的销售额。一般纳税人提供客运场站服务，以其取得的全部价款和价外费用，扣除支付给承运方运费后的余额为销售额。

（7）一般纳税人提供旅游服务的销售额。一般纳税人提供旅游服务，可以选择以取得的全部价款和价外费用，扣除向旅游服务购买方收取并支付给其他单位或者个人的住宿费、餐饮费、交通费、签证费、门票费和支付给其他接团旅游企业的旅游费用后的余额为销售额。

选择上述办法计算销售额的纳税人，向旅游服务购买方收取并支付的上述费用，不得开具增值税专用发票，可以开具普通发票。

（8）一般纳税人提供建筑服务适用简易计税方法的销售额。一般纳税人提供建筑服务适用简易计税方法的，以取得的全部价款和价外费用扣除支付的分包款后的余额为销售额。

（9）房地产开发企业销售其开发的房地产项目的销售额。房地产开发企业中的一般纳税人销售其开发的房地产项目（选择简易计税方法的房地产老项目除外），以取得的全部价款和价外费用，扣除受让土地时向政府部门支付的土地价款后的余额为销售额。

房地产老项目，是指"建筑工程施工许可证"注明的合同开工日期在 2016 年 4 月 30 日前的房地产项目；未取得"建筑工程施工许可证"的，建筑工程承包合同注明的开工日期在 2016 年 4 月 30 日前的建筑工程项目。

纳税人按照上述规定从全部价款和价外费用中扣除的价款，应当取得符合法律、行政法规和国家税务总局规定的有效凭证。否则，不得扣除。

上述凭证是指：

① 支付给境内单位或者个人的款项，以发票为合法的有效凭证。

② 支付给境外单位或者个人的款项，以该单位或者个人的签收单据为合法有效凭证，税务机关对签收单据有疑义的，可以要求其提供境外公证机构的确认证明。

③ 缴纳的税款，以完税凭证为合法有效凭证。

④ 扣除的政府性基金、行政事业性收费或者向政府支付的土地价款，以省级以上（含省级）财政部门监（印）制的财政票据为合法有效凭证。

⑤ 国家税务总局规定的其他凭证。

纳税人取得的上述凭证属于增值税扣税凭证的，其进项税额不得从销项税额中抵扣。

进项税额的确定

（二）进项税额的确定

进项税额，是指纳税人购进货物、加工修理修配劳务、服务、无形资产或者不动产，支付或者负担的增值税额。进项税额与销项税额是相对应的一个概念。在开具增值税专用发票的情况下，它们之间的对应关系是：销售方收取的销项税额，就是购买方支付的进项税额。

按照相关规定，在征收增值税时，对上一生产流通环节已纳税款实行抵扣。但是，并不是纳税人支付的所有进项税额都可以从销项税额中抵扣。

1. 准予从销项税额中抵扣的进项税额

准予从销项税额中抵扣的进项税额，限于下列增值税扣税凭证上注明的增值税额和按规定的扣除率计算的进项税额。

（1）从销售方取得的增值税专用发票上注明的增值税税额（含税控机动车销售统一发票，下同）。购进业务，如果对方可提供增值税专用发票，则增值税专用发票"抵扣联"上的税额即为购进方的可抵扣税额。

【项目引例分析】

爱德公司8月2日购进原材料，8月9日为客户送货上门，取得的都是增值税专用发票，如发票经税务机关认证，其税额可抵扣。

（2）从海关取得的海关进口增值税专用缴款书上注明的增值税税额。目前货物进口环节的增值税由海关负责代征，纳税人在进口货物办理报关进口手续时，需向海关申报缴纳进口增值税，完税后所取得的海关进口增值税专用缴款书上注明的增值税税额准予抵扣。

【项目引例分析】

爱德公司8月22日从境外进口的原材料，公司从海关取得进口增值税专用缴款书，上面所注明的进口增值税税额为可抵扣税额。

（3）税收完税凭证。自境外单位或者个人购进劳务、服务、无形资产或者境内的不动产，从税务机关或者扣缴义务人取得的代扣代缴税款的完税凭证上注明的增值税额。

纳税人凭完税凭证抵扣进项税额的，应当具备书面合同、付款凭证和境外单位的对账单或者发票。资料不全的，其进项税额不得从销项税额中抵扣。

（4）购买农业产品准予抵扣的进项税额。

① 购进农产品，除取得增值税专用发票或者海关进口增值税专用缴款书外，按农产品销售发票或收购发票上注明的农产品买价和9%的扣除率计算进项税额，国务院另有规定的除外。

② 纳税人购进农产品，取得一般纳税人开具的增值税专用发票或者海关进口增值税专用缴款书，以增值税专用发票或海关进口增值税专用缴款书上注明的增值税税额为进项税额。

③ 从小规模纳税人处购进农产品，取得增值税专用发票的，以增值税专用发票上注明的金额和9%的扣除率计算进项税额。

④ 纳税人购进用于生产销售或委托受托加工13%税率货物的农产品，按照10%的扣除率计算进项税额；纳税人购进农产品既用于生产销售或委托受托加工13%税率货物，又用于生产销售其他货物服务的，应当分别核算用于生产销售或委托受托加工13%税率货物和其他货物服务的农产品进项税额，未分别核算的，统一以增值税专用发票或海关进口增值税专用缴款书上注明的增值税税额为进项税额，或以农产品收购发票或销售发票上注明的农产品买价和9%的扣除率计算进项税额。按照农产品收购发票或者销售发票上注明的农产品买价和9%的扣除率计算可扣除的进项税额的计算公式为：

进项税额 ＝ 买价 × 扣除率

买价，是指纳税人购进农产品，在农产品收购发票或者销售发票上注明的价款和按照规定缴纳的烟叶税。

（5）购买税控设备所支付的费用。增值税纳税人初次购买增值税税控系统专用设备（包括分开票机）支付的费用，可凭购买增值税税控系统专用设备取得的增值税专用发票，在增值税应纳税额中全额抵减（抵减额为价税合计额），不足抵减的可结转下期继续抵减。增值税纳税人非初次购买增值税税控系统专用设备支付的费用，由其自行负担，不得在增值税应纳税额中抵减。

增值税纳税人缴纳的技术维护费，可凭技术维护服务单位开具的技术维护费发票，在增值税应纳税额中全额抵减，不足抵减的可结转下期继续抵减。

增值税一般纳税人支付的以上两项费用在增值税应纳税额中全额抵减的，其增值税专用发票不作为增值税抵扣凭证，其进项税额不得从销项税额中抵扣。

（6）过桥过路费的抵扣。纳税人支付的道路通行费，按照收费公路通行费增值税电子普通发票上注明的增值税税额抵扣进项税额。其中，高速公路通行费的计税税率为3%，一级、二级公路通行费的计税税率为5%。

纳税人支付的桥、闸通行费，暂凭取得的通行费发票上注明的收费金额按照下列公式计算可抵扣的进项税额：

桥、闸通行费可抵扣进项税额＝桥、闸通行费发票上注明的金额 ÷（1＋5%）×5%

（7）旅客运输服务的抵扣。纳税人购进国内旅客运输服务，其进项税额允许从销项税额中抵扣。如果纳税人未取得增值税专用发票，暂时按照以下规定确定进项税额：

① 取得增值税电子普通发票的，为发票上注明的税额；

② 取得注明旅客身份信息的航空运输电子客票行程单的，为按照下列公式计算进项税额：

航空旅客运输进项税额＝（票价＋燃油附加费）÷（1＋9%）×9%

③ 取得注明旅客身份信息的铁路车票的，为按照下列公式计算的进项税额：

铁路旅客运输进项税额＝票面金额 ÷（1＋9%）×9%

④ 取得注明旅客身份信息的公路、水路等其他客票的，按照下列公式计算进项税额：

公路、水路等其他旅客运输进项税额＝票面金额 ÷（1＋3%）×3%

2. 不得从销项税额抵扣的进项税额

纳税人购进货物、劳务、服务、无形资产、不动产，取得的增值税扣税凭证不符合法律、行政法规或者国务院税务主管部门有关规定的，其进项税额不得从销项税额中抵扣。除此之外，下列项目的进项税额也不得从销项税额中抵扣：

（1）用于简易计税方法计税项目、免征增值税项目、集体福利或者个人消费的购进货物、劳务、服务、无形资产和不动产。

其中涉及的固定资产、无形资产、不动产，仅指专用于上述项目的固定资产、无形资产（不包括其他权益性无形资产）、不动产，发生兼用于增值税应税项目和上述项目情况的，该进项税额准予全部抵扣。

纳税人购进其他权益性无形资产无论是专用于简易计税方法计税项目、免征增值税项目、集体福利或者个人消费，还是兼用于上述项目，均可以抵扣进项税额。

用于集体福利或个人消费的购进货物或应税劳务是指企业内部设置的供职工使用的食堂、浴室、理发室、宿舍、幼儿园等福利设施及其设备、物品等或者以福利、奖励、津贴等形式发放给职工个人的物品。个人消费，包括纳税人的交际应酬消费。纳税人购进货物或应税劳务用于集体福利、个人消费，由于其已改变了生产、经营需要的用途，成了最终消费品。因此，其进项税额不能抵扣。

【项目引例分析】

爱德公司8月16日，外购清凉饮料发放给职工作为夏季高温福利品，是用于个人消费的购进货物，不能抵扣税款；8月23日，从小规模纳税人处购入零件取得普通发票，没有进项税额可抵扣。

（2）适用一般计税方法的纳税人，兼营简易计税项目、免税项目对应的税额。适用一般计税方法的纳税人，兼营简易计税方法计税项目、免征增值税项目而无法划分不得抵扣的进项税额，按照下列公式计算不得抵扣的进项税额：

不得抵扣的进项税额 = 当期无法划分的全部进项税额 ×
（当期简易计税方法计税项目销售额 +
免征增值税项目销售额）÷ 当期全部销售额

主管税务机关可以按照上述公式依据年度数据对不得抵扣的进项税额进行清算。

【例题 1.3】

某企业为增值税一般纳税人，202× 年 10 月购进生产原料一批，取得增值税专用发票，注明价款 100 万元，税款 13 万元，该材料共用于简易计税项目和一般计税项目且无法区分用量，当期共取得销售收入 500 万元，其中简易计税项目销售额为 100 万元。月初无留抵税额。

要求：核算该企业 10 月份不可抵扣的进项税额。

分析：不得抵扣的进项税额 = 13 × 100 ÷ 500 = 2.6（万元）

（3）非正常损失业务涉及的进项税额。非正常损失，是指因管理不善造成货物被盗、丢失、霉烂变质，以及因违反法律法规造成货物或者不动产被依法没收、销毁、拆除的情形。这些非正常损失是由纳税人自身原因造成导致征税对象实体的灭失，为保证税负公平，其损失不应由国家承担，因而纳税人无权要求抵扣进项税额。具体情况如下：

① 非正常损失的购进货物，以及相关的劳务和交通运输服务。

② 非正常损失的在产品、产成品所耗用的购进货物（不包括固定资产）、劳务和交通运输服务。

③ 非正常损失的不动产，以及该不动产所耗用的购进货物、设计服务和建筑服务。

④ 非正常损失的不动产在建工程所耗用的购进货物、设计服务和建筑服务。

纳税人新建、改建、扩建、修缮、装饰不动产，均属于不动产在建工程。

【项目引例分析】

爱德公司 8 月 9 日被盗产品对应的进项税额为 320 元不再能抵税，需作进项税额转出。

（4）购进的贷款服务、餐饮服务、居民日常服务和娱乐服务。

一般意义上，餐饮服务、居民日常服务和娱乐服务主要接受对象是个人。一般纳税人购买的餐饮服务、居民日常服务和娱乐服务，难以准确界定接受服务的对象是企业还是个人，因此，其对应的进项税额即使取得增值税发票也不得从销项税额中抵扣。但需注意，酒店住宿可索取增值税专用发票，进项税额可抵扣。

纳税人接受贷款服务，向贷款方支付的与该笔贷款直接相关的投融资顾问费、手续费、咨询费等费用，其进项税额不得从销项税额中抵扣。不能抵扣的原因是目前税务机关没有对存款利息征收增值税，所以，贷款利息也不能抵税。

（5）一般纳税人的特殊规定。为了加强对一般纳税人的管理，防止利用一般纳税人和小规模纳税人的两种不同的征税办法达到少缴税款的情况发生，有下列情形之一者，应当按照销售额和增值税税率计算应纳税额，不得抵扣进项税额，也不得使用增值税专用发票：

① 一般纳税人会计核算不健全，或者不能够提供准确税务资料的。

② 应当办理一般纳税人资格登记而未办理的。

（6）一般纳税人已抵扣进项税额的固定资产、无形资产或者不动产，发生按规定不得从销项税额中抵扣进项税额情形的，按下列公式计算不得抵扣的进项税额：

不得抵扣的进项税额 = 固定资产、无形资产或者不动产净值 × 适用税率

（三）进口货物应纳税额的计算

申报进入中华人民共和国海关境内的货物，均应缴纳增值税。进口增值税，在海关缴纳之后，可以作为进项税额进行抵扣。

1. 进口环节增值税的含义

进口增值税，是指进口环节征缴的增值税，属于流转税的一种。不同于一般增值税以生产、批发、零售等环节的增值额为征税对象，进口增值税是专门对进口环节的增值额进行征税的一种增值税。

只要是报关进口的应税货物，不论其是国外产制还是我国已出口而又转销国内的货物，是进口者自行采购还是国外捐赠的货物，是进口者自用还是作为贸易或其他用途等，均应按照规定缴纳进口环节的增值税。

2. 进口环节增值税的纳税人

进口货物的收货人（承受人）或办理报关手续的单位和个人，为进口货物增值税的纳税义务人。也就是说，进口货物增值税的纳税人，包括了国内一切从事进口业务的企业事业单位、机关团体和个人。

3. 进口环节货物增值税应纳税额的计算

纳税人进口货物，按规定的组成计税价格和税率计算增值税应纳税额。

应纳税额 = 组成计税价格 × 税率

上式中的税率是规定的增值税税率，组成计税价格有两种情况：

（1）进口货物只征收增值税的，其组成计税价格为：

$$组成计税价格 = 关税完税价格 + 关税 = 关税完税价格 \times（1 + 关税税率）$$

（2）进口货物同时征收消费税的，其组成计税价格为：

$$组成计税价格 = 关税完税价格 + 关税 + 消费税$$
$$= 关税完税价格 \times（1 + 关税税率）\div（1 - 消费税税率）$$

【项目引例分析】

爱德公司 8 月 22 日从境外进口原材料，材料到岸价折合人民币 250 000 元，该材料进口关税税率为 20%，适用增值税税率为 13%。取得海关提供的进口增值税专用缴款书。该公司应缴纳的进口增值税税额为（250 000 + 250 000 × 20%）× 13% = 39 000（元）。

为了对进口增值税税额的计算有更清晰的概念，下面以另一公司的进口货物为例说明进口增值税的计算方法。

【例题 1.4】

某进出口贸易公司为增值税一般纳税人，202× 年 10 月从国外进口一批货物，该批货物在国外的离岸价为 40 万美元，国际运费率为 5%，国际运输保险费率为 4%，关税税率为 15%，进口增值税税率为 13%，外汇牌价为 1 美元 = 6.52 元人民币。

要求：计算该公司应纳进口增值税税额。

分析：

① 进口货物的国际运费 = 40 × 5% = 2（万美元）。

② 进口设备的国际运输保险费 =（40 + 2）× 4% = 1.68（万美元）。

③ 以人民币标价的进口设备到岸价 =（40 + 2 + 1.68）× 6.52 ≈ 284.79（万元）。

④ 进口关税 = 284.793 6 × 15% ≈ 42.72（万元）。

⑤ 组成计税价格 = 284.79 + 42.72 = 327.51（万元）。

⑥ 应纳增值税税额 = 327.51 × 13% ≈ 42.58（万元）。

（四）一般纳税人应纳增值税税额的确认

缴纳增值税应明确应纳税额的时间限定和确定应纳税额的计算。

1. 计算应纳税额的时间限定

一般纳税人应纳税额计算公式中的"当期"，是个重要的时间限定，只有在纳税期限内实际发生的销项税额、进项税额，才是法定的当期销项税额和当期进项税额。

一般计税法应纳税额的计算

（1）销项税额的时间规定。销售货物或者应税劳务的纳税义务发生时间，为收讫销售款或者取得索取销售款凭据的当天。按销售结算方式的不同，具体分为以下几种：

① 采取直接收款方式销售货物或发生应税行为，不论货物是否发出，均为收到销售款或取得索取销售款凭据的当天。先开具发票的，为开具发票的当天。

取得索取销售款凭据的当天，是指书面合同确定的付款日期；未签订书面合同或者书面合同未确定付款日期的，为货物、服务、无形资产转让完成的当天或者不动产权属变更的当天。

② 采取托收承付和委托银行收款方式销售货物，为发出货物并办妥托收手续的当天。

③ 采取赊销和分期收款方式销售货物，为书面合同约定的收款日期的当天，无书面合同的或者书面合同没有约定收款日期的，为货物发出的当天。

④ 采取预收货款方式销售货物，为货物发出的当天，但生产销售生产工期超过 12 个月的大型机械设备、船舶、飞机等货物，为收到预收款或者书面合同约定的收款日期的当天。

⑤ 委托其他纳税人代销货物，为收到代销单位的代销清单或者收到全部或者部分货款的当天。未收到代销清单及货款的，为发出代销货物满 180 天的当天。

⑥ 纳税人发生视同销售，除将货物交付他人代销及销售代销货物外，纳税义务发生时间为货物移送的当天，或者是服务、无形资产转让完成的当天或者不动产权属变更的当天。

⑦ 销售应税劳务，为提供劳务同时收讫销售款或取得索取销售款的凭据的当天。

⑧ 纳税人提供建筑服务、租赁服务采取预收款方式的，其纳税义务发生时间为收到预收款的当天。

⑨ 纳税人从事金融商品转让的，为金融商品所有权转移的当天。

⑩ 增值税扣缴义务发生时间为纳税人增值税纳税义务发生的当天。

（2）进口货物的纳税义务发生时间为报关进口的当天。

（3）计算应纳税额时进项税额不足抵扣的处理。纳税人如当期销项税额小于当期进项税额不足抵扣时，其不足部分可以结转下期继续抵扣。

2. 增值税的加计抵减

加计抵减，是指生产、生活性服务业增值税的一般纳税人在当期可抵扣进项税额的基础上再加计 10%（生活服务业从 2019 年 10 月 1 日起调整为 15%）抵减应纳税额。要注意，是"抵减应纳税额"而不是"增加进项税额"。

上述生产性服务业包括邮政服务、电信服务、现代服务三项服务，与生活服务并称"四项服务"。

（1）适用对象。自 2019 年 4 月 1 日至 2021 年 12 月 31 日，生产、生活性服务业纳税人允许按照当期可抵扣进项税额加计一定比例抵减应纳税额。这里的生产、生活性服务业纳税人，是指提供邮政服务、电信服务、现代服务、生活服务取得的销售额占全部销售额的比重超过 50% 的纳税人。具体标准如下：

　　① 2019 年 3 月 31 日前设立的纳税人，自 2018 年 4 月至 2019 年 3 月期间的销售额（经营期不满 12 个月的，按照实际经营期的销售额）符合规定条件的，自 2019 年 4 月 1 日起适用加计抵减政策，加计扣除比例为 10%。

　　② 2019 年 4 月 1 日后设立的纳税人，自设立之日起 3 个月的销售额符合规定条件的，自登记为一般纳税人之日起适用加计抵减政策，加计扣除比例为 10%。

　　③ 2019 年 9 月 30 日前设立的纳税人，自 2018 年 10 月至 2019 年 9 月期间的销售额（经营期不满 12 个月的，按照实际经营期的销售额）符合规定条件的提供生活性服务的纳税人，自 2019 年 10 月 1 日起适用加计抵减 15% 的政策。

　　④ 2019 年 10 月 1 日后设立的提供生活性服务的纳税人，自设立之日起 3 个月的销售额符合上述规定条件的，自登记为一般纳税人之日起适用加计抵减 15% 的政策。

　　⑤ 纳税人确定适用加计抵减政策后，当年内不再调整，以后年度是否适用，根据上年度销售额计算确定。

　　⑥ 纳税人可计提但未计提的加计抵减额，可在确定适用加计抵减政策当期一并计提。

　　（2）加计抵减额的确定办法。纳税人应按照当期可抵扣进项税额的 10% 或 15% 计提当期加计抵减额。

　　按照现行规定不得从销项税额中抵扣的进项税额，不得计提加计抵减额；已计提加计抵减额的进项税额，按规定作进项税额转出的，应在进项税额转出当期，相应调减加计抵减额。相关计算公式如下：

$$当期计提加计抵减额 = 当期可抵扣进项税额 \times 10\%（或 15\%）$$
$$当期可抵减加计抵减额 = 上期末加计抵减额余额 + 当期计提加计抵减额 -$$
$$当期调减加计抵减额$$

　　（3）加计抵减办法。纳税人应按照现行规定计算一般计税方法下的应纳税额（以下称抵减前的应纳税额）后，区分以下情形加计抵减：

　　① 抵减前的应纳税额等于零的，当期可抵减加计抵减额全部结转下期抵减；

　　② 抵减前的应纳税额大于零，且大于当期可抵减加计抵减额的，当期可抵减加计抵减额全额从抵减前的应纳税额中抵减；

　　③ 抵减前的应纳税额大于零，且小于或等于当期可抵减加计抵减额的，以当期可抵减加计抵减额抵减应纳税额至零。未抵减完的当期可抵减加计抵减额，结转下期继续抵减。

　　（4）不得加计抵减的情形。纳税人出口货物劳务、发生跨境应税行为不适用加计抵减政策，其对应的进项税额不得计提加计抵减额。

　　纳税人兼营出口货物劳务、发生跨境应税行为且无法划分不得计提加计抵减额的进项税额，按照以下公式计算：

不得计提加计抵减额的进项税额 = 当期无法划分的全部进项税额 ×

当期出口货物劳务和发生跨境应税行为的销售额 ÷

当期全部销售额

（5）核算办法。纳税人应单独核算加计抵减额的计提、抵减、调减、结余等变动情况。不得骗取适用加计抵减政策或虚增加计抵减额。加计抵减政策执行到期后，纳税人不再计提加计抵减额，结余的加计抵减额停止抵减。

【例题 1.5】

某餐饮一般纳税人符合加计抵减的政策，202× 年 10 月可抵扣进项税额为 12 万元，相关明细账上显示，上期尚有 2 万元加计抵减额余额未抵扣。

要求：计算该纳税人 10 月可抵减的加计抵减额。

分析：该纳税人从事生活性服务业，应按照当期可抵扣进项税额的 15% 计提当期加计抵减额。

当期计提加计抵减额 = 当期可抵扣进项税额 ×15% = 12 × 15% = 1.8（万元）

当期可抵减加计抵减额 = 上期末加计抵减额余额 + 当期计提加计抵减额 − 当期调减加计抵减额 = 2 + 1.8 = 3.8（万元）

3. 计算增值税一般纳税人应纳税额

确定一般纳税人销项税额和进项税额以后，直接相抵即为当期应纳税额。如果相抵结果为负数，形成留抵税额，待下期抵扣，则下期应纳税额的计算公式为：

应纳税额 = 当期销项税额 − 当期进项税额 − 上期留抵税额

需要注意的是：一般纳税人因销售货物退回或者折让，或者因服务中止或折让而退还给购买方的增值税额，应从当期的销项税额中扣减；因购进货物退出或者折让，或者因服务中止或折让而收回的增值税额，应从当期的进项税额中扣减。

一般纳税人销售货物或者应税劳务，开具增值税专用发票后，发生销售货物退回或者折让、开票有误等情形，应按国家税务总局的规定开具红字增值税专用发票。未按规定开具红字增值税专用发票的，增值税额不得从销项税额中扣减。

【项目引例分析】

爱德公司为增值税一般纳税人，采用一般计税法计算应缴纳的增值税税额。根据本项目引例中的各项业务，具体计算过程如下：

① 当期销项税额合计 183 498 元。

8 月 1 日：（4 000 × 200 + 2 000）× 13% = 104 260（元）

8 月 5 日：4 000 ×（1 − 8%）× 100 × 13% = 47 840（元）

8月8日：$4\,520 \div (1+13\%) \times 13\% = 520$（元）

8月23日：$4\,000 \times 50 \times 13\% = 26\,000$（元）

8月24日：$50\,000 \times 6\% = 3\,000$（元）

8月28日：$20\,000 \times 9\% = 1\,800$（元）

8月30日：$600 \times 13\% = 78$（元）

② 当期简易计税应纳税额为 1 165.05 元。

8月13日：应纳税额 $= 60\,000 \div (1+3\%) \times 3\% \approx 1\,747.57$（元）

减免税额 $= 60\,000 \div (1+3\%) \times 1\% \approx 582.52$（元）

实际应缴纳税额 $= 1\,747.57 - 582.52 = 1\,165.05$（元）

③ 当期可抵扣进项税额合计 78 090 元。

8月2日：$300\,000 \times 13\% = 39\,000$（元）

8月9日：$1\,000 \times 9\% = 90$（元）

8月22日：$(250\,000 + 250\,000 \times 20\%) \times 13\% = 39\,000$（元）

④ 不予抵扣的进项税额为 320 元。

8月9日：被盗产品对应的进项税额为 320 元，作进项税额转出；

8月23日，从小规模纳税人处购入零件，取得普通发票对应的税额。

⑤ 当期应纳税金为 106 893.05 元。

当期应纳税金 $= 183\,498 - (78\,090 - 320) + 1\,165.05 = 106\,893.05$（元）

二、简易计税法应纳税额的计算

简易计税方法的应纳税额，是指按照销售额和增值税征收率计算的增值税税额，不得抵扣进项税额。应纳税额计算公式：

应纳税额 = 销售额 × 征收率

此处销售额为不含税销售额。小规模纳税人一律采用简易计税方法计税，一般纳税人的一些特定业务也适用或可以选择适用简易计税方法。

（一）小规模纳税人应纳税额的计算

小规模纳税人采用简易计税法计算应纳增值税额，并不得抵扣进项税额。小规模纳税人除初次购买增值税税控系统专用设备、缴纳的技术维护费，可凭购买增值税税控系统专用设备取得的增值税专用发票和技术维护费发票，在增值税应纳税额中全额抵减（抵减额为价税合计），不足抵减的可结转下期继续抵减外，其他购进业务不论是否取得增值税专用发票，都不能抵扣进项税额，而是直接计入相关成本。所以小规模纳税人的应纳税额通过下列公式直接计算：

应纳税额 = 销售额 × 征收率

公式中销售额应为不含税销售额，如果是含税销售额，应换算为不含税销售额：

$$不含税销售额 = 含税销售额 ÷（1 + 征收率）$$

需要注意的是，小规模纳税人发生增值税应税销售行为，合计月销售额未超过 10 万元（以 1 个季度为 1 个纳税期的，季度销售额未超过 30 万元，下同）的，免征增值税；小规模纳税人发生增值税应税销售行为，合计月销售额超过 10 万元，但扣除本期发生的销售不动产的销售额后未超过 10 万元的，其销售货物、劳务、服务、无形资产取得的销售额免征增值税；适用增值税差额征税政策的小规模纳税人，以差额后的销售额确定是否可以享受本公告规定的免征增值税政策。

另外，自 2019 年 1 月 1 日起，各省（区、市）政府对增值税小规模纳税人，在 50% 幅度内减征资源税、城市维护建设税、印花税、城镇土地使用税、耕地占用税等地方税种以及教育费附加和地方教育附加等。

对于个体工商户小规模纳税人和其他个人，适用起征点征税办法为：个人发生应税行为的销售额未达到增值税起征点的，免征增值税；达到起征点的，全额计算缴纳增值税。需要说明的是：

（1）起征点仅适用于个体工商户小规模纳税人和其他个人。

（2）按期纳税的，为月销售额 5 000~20 000 元（含本数）。

（3）按次纳税的，为每次（日）销售额 300~500 元（含本数）。

（4）起征点的调整由财政部和国家税务总局规定。省、自治区、直辖市财政厅（局）和国家税务局应当在规定的幅度内，根据实际情况确定本地区适用的起征点，并报财政部和国家税务总局备案。

（5）增值税起征点不适用于登记为一般纳税人的个体工商户。

【例题 1.6】

广州宝华有限责任公司为小规模纳税人，主要从事布料的生产与销售，社会统一信用代码为：332678733079532305，联系电话为：020-85214366，法定代表人为李海鹏，财务负责人和税务会计均为黄利辉，公司按月申报缴纳增值税。202× 年 9 月发生的各项业务如下：

① 9 月 3 日，销售给某客户一批自制布料，含税销售收入 6 180 元；

② 9 月 8 日，从一般纳税人处购进生产原料，货款 5 000 元，增值税 650 元；

③ 9 月 12 日，批发一批自产布料，开具增值税专用发票，发票注明价款为 9 000 元，增值税征收率为 3%。

分析：

① 9 月 3 日不含税销售额如下：

不含税销售额 = 6 180 ÷（1 + 3%）= 6 000（元）

②9月8日虽然从一般纳税人处购进货物，但不允许抵扣，直接计入购料成本，不影响本月增值税税额。

③9月12日，销售货物，开具增值税专用发票。按照相关政策规定，只要开具增值税专用发票，就需要缴纳税款，因此，该笔业务需要缴纳270元的增值税税款。

④本月销售额合计15 000元。

本月销售额合计＝6 000＋9 000＝15 000（元）

⑤本月应纳税额450元。

本月应纳税额＝15 000×3%＝450（元）

由于月销售额不足10万元，本月未开具增值税专用发票的销售收入对应的增值税税额180元享受免征政策。

小规模纳税人销售自己使用过的固定资产和旧货，销售不动产等，应按相关政策计税。

（二）其他按简易办法计税应纳税额的计算

一般纳税人的一些特定业务也适用或可以选择适用简易计税方法。不同项目有不同的政策，如一般纳税人出售未抵扣过税款的旧固定资产，按简易办法依3%征收率减按2%征收增值税。

【例题1.7】

某企业为一般纳税人，将一条旧生产线出售，该生产线专用于生产免税产品，购置该设备时，按规定未抵税，购进时的初始成本为150万元，至出售时，已提折旧累计48万元，按含税售价82.4万元成交，开具普通发票。

要求：计算该企业应缴纳的增值税税额。

分析：不含税销售额＝82.4÷（1＋3%）＝80（万元）

应纳税额＝80×3%＝2.4（万元）

减免税额＝80×（3%－2%）＝0.8（万元）

实际缴纳税额＝2.4－0.8＝1.6（万元）

三、增值税税款的减免

增值税税款的减免分为即征即退、先征后退、先征后返、直接免征和直接减征等形式。其中，直接免征和直接减征指按应征税款的一定比例征收，目前一般是采用降低税率或按简易办法征收的方式给予优惠，如出售未抵过税的旧固定资产。上述内容已在前面有阐述，此处仅介绍其他减免方式。

（一）即征即退

即征即退是指按税法规定应缴纳的税款，由税务机关在征税时部分或全部退还纳税人的一种税收优惠。退税机关为税务机关。

（1）增值税一般纳税人销售其自行开发生产的软件产品，按13%税率征收增值税后，对其增值税实际税负超过3%的部分实行即征即退政策。增值税一般纳税人将进口软件产品进行本地化改造后对外销售，其销售的软件产品可享受以上政策。其退税额按以下公式计算。

即征即退税额 = 当期软件产品增值税应纳税额 − 当期软件产品销售额 ×3%

（2）一般纳税人提供管道运输服务，对其增值税实际税负超过3%的部分实行增值税即征即退政策。

（3）经中国人民银行、银监会或者商务部批准从事融资租赁业务的试点纳税人中的一般纳税人，提供有形动产融资租赁服务和有形动产融资性售后回租服务，对其增值税实际税负超过3%的部分实行增值税即征即退政策。

（4）纳税人享受安置残疾人增值税即征即退优惠政策。

① 纳税人：安置残疾人的单位和个体工商户；

② 纳税人本期应退增值税税额 = 本期所含月份每月应退增值税税额之和

月应退增值税税额 = 纳税人本月安置残疾人员人数 × 本月月最低工资标准的4倍

（二）先征后退

先征后退是指按税法规定缴纳的税款，由税务机关征收入库后，再由税务机关按规定的程序给予部分或全部退税的一种税收优惠。如出版社专为少年儿童出版发行的报纸和期刊、中小学学生的课本、少数民族文字出版物、盲文图书和盲文期刊等。

（三）先征后返

先征后返是指税务机关正常将增值税征收入库，然后由财政机关按税收政策规定审核并返还企业所缴入库的增值税，返税机关为财政机关。例如对数控机床产品实行增值税先征后返。

先征后退和先征后返是有区别的，前者由税务部门先足额征收增值税，并由税务部门定期退还已征的全部和部分增值税；而先征后返，是由税务部门先足额征收增值税，然后由财政部门将已征税款全部和部分返还给企业。

模块四　发　票　管　理

一、发票认知

发票，是指单位和个人在购销商品，提供或接受服务以及从事其他经营活动中，所开具和收取的业务凭证。发票分为增值税发票和普通发票。常见的有：增值税专用发票、增值税普通发票、增值税电子普通发票、机动车销售统一发票、二手车销售统一发票、旅游景点门票、过路过桥费发票、定额发票、客运发票等。

（一）增值税专用发票

1. 含义

增值税专用发票是增值税一般纳税人销售货物、提供应税劳务或者发生应税行为开具的发票，是购买方支付增值税税额并可按照增值税有关规定据以抵扣增值税进项税额的凭证。

2. 发票样式

增值税专用发票由基本联次或者基本联次附加其他联次构成，基本联次为三联：记账联、抵扣联和发票联。记账联，作为销售方核算销售收入和增值税销项税额的记账凭证，如图1-1所示；抵扣联，作为购买方报送主管税务机关认证和留存备查的凭证，如图1-2所示；发票联，作为购买方核算采购成本和增值税进项税额的记账凭证，如图1-3所示。其他联次用途，由一般纳税人自行确定。

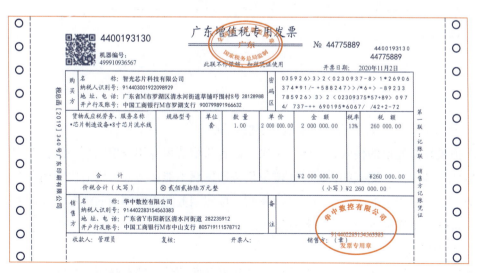

图1-1

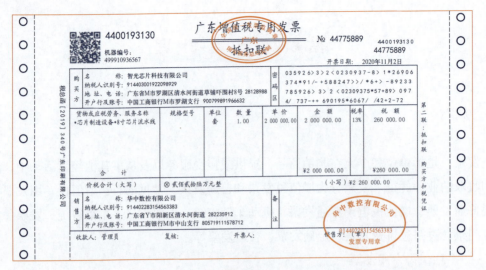

图 1-2

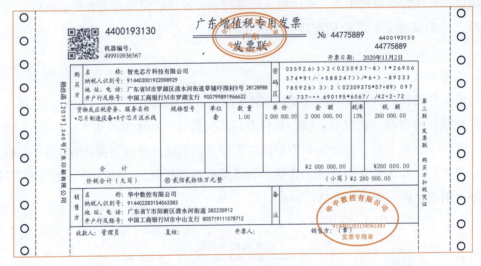

图 1-3

（二）增值税普通发票

1. 增值税专用发票与增值税普通发票的区别

增值税普通发票的格式、字体、栏次、内容与增值税专用发票完全一致，它们的区别是：增值税专用发票能抵扣税款，而增值税普通发票不能；另外，增值税专用发票由国务院税务主管部门指定的企业印制；其他发票，按照国务院主管部门的规定，分别由省、自治区、直辖市国家税务局、地方税务局指定企业印制。

2. 发票样式

增值税普通发票按发票联次分为两联票和五联票两种，基本联次为两联，第一联为记账联，销售方用作记账凭证；第二联为发票联，购货方用作记账凭证。此外为满足部分纳税人的需要，在基本联次后添加了三联的附加联次，即五联票，供企业选择使用。

（三）增值税电子普通发票

为降低纳税人经营成本，节约社会资源，方便消费者保存使用发票，国家税务总局2015年11月推行通过增值税电子发票系统开具的增值税电子普通发票，它的法律效力、基本用途、基本使用规定等与税务机关监制的增值税普通发票相同。另外，我国正在实现增值税专用发票电子化，未来，纸质发票会慢慢退出历史舞台。

（四）机动车销售统一发票

凡从事机动车零售业务的单位和个人，在销售机动车（不包括销售旧机动车）收取款项时，必须开具税务机关统一印制的机动车销售统一发票。机动车销售统一发票也具有抵税功能。

对发票的管理，通常包括发票领购、发票开具、发票作废及冲红、增值税发票认证等。

二、发票领购

单位和个人在开具发票前需要根据企业的业务类型等确定所需发票的类型和数量，从税务机关领购相应发票。目前各省市一般有两种发票的领购方式，一是到当地税务机关税务大厅领购；二是网上领购。

（一）税务大厅领购发票

这种领购方式，需要携带税控盘、营业执照副本原件、发票专用章、购票人本人身份证原件等材料到税务大厅办理领购手续，同时，购票人需要完成实名登记。

（二）网上领购发票

这种领购方式，在纳税人确定所需发票的类型和数量后，登录当地电子税务局平台，进行发票领购，具体操作如下：

（1）登录当地电子税务局平台，进行登录。

（2）按操作提示，申请领购发票的操作，如北京电子税务局的增值税发票领购平台操作步骤如下：

① 单击"我要办税—发票使用—发票领用—发票发放（票E送）"，进入"申领发票"页面，单击"新申请"，进入"增值税发票申领和纳税人信息填写"页面。

② 在"增值税发票申领和纳税人信息填写"页面，根据企业可申请发票的种类及数量、领票人、配送地址等信息，填写增值税发票申领和纳税人相关信息并保存。

③ 税务部门受理后，打印"税务局网上领用发票收票单"并加盖公章或发票专用章，快递送票时须凭此单收票。

④ 完成发票领购，打开税控盘，读入所申领发票的信息。

三、发票开具

此处以专用发票的开具为例说明纳税人开具发票的相关规定。

（一）专用发票的开具条件

纳税人销售货物、提供应税劳务或发生应税行为，应当向索取增值税专用发票的购买方开具增值税专用发票，并在增值税专用发票上分别注明销售额和销项税额。属于下列情形之一的，不得开具增值税专用发票：

（1）向消费者个人销售货物、提供应税劳务、应税服务、无形资产或者不动产。

（2）销售货物、提供应税劳务或应税行为适用免征增值税规定的。

（3）经纪代理服务中，向委托方收取的政府性基金或者行政事业性收费。

（4）金融商品转让。

（5）旅游服务。向旅游服务购买方收取并支付给其他单位或者个人的住宿费、餐饮费、交通费、签证费、门票费和支付给其他接团旅游企业的旅游费用。

（6）有形动产融资性售后回租服务，向承租方收取的有形动产价款本金。

（7）一般纳税人销售自己使用过的固定资产，按简易办法依3%征收率减按2%征收增值税。

（8）销售旧货。

（9）提供劳务派遣服务选择差额纳税，向用工单位收取用于支付给劳务派遣员工的工资、福利和为其办理社会保险及住房公积金的费用。

（二）专用发票的开具要求

（1）开具专用发票的要求：项目齐全，与实际交易相符；字迹清楚，不得压线、错格；发票联和抵扣联加盖发票专用章；按照增值税纳税义务的发生时间开具。

（2）同一张发票上可以同时开具不同税率、不同品名，如果销售货物、劳务或应税行为的内容较多，还可开具销货清单。

（3）纳税人在开具发票前，需要进行基础设置，将客户的基础信息添加进开票系统，包括：客户名称、纳税人识别号、开户银行、账号、地址和联系电话、纳税人类型、开票类型、寄票信息等。

（4）纳税人在开具发票时，需要选择商品和服务的税收分类编码，如货物、劳务、服务、无形资产、不动产、不征税项目等，然后查询具体项目，进行开票。

四、发票作废及冲红

同样以增值税专用发票为例，说明已开具发票的作废和冲红处理。

（一）已开具专用发票的作废

1. 作废情形

增值税专用发票当月开错，未用于申报抵扣，或发生销货退回业务，且发票联和抵扣联退回的，收到退回的发票联、抵扣联符合作废条件的，可以直接作废。

2. 作废方法

遵循谁开票谁作废的原则，或者以管理员权限登录开票软件进行作废。在开票软件的"发票开具"界面，在发票列表中选择开错的发票并选择"作废"，完成发票作废处理，同时在纸质专用发票（含未打印的专用发票）各联次上注明"作废"字样，全联次留存。

（二）发票冲红

已开具的增值税专用发票，如发生销货退回、开票有误、应税行为中止以及发票抵扣联、发票联均无法认证等情形但不符合作废条件，或者因销货部分退回及发生销售折让，需要开具红字专用发票的，先填写开具红字增值税专用发票信息表，上传并审核通过后，再开具红字专用发票。

1. 购买方申请开具红字专用发票

（1）适用情形。专用发票已用于申报抵扣，或专用发票尚未申报抵扣，但发票联或抵扣联无法退回给销售方的这两种情形，由购买方填开并上传开具红字增值税专用发票信息表（见表1-3）。

（2）操作步骤。

① 购买方在填写信息表时，如果购买方选择"已抵扣"，则不需要填写对应的蓝字专用发票的代码和号码；当选择"未抵扣"时，应填写相对应的蓝字专用发票的代码和号码。

② 主管税务机关通过网络接收纳税人上传的信息表，系统自动校验通过后，生成带有"红字专用发票信息表编号"的信息表，并将信息表同步传至纳税人端系统中。

③ 销售方凭税务机关系统校验通过的信息表，在系统中以销项负数开具红字专用发票，下载打印即可，红字专用发票应与信息表一一对应。

2. 销售方申请开具红字发票

销售方开具专用发票尚未交付给购买方，或者购买方尚未用于申报抵扣并将发票联和抵扣联退回的，由销售方按规定在系统中填开并上传开具红字增值税专用发票信息表，填开信息表时应填写相对应的蓝字专用发票的代码和号码。

表1-3　开具红字增值税专用发票信息表

填开日期：　　年　月　日

销售方	名称		购买方	名称		
	纳税人识别号			纳税人识别号		

开具红字专用发票内容	货物（劳务服务名称）	数量	单价	金额	税率	税额
	合计					

| 说明 | 一、购买方
对应蓝字专用发票抵扣增值税销项税额情况：
1. 已抵扣
2. 未抵扣
对应蓝字专用发票的代码：　　　　号码：
二、销售方
对应蓝字专用发票的代码：　　　　号码： | | | | | |

| 开具红字专用发票信息表编号 | | | | | | |

五、发票认证

增值税一般纳税人取得增值税专用发票，可以通过登录本省增值税发票查询平台，查询、选择用于申报抵扣、出口退税或者代办退税的增值税发票信息。具体处理方法如下：

（一）增值税发票查询平台认证

目前，纳税人取得销售方开具的增值税专用发票、海关进口增值税专用缴款书、机动车销售统一发票、收费公路通行费增值税电子普通发票，可通过本省（自治区、直辖市和计划单列市）增值税发票综合服务平台进行用途确认。

（二）扫描认证

扫描认证是指到报税大厅窗口扫描进项税发票进行认证，或者自己扫描后上传到网上进行认证。目前，有条件的企业基本都会直接在增值税发票查询平台认证，如通过增值税发票查询平台未查询到对应发票信息的，仍可进行扫描认证。

【项目引例分析】

爱德公司 8 月份可抵扣的税额包括 8 月 2 日购进原材料，8 月 9 日为客户送货支付的运费，如果公司想在 8 月份将以上税额抵扣，则应在网上认证系统勾选或扫描发票的抵扣联信息，申请认证，认证通过后方能抵税。假设该公司以上两张专票全部通过认证，税额共 39 090 元，它们可抵扣当期销项税额。

模块五　增值税的申报缴纳

按照规定，增值税纳税人在申报当月应纳增值税时，需填写增值税纳税申报表及附表，并向主管税务机关申报纳税。

一、纳税时间和地点

（一）纳税期限

增值税的纳税期限分别为 1 日、3 日、5 日、10 日、15 日、1 个月或 1 个季度。其中，以 1 个季度为纳税期限适用于小规模纳税人、银行、财务公司、信托投资公司、信用社，以及财政部和国家税务总局规定的其他纳税人。纳税人的具体纳税期限，由主管税务机关根据纳税人应纳税额的大小分别核定；不能按照固定期限纳税的，可以按次纳税。

按固定期限纳税的小规模纳税人，可以选择以 1 个月或 1 个季度为纳税期限，一经选择，一个会计年度内不得变更。

纳税人以 1 个月或者 1 个季度为 1 个纳税期的，自期满之日起 15 日内申报纳税；以 1 日、3 日、5 日、10 日或者 15 日为 1 个纳税期的，自期满之日起 5 日内预缴税款，于次月 1 日起 15 日内申报纳税并结清上月应纳税款。

扣缴义务人解缴税款的期限，按照前两款规定执行。

纳税人进口货物，应当自海关填发税款缴纳书之日起 15 日内缴纳税款。

纳税人出口适用税率为零的货物，可以按月向税务机关申报办理该项出口货物的退税。

（二）纳税地点

（1）固定业户应当向其机构所在地主管税务机关申报纳税。总机构和分支机构不在同一县（市）的，应当分别向各自所在地主管税务机关申报纳税；经财政部和国家税务总局或其授权的税务机关批准，也可由总机构汇总向总机构所在地主管税务机关申报纳税。总分支机构不在同一县（市），但在同一省（自治区、直辖市、计划单列市）范围内的，经省（自治区、直辖市、计划单列市）财政厅（局）和国家税务局批准，可以由总机构汇总向总机构所在地的主管税务机关申报缴纳增值税。

（2）固定业户到外县（市）销售货物或发生应税行为，应当向其机构所在地主管税务机关报告外出经营事项，向其机构所在地主管税务机关申报纳税；未报告的，应当向销售地或者劳务发生地的主管税务机关申报纳税；未向销售地或者劳务发生地的主管税务机关申报纳税的，由其机构所在地的主管税务机关补征税款。

（3）非固定业户销售货物、提供应税劳务或发生应税行为，应当向销售地或应税行为发生地主管税务机关申报纳税，未申报纳税的，由其机构所在地或者居住地主管税务机关补征税款。

（4）进口货物，应当由进口人或其代理人向报关地海关申报纳税。

（5）扣缴义务人应当向其机构所在地或者居住地主管税务机关申报缴纳扣缴的税款。

二、纳税申报

（一）增值税一般纳税人的纳税申报

1. 纳税申报表的填写

纳税申报的核心是填写并报送纳税申报表及相关资料，增值税一般纳税人填报的内容有 1 份主表、4 份附表、增值税减免税申报明细表，主表为增值税纳税申报表，附表分别是本期销售情况明细，进项税额明细，服务、不动产和无形资产扣除项目明细和税额抵减情况表。具体表格格式见表 1-4 至表 1-9。

【项目引例分析】

爱德公司的税务会计应依据《中华人民共和国增值税暂行条例》填报其 8 月增值税纳税申报表各表（填写内容见表 1-4 至表 1-9）。

表1-4　增值税纳税申报表
（一般纳税人适用）

根据国家税收法律法规及增值税相关规定制定本表。纳税人不论有无销售额，均应按税务机关核定的纳税期限填写本表，并向当地税务机关申报。

税款所属时间：自202×年8月1日至202×年8月31日　　　　所属行业：制造业

填表日期：202×年9月8日　　　　　　　　　　　　　　金额单位：元（列至角分）

纳税人识别号	9 9 0 1 7 8 9 5 4 0 9 6 6 8 8 2 3 3			
纳税人名称	广州爱德有限责任公司（公章）	法定代表人姓名　张明峰	注册地址　广州市番禺区市桥清河路×××号	生产经营地址　广州市番禺区市桥清河路×××号
开户银行及账号	中国建设银行清河路办事处 105100098903	登记注册类型　有限责任公司	电话号码　85213821	

项目		栏次	一般项目		即征即退项目	
			本月数	本年累计	本月数	本年累计
销售额	（一）按适用税率计税销售额	1	1 444 600.00			
	其中：应税货物销售额	2	1 374 000.00			
	应税劳务销售额	3	600.00			
	纳税检查调整的销售额	4				
	（二）按简易办法计税销售额	5	58 252.43			
	其中：纳税检查调整的销售额	6				
	（三）免、抵、退办法出口销售额	7			—	—
	（四）免税销售额	8			—	—
	其中：免税货物销售额	9			—	—
	免税劳务销售额	10			—	—

续表

项目		栏次	一般项目 本月数	一般项目 本年累计	即征即退项目 本月数	即征即退项目 本年累计
	销项税额	11	183 498.00			
	进项税额	12	78 090.00		—	—
	上期留抵税额	13				
	进项税额转出	14	320.00			
	免、抵、退应退税额	15			—	—
	按适用税率计算的纳税检查应补缴税额	16			—	—
	应抵扣税额合计	17＝12+13－14－15+16	77 770.00	—		—
税款计算	实际抵扣税额	18（如17<11，则为17，否则为11）	77 770.00			
	应纳税额	19＝11-18	105 728.00			
	期末留抵税额	20＝17-18				—
	简易计税办法计算的应纳税额	21	1 747.57			
	按简易计税办法计算的纳税检查应补缴税额	22				
	应纳税额减征额	23	582.52		—	—
	应纳税额合计	24＝19+21－23	106 893.05			
	期初未缴税额（多缴为负数）	25	5 320.00			
	实收出口开具专用缴款书退税额	26				
税款缴纳	本期已缴税额	27＝28+29+30+31	5 320.00		—	—

续表

项目		栏次	一般项目		即征即退项目	
			本月数	本年累计	本月数	本年累计
税款缴纳	①分次预缴税额	28		—	—	—
	②出口开具专用缴款书预缴税额	29		—	—	—
	③本期缴纳上期应纳税额	30	5 320.00			
	④本期缴纳欠缴税额	31				
	期末未缴税额（多缴为负数）	32=24+25+26−27	106 893.05		—	—
	其中：欠缴税额（≥0）	33=25+26−27		—	—	—
	本期应补（退）税额	34=24−28−29	106 893.05			
	即征即退实际退税额	35	—		—	—
	期初未缴查补税额	36			—	—
	本期入库查补税额	37			—	—
	期末未缴查补税额	38=16+22+36−37			—	—

授权声明

如果你已委托代理人申报，请填写下列资料：
为代理一切税务事宜，现授权 （地址）
为本纳税人的代理申报人，任何与本申报表有关的往来
文件，都可寄予此人。
授权人签字：

申报人声明

本纳税申报表是根据国家税收法律法规及相关规定填报的，
我确定它是真实的、可靠的、完整的。
声明人签字：

主管税务机关：　　　　　　接收人　　　　　　接收日期：

61

表1-5 增值税纳税申报表附列资料（一）

（本期销售情况明细）

税款所属时间：自202×年8月1日至202×年8月31日

纳税人名称：（公章）广州爱德有限责任公司　　　　　　　　　　金额单位：元（列至角分）

项目及栏次		栏次	开具增值税专用发票 销售额 (1)	销项（应纳）税额 (2)	开具其他发票 销售额 (3)	销项（应纳）税额 (4)	未开具发票 销售额 (5)	销项（应纳）税额 (6)	纳税检查调整 销售额 (7)	销项（应纳）税额 (8)	合计 销售额 (9=1+3+5+7)	销项（应纳）税额 (10=2+4+6+8)	价税合计 (11=9+10)	服务、不动产和无形资产扣除项目本期实际扣除金额 (12)	扣除后 合税（免税）销售额 (13=11-12)	销项（应纳）税额 (14=13÷(100%+税率或征收率)×税率或征收率)
一、一般计税方法计税 全部征税项目	13%税率的货物及加工修理修配劳务	1	1 370 600.00	178 178.00	4 000.00	520.00					1 374 600.00	178 698.00	—	—	—	—
	13%税率的服务、不动产和无形资产	2														
	9%税率的货物及工修理修配劳务	3														
	9%税率的服务、不动产和无形资产	4	20 000.00	1 800.00							20 000.00	1 800.00				
	6%税率	5	50 000.00	3 000.00							50 000.00	3 000.00				

续表

项目及栏次		开具增值税专用发票		开具其他发票		未开具发票		纳税检查调整		合计			服务、不动产和无形资产扣除项目本期实际扣除金额	扣除后	
		销售额	销项（应纳）税额	销售额	销项（应纳）税额	销售额	销项（应纳）税额	销售额	销项（应纳）税额	销售额	销项（应纳）税额	价税合计		含税（免税）销售额	销项（应纳）税额
		1	2	3	4	5	6	7	8	9=1+3+5+7	10=2+4+6+8	11=9+10	12	13=11-12	14=13÷(100%+税率或征收率)×税率或征收率
一般计税方法计税 其中: 即征即退项目	即征即退货物及加工修理修配劳务 6	—	—	—	—	—	—	—	—	—	—	—	—	—	—
	即征即退服务、不动产和无形资产 7	—	—	—	—	—	—	—	—	—	—	—	—	—	—
二、简易计税方法计税 全部征税项目	6%征收率 8	—	—	—	—	—	—	—	—	—	—	—	—	—	—
	5%征收率的货物及加工修理修配劳务 9a	—	—	—	—	—	—	—	—	—	—	—	—	—	—
	5%征收率的服务、不动产和无形资产 9b	—	—	—	—	—	—	—	—	—	—	—	—	—	—
	4%征收率 10	—	—	—	—	—	—	—	—	—	—	—	—	—	—
	3%征收率的货物及加工修理修配劳务 11	58 252.43	1 747.57	—	—	—	—	—	—	58 252.43	1 747.57	—	—	—	—

续表

项目及栏次		开具增值税专用发票		开具其他发票		未开具发票		纳税检查调整		合计			服务、不动产和无形资产扣除项目本期实际扣除金额	扣除后	
		销售额	销项（应纳）税额	销售额	销项（应纳）税额	销售额	销项（应纳）税额	销售额	销项（应纳）税额	销售额	销项（应纳）税额	价税合计		含税（免税）销售额	销项（应纳）税额
	栏次	1	2	3	4	5	6	7	8	$9=1+3+5+7$	$10=2+4+6+8$	$11=9+10$	12	$13=11-12$	$14=13\div(100\%+税率或征收率)\times税率或征收率$
二、简易计税方法计税 全部征税项目 3%征收率的服务、不动产和无形资产	12					—	—	—	—			—	—	—	—
预征率 ___%	13a					—	—	—	—			—	—	—	—
预征率 ___%	13b					—	—	—	—			—	—	—	—
预征率 ___%	13c					—	—	—	—			—	—	—	—
其中：即征即退项目 即征即退货物及加工修理修配劳务	14	—	—	—	—	—	—	—	—	—	—	—	—	—	—
即征即退服务、不动产和无形资产	15	—	—	—	—	—	—	—	—	—	—	—	—	—	—
三、免抵退税 货物及加工修理修配劳务	16	—	—	—	—	—	—	—	—	—	—	—	—	—	—
服务、不动产和无形资产	17	—	—	—	—	—	—	—	—	—	—	—	—	—	—
四、免税 货物及加工修理修配劳务	18	—	—	—	—	—	—	—	—	—	—	—	—	—	—
服务、不动产和无形资产	19	—	—	—	—	—	—	—	—	—	—	—	—	—	—

表1-6 增值税纳税申报表附列资料（二）
（本期进项税额明细）

税款所属时间：自202×年8月1日至202×年8月31日

纳税人名称：（公章）广州爱德有限责任公司　　　　　　金额单位：元（列至角分）

一、申报抵扣的进项税额				
项目	栏次	份数	金额	税额
（一）认证相符的增值税专用发票	1＝2＋3	2	301 000.00	39 090.00
其中：本期认证相符且本期申报抵扣	2	2	301 000.00	39 090.00
前期认证相符且本期申报抵扣	3			
（二）其他扣税凭证	4＝5＋6＋7＋8a＋8b	1	300 000.00	39 000.00
其中：海关进口增值税专用缴款书	5	1	300 000.00	39 000.00
农产品收购发票或者销售发票	6			
代扣代缴税收缴款凭证	7			—
加计扣除农产品进项税额	8a	—		
其他	8b			
（三）本期用于购建不动产的扣税凭证	9			
（四）本期用于抵扣的旅客运输服务扣税凭证	10		—	—
（五）外贸企业进项税额抵扣证明	11		—	—
当期申报抵扣进项税额合计	12＝1＋4＋11			78 090.00
二、进项税额转出额				
项目	栏次		税额	
本期进项税额转出额	13＝14至23之和		320.00	
其中：免税项目用	14			
集体福利、个人消费	15			
非正常损失	16		320.00	
简易计税方法征税项目用	17			
免抵退税办法不得抵扣的进项税额	18			

续表

二、进项税额转出额		
项目	栏次	税额
纳税检查调减进项税额	19	
红字专用发票信息表注明的进项税额	20	
上期留抵税额抵减欠税	21	
上期留抵税额退税	22	
其他应作进项税额转出的情形	23	

三、待抵扣进项税额				
项目	栏次	份数	金额	税额
（一）认证相符的增值税专用发票	24	—	—	—
期初已认证相符但未申报抵扣	25			
本期认证相符且本期未申报抵扣	26			
期末已认证相符但未申报抵扣	27			
其中：按照税法规定不允许抵扣	28			
（二）其他扣税凭证	29＝30至33之和			
其中：海关进口增值税专用缴款书	30			
农产品收购发票或者销售发票	31			
代扣代缴税收缴款凭证	32	—		
其他	33			
	34			

四、其 他				
项目	栏次	份数	金额	税额
本期认证相符的增值税专用发票	35	2	301 000.00	39 090.00
代扣代缴税额	36	—	—	

表 1-7 增值税纳税申报表附列资料（三）

（服务、不动产和无形资产扣除项目明细）

税款所属时间：自 202×年 8 月 1 日至 202×年 8 月 31 日

纳税人名称：（公章）广州爱德有限责任公司　　　　金额单位：元（列至角分）

项目及栏次		本期服务、不动产和无形资产价税合计额（免税销售额）	服务、不动产和无形资产扣除项目				
			期初余额	本期发生额	本期应扣除金额	本期实际扣除金额	期末余额
		1	2	3	4=2+3	5（5≤1且5≤4）	6=4-5
13%税率的项目	1						
9%税率的项目	2						
6%税率的项目（不含金融商品转让）	3						
6%税率的金融商品转让项目	4						
5%征收率的项目	5						
3%征收率的项目	6						
免抵退税的项目	7						
免税的项目	8						

表 1-8 增值税纳税申报表附列资料（四）

（税额抵减情况表）

税款所属时间：自 202×年 8 月 1 日至 202×年 8 月 31 日

纳税人名称：（公章）广州爱德有限责任公司

金额单位：元（列至角分）

一、税额抵减情况

序号	抵减项目	期初余额 1	本期发生额 2	本期应抵减税额 3=1+2	本期实际抵减税额 4≤3	期末余额 5=3-4
1	增值税税控系统专用设备费及技术维护费					
2	分支机构预征缴纳税款					
3	建筑服务预征缴纳税款					
4	销售不动产预征缴纳税款					
5	出租不动产预征缴纳税款					

二、加计抵减情况

序号	加计抵减项目	期初余额 1	本期发生额 2	本期调减额 3	本期可抵减额 4=1+2-3	本期实际抵减额 5	期末余额 6=4-5
6	一般项目加计抵减额计算						
7	即征即退项目加计抵减额计算						
8	合计						

税款所属时间：自 202×年 8 月 1 日至 202×年 8 月 31 日

纳税人名称（公章）：广州爱德有限责任公司

表 1-9　增值税减免税申报明细表

金额单位：元（列至角分）

一、减税项目

减税性质代码及名称	栏次	期初余额 1	本期发生额 2	本期应抵减税额 3=1+2	本期实际抵减税额 4≤3	期末余额 5=3-4
合计	1	0	582.52	582.52	582.52	0
01129924 已使用固定资产减征增值税	2	0	582.52	582.52	582.52	0
	3					
	4					
	5					
	6					

二、免税项目

免税性质代码及名称	栏次	免征增值税项目销售额 1	免税销售额扣除项目本期实际扣除金额 2	扣除后免税销售额 3=1-2	免税销售额对应的进项税额 4	免税额 5
合计	7		—	—	—	—
出口免税	8		—	—	—	—
其中：跨境服务	9		—	—	—	—
	10					
	11					
	12					
	13					
	14					
	15					
	16					

2. 报送纳税申报表

纳税人无论当期是否有销售额，均应按主管税务机关核定的纳税期限填报纳税申报表。

纳税人必须依照法律、行政法规的规定或者税务机关依照法律、行政法规的规定确定的申报期限、申报内容如实办理纳税申报，报送纳税申报表以及税务机关根据实际需要要求纳税人报送的其他纳税资料。扣缴义务人必须依照法律、行政法规的规定或者税务机关依照法律、行政法规的规定确定的申报期限、申报内容如实报送代扣代缴、代收代缴税款报告表以及税务机关根据实际需要要求扣缴义务人报送的其他有关资料。

目前主要的纳税申报方式是直接报送和网上申报。其中，网上申报是目前广泛采用的经济、快捷的报送方式。

（二）增值税小规模纳税人的纳税申报

小规模纳税人增值税纳税申报表（见表1-10）适用于增值税小规模纳税人填报。下面以广州宝华有限责任公司202×年9月纳税申报业务为例说明小规模纳税人增值税纳税申报表的填报方法。

表1-10　小规模纳税人增值税纳税申报表
（适用于增值税小规模纳税人）

纳税人识别号：3 3 2 6 7 8 7 3 3 0 7 9 5 3 2 3 0 5

纳税人名称（公章）：广州宝华有限责任公司　　　　金额单位：元（列至角分）
税款所属期：202×年9月1日至202×年9月30日　　　填表日期：202×年10月9日

项目		栏次	本期数		本年累计	
			货物及劳务	服务、不动产和无形资产	货物及劳务	服务、不动产和无形资产
一、计税依据	（一）应征增值税不含税销售额（3%征收率）	1	9 000.00			
	税务机关代开的增值税专用发票不含税销售额	2	9 000.00			
	税控器具开具的普通发票不含税销售额	3				
	（二）应征增值税不含税销售额（5%征收率）	4	—		—	
	税务机关代开的增值税专用发票不含税销售额	5				
	税控器具开具的普通发票	6				

项目		栏次	本期数		本年累计	
			货物及劳务	服务、不动产和无形资产	货物及劳务	服务、不动产和无形资产
一、计税依据	（三）销售使用过的固定资产不含税销售额	7（7≥8）				
	（四）免税销售额	9＝10＋11＋12	6 000.00			
	其中：小微企业免税销售额	10	6 000.00			
	未达起征点销售额	11				
	其他免税销售额	12				
	（五）出口免税销售额	13（13≥14）				
	其中：税控器具开具的普通发票	14				
二、税款计算	本期应纳税额	15	270.00			
	本期应纳税额减征额	16				
	本期免税额	17	180.00			
	其中：小微企业免税额	18	180.00			
	未达起征点免税额	19				
	应纳税额合计	20＝15－16	270.00			
	本期预缴税额	21		—		—
	本期应补（退）税额	22＝20－21	270.00	—		—

纳税人或代理人声明：	如纳税人填报，由纳税人填写以下各栏：
本纳税申报表是根据国家税收法律法规及相关规定填报的，我确定它是真实的、可靠的、完整的。	办税人员：吴胜利　　财务负责人：吴胜利 法定代表人：廖峰　　联系电话：85213456
	如委托代理人填报，由代理人填写以下各栏：
	代理人名称（公章）：　　　　　　　经办人： 联系电话：

主管税务机关：	接收人：	接收日期：

模块六　增值税的出口退（免）税

出口货物、劳务和跨境应税行为退（免）税是国际贸易中通常采用并为世界各国普遍接受的、目的在于鼓励各国出口货物公平竞争的一种退还或免征间接税的税收措施。

我国的出口退（免）税，是指在国际贸易业务中，对我国报关出口的货物、劳务和跨境应税行为已承担或应承担的增值税和消费税退还或免征。即对增值税出口货物、劳务或服务和跨境应税行为实行零税率，对消费税出口货物免税。零税率不同于免税，免税往往指国家根据政策的需要，在某一环节免除纳税人缴纳税款的义务，同时也规定生产销售免税货物不得抵扣进项税额，即纳税人必须放弃抵扣税款的权利。而零税率是指税法规定具有纳税的义务，但由于规定税率为零，纳税人无税可纳，但既然有纳税义务，同样具有抵扣税额的权利，从形式上表现为退给纳税人在各个流转环节已缴纳的税款。出口货物、劳务和跨境应税行为适用零税率，不但出口环节不必纳税，而且还可以退还以前环节已纳税款。这就是我们通常所说的"出口退税"。

一、增值税出口退（免）税基本政策

（一）出口免税并退税

出口免税是指对货物、劳务和跨境应税行为在出口销售环节免征增值税，这是把货物、劳务和跨境应税行为出口环节与出口前的销售环节都同样视为一个征税环节。出口退税是指对货物、劳务和跨境应税行为在出口前实际承担的税收，按规定的退税率计算后予以退还。

下列出口货物和劳务，除另有规定外，给予免税并退税：① 出口企业出口货物；② 出口企业或其他单位视同出口货物；③ 出口企业对外提供加工修理修配劳务；④ 融资租赁货物。

另有适用增值税零税率的服务，详细内容见增值税税率内容。

（二）出口免税不退税

出口免税指对货物、劳务和跨境应税行为在出口销售环节免征增值税，出口不退税是指适用这个政策的出口货物、劳务和跨境应税行为因在前一道生产、销售环节或进口环节是免税的，因此，出口时该货物、劳务和跨境应税行为的价格中本身就不含税，也无需退税。

下列企业出口的货物、劳务和应税行为，除另有规定外，适用增值税免税政策：

（1）出口企业或其他单位出口规定的货物，具体是指：增值税小规模纳税人出口的货物；避孕药品和用具，古旧图书；软件产品；动漫软件出口；含黄金、铂金成分的货物，钻石及其饰品；国家计划内出口的卷烟等。

境内单位和个人提供适用增值税零税率的应税服务，如果属于适用简易计税方法的，实行免征增值税办法。如小规模企业应税服务出口。

（2）出口企业或其他单位视同出口的货物和劳务，具体是指：国家批准设立的免税店销售的免税货物；特殊区域内的企业为境外的单位或个人提供加工修理修配劳务；同一特殊区域、不同特殊区域内的企业之间销售特殊区域内的货物。

（3）出口企业或其他单位未按规定申报或未补齐增值税退（免）税凭证的出口货物和劳务，具体是指：未在国家税务总局规定的期限内申报增值税退（免）税的出口货物和劳务；未在规定期限内申报开具"代理出口货物证明"的出口货物和劳务；已申报增值税退（免）税，却未在国家税务总局规定的期限内向税务机关补齐增值税退（免）税凭证的出口货物和劳务。

（4）境内的单位和个人销售的跨境应税行为免征增值税，但财政部和国家税务总局规定适用增值税零税率的除外：工程项目在境外的建筑服务；工程项目在境外的工程监理服务；工程、矿产资源在境外的工程勘察勘探服务；会议展览地点在境外的会议展览服务；存储地点在境外的存储服务等。

（三）出口不免税也不退税

出口不免税是指对国家限制或禁止出口的某些货物、劳务和跨境应税行为出口环节视同内销环节，照常征税；出口不退税是指对这些货物、劳务和跨境应税行为出口不退还出口前其所负担的税款。

下列出口货物劳务，不免税也不退税：出口企业出口或视同出口财政部和国家税务总局根据国务院决定明确取消出口退（免）税的货物；出口企业或其他单位销售给特殊区域内的生活消费用品和交通运输工具；出口企业或其他单位因骗取出口退税被税务机关停止办理增值税退（免）税期间出口的货物等。

二、增值税出口退税率

（一）基本规定

（1）出口货物的退税率：除财政部和国家税务总局根据国务院决定而明确的增值税出口退税率（以下称退税率）外，出口货物的退税率为其适用税率。

（2）服务和无形资产的退税率：为其规定适用的增值税税率。

国家会根据对外贸易的实际情况对退税率做出及时的调整，在申报出口退税时应查询国家税务总局发布的出口退税率文库，按照当时的有关规定执行。

（二）特殊规定

（1）外贸企业购进按简易办法征税的出口货物、从小规模纳税人购进的出口货物，其退税率分别为简易办法实际执行的征收率、小规模纳税人征收率。上述出口货物取得增值税专用发票的，退税率按照增值税专用发票上的税率和出口货物退税率孰低的原则确定。

（2）出口企业委托加工修理修配货物，其加工修理修配费用的退税率，为出口货物的退税率。

（三）不同退税率的出口

适用不同退税率的货物、劳务及跨境应税行为，应分开报关、核算并申报退（免）税，未分开报关、核算或划分不清的，从低适用退税率。

三、增值税退（免）税额的计算

适用增值税出口退（免）税政策的出口货物、劳务和应税行为，按照下列规定实行增值税"免、抵、退"税办法或"免、退"税办法。

（一）"免、抵、退"税办法

适用增值税一般计税方法的生产企业出口自产货物与视同自产货物、对外提供加工修理修配劳务，以及列名的 74 家生产企业出口非自产货物，免征增值税，相应的进项税额抵减应纳增值税税额（不包括适用增值税即征即退、先征后退政策的应纳增值税税额），未抵减完的部分予以退还。

在没有免税购进材料的情况下，生产企业免抵退税额的具体计算公式如下：

当期应纳税额＝内销货物应纳税额－（当期进项税额－不得免征和抵扣的税额）－
　　　　　　　上期期末留抵税额

不得免征和抵扣的税额＝当期出口货物离岸价 × 汇率 ×（出口货物适用税率－
　　　　　　　出口退税率）

免抵退税额＝离岸价 × 汇率 × 出口退税率

当期免抵税额＝当期免抵退税额－当期应退税额

【例题 1.8】

某自营出口的生产企业为增值税一般纳税人，出口货物的征税税率为 13%，退税率适用 9%。202× 年 10 月有关经济业务如下：10 月 8 日，购进原材料一批，取得增值税专用发票注明价款为 500 万元，进项税额 65 万元通过认证可抵扣；10 月 15 日，出口货物 80 万美元，款项未收，汇率为 6.68；10 月 20 日，内销货物不含税销售额为 200 万元，款项已收。

分析：

① 当期不得免征和抵扣税额 = 800 000 × 6.68 × (13% − 9%) = 213 760 (元)。

② 当期应纳税额 = 2 000 000 × 13% − (650 000 − 213 760) = −176 240 (元)。

③ 免抵退税额 = 800 000 × 6.68 × 9% = 480 960 (元)。

④ 当期应退税额：

由于期末留抵税额＜当期免抵退税额，所以当期应退税额 = 期末留抵税额 = 176 240 (元)。

⑤ 当期免抵税额 = 480 960 − 176 240 = 304 720 (元)。

（二）"免、退"办法

不具有生产能力的出口企业（即外贸企业）或其他单位出口货物、劳务免征增值税，相应的进项税额予以退还。

适用增值税一般计税方法的外贸企业外购服务或者无形资产出口实行"免、退"税办法。

外贸企业外购研发服务和设计服务免征增值税，其对应的外购应税服务的进项税额予以退还。

【例题 1.9】

某进出口公司，202× 年 12 月出口销售产品，该商品进货增值税专用发票列明不含税价格为 300 万元，适用退税率为 13%。

分析：应退税额 = 3 000 000 × 13% = 390 000 (元)。

📝 项目小结

增值税是对纳税人生产经营活动的增值额征收的一种间接税，是以商品、劳务、服务、无形资产、不动产等在流转过程中产生的增值额作为计税依据而征收的一种流转税。凡有增值都需要交税，但对上一生产流通环节已纳税款实行抵扣。

增值税是价外税，是比较特殊的一个税种，在征税时需区分纳税人的身份，不同的纳税人适用不同的税率和征税方法，在计征时应分清不同的企业或个人在征税方面的规定，需要注意特殊业务的处理方法。

按照不同的纳税单位，在申报期填写相应的增值税纳税申报表，并在规定时间内提交给税务机关。出口产品，可以按照规定申请退税或免税。

📋 **思维导图** ┃- -

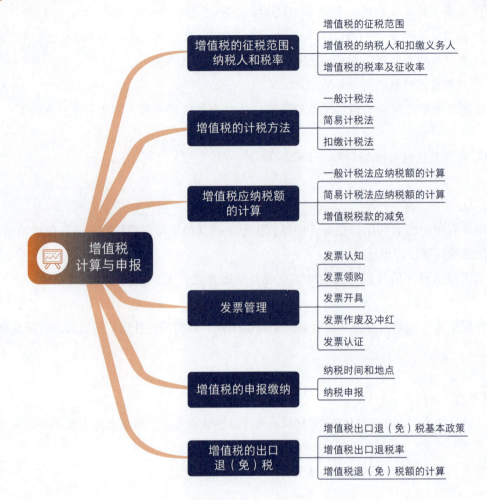

✏️ **项目练习** ┃- -

一、单选题

1. 增值税在（　　）环节征税。

A. 生产
B. 销售

C. 消费
D. 每一个流通

2. 我国现行的增值税采用（　　）。

A. 价内税
B. 价外税

C. 定额税
D. 累进税

3. 企业发生的下列行为，需要计缴增值税的是（　　）。

A. 取得存款利息
B. 获得保险赔偿

C. 取得中央财政补贴 D. 收取白酒的包装物押金

4. 下列项目中，应征收增值税的是（　　）。

A. 单位职工为本单位提供的取得工资的服务

B. 由省人民政府批准设立收取的行政事业性收费

C. 邮政部门的报刊发行费用

D. 外国政府、国际组织无偿援助的进口物资和设备

5. 下列项目中，免征增值税的是（　　）。

A. 中药饮片 B. 古旧图书

C. 教材 D. 烟叶

6. 下列不得作为一般纳税人的企业是（　　）。

A. 新办小型商贸零售企业

B. 从事货物生产，年应征增值税销售额在 500 万元以上的制造业

C. 从事货物批发，年应征增值税销售额在 500 万元以上的商贸企业

D. 从事货物零售，年应征增值税销售额在 500 万元以上的商贸企业

7. 纳税人在年应税销售额超过规定标准的月份（或季度）的所属申报期结束后
（　　）日内，向主管税务机关办理一般纳税人资格登记。

A. 20 B. 5

C. 10 D. 15

8. 下列关于增值税适用税率的表述，正确的是（　　）。

A. 单位和个人提供的国际运输服务，税率为零

B. 提供的交通运输业服务，税率为 7%

C. 单位和个人向境外单位提供的研发服务，税率为 6%

D. 提供有形动产租赁服务，税率为 7%

9. 某企业为一般纳税人，某日销售产品，取得货款 56 000 元及包装费 4 000 元（均
为含税金额），均开具普通发票。该笔销售业务产生的增值税销项税额为（　　）元。

A. 9 520 B. 8 136.75

C. 6 902.65 D. 10 200

10. 某公司为一般纳税人，某月月初有留抵税额 6.3 万元，当月销售产品取得产品销
售收入（含增值税）2 384.3 万元，外购原材料取得的增值税专用发票上注明的增值税税
款为 30 万元，外购机器设备取得的增值税专用发票上注明的增值税税款为 2.2 万元，进
项税发票均已通过认证。则该公司当月应纳增值税税额为（　　）万元。

A. 387.48 B. 325.8

C. 326.5 D. 235.8

二、多选题

1. 我国现行增值税的征收范围是（   ）。

A. 在中国境内销售货物   B. 在中国境内发生应税行为

C. 进口货物   D. 在中国境内提供应税劳务

2. 下列属于视同提供应税服务的项目有（   ）。

A. 为本单位员工无偿提供搬家服务   B. 向客户无偿提供信息咨询服务

C. 销售货物同时无偿提供运输服务   D. 为客户无偿提供广告设计服务

3. 适用于增值税一般纳税人的税率形式有（   ）。

A. 13%   B. 9%

C. 6%   D. 零税率

4. 以下单位或个人不能登记为增值税一般纳税人的有（   ）。

A. 年应税销售额未超过小规模纳税人标准且会计核算不健全的企业

B. 个体工商户

C. 个体工商户以外的其他个人

D. 年应税销售额超过 500 万元的事业单位

5. 以下关于增值税一般纳税人和小规模纳税人划分的规定，表述不正确的有
（   ）。

A. 个体工商户不需要办理增值税一般纳税人资格登记

B. 年应税销售额超过小规模纳税人标准的其他个人不得办理一般纳税人资格登记

C. 年应税销售额是指纳税人从 1 月 1 日至 12 月 31 日的年度销售额

D. 年应税销售额未超过小规模纳税人标准的企业，不能办理一般纳税人资格登记

6. 下列可以免征增值税的有（   ）。

A. 农场销售的烟叶   B. 个人销售自己使用过的手机

C. 某工业企业销售生产时产生的边角料   D. 小规模纳税人销售自产货物

7. 增值税一般纳税人收取的下列款项中，应作为价外费用并列入销售额计算增值税
销项税额的有（   ）。

A. 生产企业销售货物时收取的包装费

B. 4S 店销售汽车同时向购买方收取的代购买方缴纳的车辆购置税、车辆牌照费

C. 设计企业提供设计服务向客户收取的提前完成奖励费

D. 受托加工企业代收代缴的消费税

8. 采取以物易物方式销售货物时，下列说法符合税法规定的是（   ）。

A. 双方都应做购销处理

B. 以各自发出的货物核算销售额并计算销项税额

C. 以各自收到的货物核算购货额并计算进项税额

D. 以发出货物扣减收到货物的差额计算销项税额

9. 下列各项中，需要计算缴纳增值税的有（   ）。

A. 销售不动产的同时一并销售的附着于不动产上的机器设备

B. 提供矿产资源开采劳务

C. 各燃油电厂从政府财政专户取得的发电补贴

D. 销售软件产品并随同销售一并收取的软件培训费

10. 增值税混合销售行为是指一项行为同时涉及（   ）。

A. 服务   B. 非增值税应税劳务

C. 货物   D. 销售无形资产

三、判断题

1. 增值税只对流通环节产生的增值额进行征税，可有效解决传统销售税的重复征税问题。（   ）

2. 增值税税负可转嫁，即税务机关对商品、服务等在流通中的每一个环节征税，但增值税税负的最终承担者是终端消费者。（   ）

3. 增值税征税对象中的货物不包括水力、电力、空气等。（   ）

4. 混合销售是指纳税人兼有不同税率或征收率的销售货物、提供应税服务或应税劳务的行为。（   ）

5. 某商贸公司进口残疾人专用物品，可以按规定享受减免进口增值税。（   ）

6. 居民存款利息属于增值税征税范围。（   ）

7. 农民出售初级农产品需交纳增值税。（   ）

8. 应税行为年销售额超过 100 万元的纳税人即可登记为增值税一般纳税人。（   ）

9. 居民用煤炭制品按 13% 的税率征收增值税。（   ）

10. 某月某登记为一般纳税人的个体工商户的销售额不足当地起征点，该纳税人当月免征增值税。（   ）

四、计算分析题

昊宇自行车厂主要生产销售自行车，为一般纳税人，销售产品适用增值税税率为 13%，202× 年 6 月初有留抵税额 8 000 元，本月该厂购销情况如下：

（1）向当地百货大楼销售 2 000 辆自行车，开具增值税专用发票，注明价款 1 000 000 元，百货大楼当月付清货款后，按合同约定，自行车厂给予了 10% 的现金折扣。

（2）向某市几家特约经销点（均为小规模纳税人）发出 300 辆自行车，开具普通发票，价税合计额为 169 500 元；并支付运输单位 2 150 元，收到增值税专用发票上注明运费 1 000 元，税率 9%，增值税税额为 90 元，取得增值税专用发票上注明装卸费 1 000 元，税率 6%，增值税税额为 60 元。

（3）销售本厂经理个人使用的小轿车一辆，含税售价 120 000 元。

（4）当期发出一般包装物，收取押金 3 000 元，逾期仍未收回的包装物押金 6 000 元。

（5）购进自行车零部件、原材料，取得的专用发票上注明购进金额 140 000 元，注明税款 18 200 元。

（6）从小规模纳税人处购进自行车零件，支付含税价格 5 000 元，取得增值税专用发票。

要求：假定应该认证的发票均经过了认证，要求计算：

（1）该自行车厂当期可抵扣的进项税额；

（2）该自行车厂销售自行车的销项税额；

（3）该自行车厂包装物押金的销项税额；

（4）该自行车厂销售使用过小轿车的应纳税额；

（5）当期该自行车厂应纳增值税的合计数。

项目二 消费税计算与申报

🛩 学习目标

知识目标
- 熟悉消费税征税范围、纳税人、纳税环节和税率
- 掌握消费税税收优惠政策
- 掌握消费税纳税时间和纳税地点
- 了解城市维护建设税及教育费附加、烟叶税的相关规定

技能目标
- 能正确计算消费税应纳税额
- 能进行消费税纳税申报
- 能掌握城市维护建设税和教育费附加的计算及申报

素养目标
- 了解消费税立法的目的和意义，树立健康、绿色、节俭的消费观念
- 熟悉我国消费税相关法律法规

⚙ 项目引例

成都黛雅化妆品股份有限公司的消费税纳税申报

成都黛雅化妆品股份有限公司（简称成都黛雅公司），社会统一信用代码：91510115672165756R，主要从事化妆品的生产、进口和销售业务。202×年4月3日上午，公司会计主管王美蓉指导该公司会计刘爱芳申报上月消费税，具体业务如下：

（1）3月1日，生产销售高档美容类护肤品某美白柔肤系列产品100套，不含税价格为42 000元，货款已经通过银行转账收讫，另收取包装费1 130元。

（2）3月4日，向某化妆品超市销售普通面部护肤霜100盒，不含税价格为6 000元；爽肤水80瓶，不含税价格为1 000元。

（3）3月5日，购进化妆品油性原料一批，当天取得的防伪税控系统开具的增值税专用发票上注明价款5万元；发生运费0.8万元，次日取得增值税专用发票；原材料已验收入库。

（4）3月8日，向北京某美容连锁有限公司销售高档美容类护肤品某淡斑精华液1箱，

共 60 瓶，每瓶不含税售价为 300 元，另收取包装物木箱子押金 1 287 元。

（5）3 月 12 日，受托为陕西某化妆品有限公司加工香水精，收取不含增值税加工费 3 万元，委托方提供的原材料成本 50 万元，公司无同类产品销售价格。

（6）3 月 14 日，用市场畅销产品高档美容类护肤品某美白柔肤系列产品 2 000 套投资于某电子商务有限公司，占该公司股份 20%，货物已经交付。同类化妆品对外不含税最高销售单价为 650 元，平均销售单价为 550 元，单位成本价为 400 元。

（7）3 月 15 日，购进香水精 10 吨，当天取得的防伪税控系统开具的增值税专用发票上注明买价 100 万元，税金 13 万元，专用发票已经税务机关认证。

（8）3 月 18 日，向公司员工发放一批新研发的高档化妆品眼部精华霜作为职工福利，该批化妆品不含增值税的销售价格为 75 万元。

（9）3 月 20 日，从国外进口一批高档美容类化妆品，海关核定的关税完税价格为 112 万元，关税税率为 60%。公司按规定向海关缴纳了关税、消费税和进口环节增值税，并取得了相关完税凭证。

（10）3 月 22 日，委托乙公司加工一批高档化妆品，提供的材料成本为 86 万元，支付乙公司加工费 5 万元（不含增值税），当月尚未收回该批委托加工的化妆品，乙公司没有同类消费品销售价格。

（11）3 月 31 日，和仓库库管员对账，其中生产原材料香水精期初库存 300 万元，本月月末库存 200 万元。

模块一　消费税的征税税目、纳税人和税率

消费税是对特定消费品征收的一种税，属于流转税的范畴。在对货物普遍征收增值税的基础上，选择部分货物再征收一道消费税，目的是调节优化产品结构，引导健康可持续消费方向，保证国家财政收入。

消费税实行价内税，绝大部分应税消费品只在应税消费品的生产、委托加工和进口环节缴纳，在以后的批发、零售等环节，因为价款中已包含消费税，因此不用再缴纳消费税，税款最终由消费者承担。

一、消费税的征税税目

我国现行消费税的税目共有 15 个，有的税目还进一步划分若干子目。消费税的征税范围不是一成不变的，随着我国经济社会的发展，可以根据国家经济政策、社会情况和消

费结构等对其进行适当调整。目前我国消费税的具体征税范围如下：

（一）烟

凡是以烟叶为原料加工生产的产品，不论使用何种辅料，均属于本税目的征收范围。本税目下设卷烟、雪茄烟、烟丝 3 个子目，分别是：

1. 卷烟

（1）甲类卷烟，是指每标准条（200 支，下同）调拨价格在 70 元（不含增值税）以上（含 70 元）的卷烟。

（2）乙类卷烟，是指每标准条调拨价格在 70 元（不含增值税）以下的卷烟。

2. 雪茄烟

雪茄烟的征收范围包括各种规格、型号的雪茄烟。

3. 烟丝

烟丝的征收范围包括以烟叶为原料加工生产的不经卷制的散装烟。

（二）酒

本税目下设白酒、黄酒、啤酒、其他酒 4 个子目。

（三）高档化妆品

本税目征税范围包括：高档美容、修饰类化妆品，高档护肤类化妆品和成套化妆品。高档美容、修饰类化妆品和高档护肤类化妆品是指生产（进口）环节销售（完税）价格（不含增值税）在 10 元 / 毫升（克）或 15 元 / 片（张）及以上的美容、修饰类化妆品和护肤类化妆品。

舞台、戏剧、影视演员化妆用的上妆油、卸装油、油彩，不属于本税目的征收范围。

（四）贵重首饰及珠宝玉石

本税目征税范围包括：凡以金、银、白金、宝石、珍珠、钻石、翡翠、珊瑚、玛瑙等高贵稀有物质以及其他金属、人造宝石等制作的各种纯金银首饰及镶嵌首饰和经采掘、打磨、加工的各种珠宝玉石。

（五）鞭炮、焰火

本税目征税范围包括：各种鞭炮、焰火。体育上用的发令纸、鞭炮药引线，不按本税目征收。

（六）成品油

本税目征税范围包括：汽油、柴油、石脑油、溶剂油、航空煤油、润滑油、燃料油 7 个子目。

（七）摩托车

本税目征税范围包括：气缸容量为 250 毫升的轻便摩托车和气缸容量大于 250 毫升的摩托车两种。对最大设计车速不超过 50 千米 / 时、发动机气缸总工作容量不超过 50 毫升的三轮摩托车和气缸容量小于 250 毫升的摩托车不征收消费税。

（八）小汽车

汽车是指由动力装置驱动，具有四个和四个以上车轮的非轨道无架线的、主要用于载送人员及其随身物品的车辆。本税目包括乘用车、中轻型商用客车和超豪华小汽车3个子目。

电动汽车、沙滩车、雪地车、卡丁车、高尔夫车，不征收消费税。对货车不征收消费税，对企业购进货车或者厢式货车改装生产的商务车、卫星通讯车等专用汽车，不征收消费税。

（九）高尔夫球及球具

本税目征收范围包括高尔夫球、高尔夫球杆、高尔夫球包（袋）。高尔夫球杆的杆头、杆身和握把属于本税目的征收范围。

（十）高档手表

高档手表是指销售价格（不含增值税）每只在10 000元（含）以上的各类手表。本税目征收范围包括符合以上标准的各类手表。

（十一）游艇

游艇是指长度大于8米、小于90米，船体由玻璃钢、钢、铝合金、塑料等多种材料制作，可以在水上移动的水上浮载体。

本税目征收范围包括艇身长度大于8米（含）、小于90米（含），内置发动机，可以在水上移动，一般为私人或团体购置，主要用于水上运动和休闲娱乐等非牟利活动的各类机动艇。

（十二）木制一次性筷子

木制一次性筷子，又称卫生筷子，是指以木材为原料经过加工而成的各类一次性使用的筷子。本税目征收范围包括各种规格的木制一次性筷子和未经打磨、倒角的木制一次性筷子。

（十三）实木地板

实木地板是指以木材为原料，经加工而成的块状或条状的地面装饰材料。

本税目征收范围包括各类规格的实木地板、实木指接地板、实木复合地板及用于装饰的墙壁、天棚的侧端面为桦、槽的实木装饰板以及未经涂饰的素板。

（十四）电池

电池是一种将化学能、光能等直接转换为电能的装置。范围包括：原电池、蓄电池、燃料电池、太阳能电池和其他电池。对无汞原电池、金属氢化物镍蓄电池（又称"氢镍蓄电池"或"镍氢蓄电池"）、锂原电池、锂离子蓄电池、太阳能电池、燃料电池和全钒液流电池免征消费税。

（十五）涂料

涂料是指涂于物体表面能形成具有保护、装饰或特殊性能的固态涂膜的一类液体或固体材料的总称。

对施工状态下挥发性有机物（Volatile Organic Compounds，VOC）含量低于 420 克 / 升（含）的涂料免征消费税。

【项目引例分析】

成都黛雅公司主要从事化妆品的生产、进口和销售业务，符合条件的高档化妆品属于消费税的征税范围：

① 3 月 1 日、3 月 8 日销售的高档美容护肤品，均应缴纳消费税。

② 3 月 4 日销售的普通面部护肤霜，不属于消费税的征税范围。

③ 3 月 12 日，受托加工香水精，应代收代缴消费税。

④ 3 月 14 日、3 月 18 日两笔业务，应视同销售缴纳消费税。

⑤ 3 月 20 日，从国外进口高档化妆品，应缴纳消费税。

二、消费税的纳税人

消费税的纳税人是在我国境内生产、委托加工和进口规定的消费品的单位和个人，以及国务院确定的销售规定的消费品的其他单位和个人。其中，"境内"是指生产、委托加工和进口应税消费品的起运地或所在地在境内，单位是指企业、行政单位、事业单位、军事单位、社会团体及其他单位。个人是指个体工商户及其他个人。

"国务院确定的销售规定的消费品的其他单位和个人"是指金银首饰、钻石及钻石饰品、铂金首饰的零售商以及卷烟的批发商、超豪华小汽车零售商等。

结合消费税的纳税环节，纳税人具体包括：

（1）生产、销售除金银首饰、钻石及钻石饰品、铂金首饰以外的应税消费品的单位和个人。

（2）零售金银首饰、钻石及钻石饰品、铂金首饰的单位和个人。

（3）委托加工应税消费品的单位和个人。

（4）进口应税消费品的单位和个人。

（5）批发卷烟的单位和个人。

（6）零售超豪华小汽车的单位和个人。

综上所述，消费税的基本纳税环节为生产、委托加工和进口环节，也有特殊纳税环节，即金银首饰等在零售环节、卷烟在批发环节、超豪华小汽车在零售环节有加征。

【项目引例分析】

① 成都黛雅公司生产、销售、进口高档美容化妆品，为消费税纳税人，其所有的高

档美容化妆品的销售与进口均应申报缴纳消费税。

②3月12日，成都黛雅公司受托加工香水精，为代收代缴消费税义务人。

三、应税消费品的适用税率

为适应不同应税消费品的实际情况，消费税实行从价定率的比例税率，从量定额的定额税率和从价定率与从量定额相结合的复合税率三种形式，共设置了20多档不同的税率（税额）。现行消费税税目、税率表如表2-1所示。

表2-1 消费税税目、税率表

税目	税率
一、烟	
1. 卷烟	
（1）甲类卷烟	56%加0.003元/支（生产环节）
（2）乙类卷烟	36%加0.003元/支（生产环节）
（3）商业批发	11%加0.005元/支
2. 雪茄烟	36%
3. 烟丝	30%
二、酒	
1. 白酒	20%加0.5元/500克（或者500毫升）
2. 黄酒	240元/吨
3. 啤酒	
（1）甲类啤酒	250元/吨
（2）乙类啤酒	220元/吨
4. 其他酒	10%
三、高档化妆品	15%
四、贵重首饰及珠宝玉石	
1. 金银首饰、铂金首饰和钻石及钻石饰品	5%
2. 其他贵重首饰和珠宝玉石	10%
五、鞭炮、焰火	15%
六、成品油	
1. 汽油	1.52元/升
2. 柴油	1.2元/升
3. 航空煤油	1.2元/升
4. 石脑油	1.52元/升
5. 溶剂油	1.52元/升
6. 润滑油	1.52元/升
7. 燃料油	1.2元/升

续表

税目	税率
七、摩托车	
1. 气缸容量（排气量，下同）为 250 毫升的	3%
2. 气缸容量在 250 毫升以上的	10%
八、小汽车	
1. 乘用车	
（1）气缸容量（排气量，下同）在 1.0 升（含 1.0 升）以下的	1%
（2）气缸容量在 1.0 升以上至 1.5 升（含 1.5 升）的	3%
（3）气缸容量在 1.5 升以上至 2.0 升（含 2.0 升）的	5%
（4）气缸容量在 2.0 升以上至 2.5 升（含 2.5 升）的	9%
（5）气缸容量在 2.5 升以上至 3.0 升（含 3.0 升）的	12%
（6）气缸容量在 3.0 升以上至 4.0 升（含 4.0 升）的	25%
（7）气缸容量在 4.0 升以上的	40%
2. 中轻型商用客车	5%
3. 超豪华小汽车	10%（零售环节）
九、高尔夫球及球具	10%
十、高档手表	20%
十一、游艇	10%
十二、木制一次性筷子	5%
十三、实木地板	5%
十四、电池	4%
十五、涂料	4%

在适用税率时需注意，纳税人兼营不同税率的应税消费品时，应当分别核算不同税率应税消费品的销售额、销售数量。未分别核算应税销售额、销售数量，或者将不同税率的应税消费品组成成套消费品销售的，从高适用税率。

【项目引例分析】

成都黛雅公司的高档化妆品消费税税率为 15%。

模块二　消费税应纳税额的计算

消费税应纳税额的计算，根据不同应税消费品分别实行从价计征、从量计征和从价定率与从量定额复合计征三种办法。

消费税应纳税额的计算

一、从价计征法下应纳税额的计算

绝大多数的应税消费品实行从价计征，适用比例税率，计税依据为应税消费品的销售额，其计税公式为：

$$应纳税额 = 销售额 × 比例税率$$

（一）销售额的确定

销售额为纳税人销售应税消费品向购买方收取的全部价款和价外费用，价外费用的具体规定详见增值税相关内容。

（二）含增值税销售额的换算

消费税为价内税，增值税为价外税，这种情况决定了实行从价定率征收的消费品，消费税和增值税计算公式中的应税销售额是一致的，即都是含消费税而不含增值税的销售额。

如果纳税人应税消费品的销售额含增值税税额，在计算消费税时，应将含增值税的销售额换算为不含增值税的销售额。其换算公式为：

$$应税消费品的销售额 = 含增值税的销售额 ÷（1 + 增值税税率或征收率）$$

【项目引例分析】

3月1日，成都黛雅公司收取的包装费性质为价外费用，应换算后并入计税。

$42\,000 × 15\% + 1\,130 ÷（1 + 13\%）× 15\% = 6\,450（元）$

二、从量计征法下应纳税额的计算

现行消费税的征税范围中，啤酒、黄酒和成品油三种消费品实行从量计征，适用定额税率，计税依据为应税消费品的销售数量，其计税公式为：

$$应纳税额 = 销售数量 × 定额税率$$

销售数量是指纳税人生产、加工和进口应税消费品的数量。具体规定为：

（1）销售应税消费品的，为应税消费品的销售数量。

（2）自产自用应税消费品的，为应税消费品的移送使用数量。

（3）委托加工应税消费品的，为纳税人收回的应税消费品数量。

（4）进口应税消费品的，为海关核定的应税消费品进口征税数量。

为规范不同消费品的计量单位，单位税额统一按吨或升进行核定，如纳税人应税消费品数量的计量单位与税率表不同，则需按表2-2的标准换算。

表2-2　吨、升换算表

序号	名称	计量单位的换算标准
1	啤酒	1吨＝988升
2	黄酒	1吨＝962升
3	汽油	1吨＝1 388升
4	柴油	1吨＝1 176升
5	石脑油	1吨＝1 385升
6	溶剂油	1吨＝1 282升
7	润滑油	1吨＝1 126升
8	燃料油	1吨＝1 015升
9	航空煤油	1吨＝1 246升

【例题2.1】

某啤酒厂本月生产啤酒100吨，将其中20吨对外销售。已知，该啤酒的消费税税额为250元/吨，问该啤酒厂应缴纳的消费税是多少？

分析：啤酒从量计税，按销售数量计税。应纳消费税＝250×20＝5 000（元）。

三、从价定率和从量定额复合计征法下应纳税额的计算

现行消费税的征税范围中，只有卷烟和白酒两种消费品采用从价定率和从量定额复合计征方法，原因是为了更好地调节消费，发挥税收的经济杠杆作用。计税依据包括应税消费品的销售额及其销售数量，计算公式为：

应纳税额＝销售数量×定额税率＋销售额×比例税率

生产、销售卷烟、白酒从量定额计税依据为实际销售数量。进口、委托加工、自产自用卷烟、白酒从量定额计税依据分别为海关核定的进口征税数量、委托方收回数量、移送使用数量。

【例题 2.2】

某酒厂某月生产粮食白酒 20 吨，取得不含税收入 80 万元。已知白酒的消费税税率为20%，消费税税额为 0.5 元 /500g，则该厂应纳消费税为多少？

分析：白酒属于复合计征消费税的消费品，本题中要注意单位的统一。

应纳消费税 = 80 × 20% + 20 × 1 000 × 2 × 0.5 ÷ 10 000 = 18（万元）

四、特殊情形下应纳税额的计算

（1）包装物的计税。

① 包装物随同产品出售。应税消费品连同包装物销售的，无论包装物是否单独计价以及在会计上如何核算，均应并入应税消费品的销售额中缴纳消费税。

② 出借包装物收取的押金。如果包装物不作价随同产品销售，而是收取押金（啤酒、黄酒外的酒类产品除外），且单独核算又未过期的，此项押金则不应并入应税消费品的销售额中征税。但对因逾期未收回的包装物不再退还的或者已收取时间超过 12 个月的押金，应并入应税消费品的销售额，缴纳消费税。

③ 对既作价随同应税消费品销售，又另外收取的包装物押金，凡纳税人在规定的期限内没有退还的，均应并入应税消费品的销售额，按照应税消费品的适用税率缴纳消费税。

④ 啤酒、黄酒外的酒类生产企业销售酒类产品而收取的包装物押金，无论押金是否返还及会计上如何核算，均应并入酒类产品销售额，征收消费税。

（2）纳税人用于换取生产资料和消费资料、投资入股和抵偿债务等方面的应税消费品，应当以纳税人同类应税消费品的最高销售价格作为计税依据计算消费税。

（3）纳税人通过自设非独立核算门市部销售的自产应税消费品，应当按照门市部对外销售额或者销售数量征收消费税。

（4）纳税人销售的应税消费品，以人民币以外的货币结算销售额的，其销售额的人民币折合率可以选择销售额发生的当天或者当月 1 日的人民币汇率中间价。纳税人应在事先确定采取何种折合率，确定后 1 年内不得变更。

【项目引例分析】

① 3 月 8 日，成都黛雅公司销售化妆品并收取包装物押金，该押金未逾期，因此押金不应并入销售额中计税。该项业务应纳消费税 = 300 × 60 × 15% = 2 700（元）。

② 3 月 14 日，成都黛雅公司将化妆品进行投资，应视同销售处理，并以同类应税消费品最高售价作为计税依据。该项业务应纳消费税 = 650 × 2 000 × 15% = 195 000（元）。

五、已纳消费税的扣除

为了避免重复征税，现行消费税法规定，将外购应税消费品和委托加工收回的应税消费品连续生产应税消费品销售的，可以将外购和委托加工环节已缴纳的消费税予以扣除。

（一）消费税扣除范围

根据税法规定，下列连续生产的应税消费品计算征税时，准予从当期应纳消费税税额中按照当期生产领用数量计算扣除外购或委托加工已纳消费税税款：

（1）以外购或委托加工收回的已税烟丝为原料生产的卷烟；

（2）以外购或委托加工收回的已税高档化妆品为原料生产的高档化妆品；

（3）以外购或委托加工收回的已税珠宝玉石为原料生产的贵重首饰及珠宝玉石；

（4）以外购或委托加工收回的已税鞭炮、焰火为原料生产的鞭炮、焰火；

（5）以外购或委托加工收回的已税杆头、杆身和握把为原料生产的高尔夫球杆；

（6）以外购或委托加工收回的已税木制一次性筷子为原料生产的木制一次性筷子；

（7）以外购或委托加工收回的已税实木地板为原料生产的实木地板；

（8）以外购或委托加工收回的已税石脑油、润滑油、燃料油为原料生产的成品油；

（9）以外购或委托加工收回的已税汽油、柴油为原料生产的汽油、柴油。

需要注意的是，允许扣除已纳税款的应税消费品只限于从工业企业购进的应税消费品和进口环节已缴纳消费税的应税消费品，对从境内商业企业购进应税消费品的已纳税款一律不得扣除。另外，纳税人用外购或委托加工收回的已税珠宝、玉石原料生产的改在零售环节征收消费税的金银首饰，在计税时一律不得扣除外购或委托加工的已税珠宝、玉石原料的已纳消费税税款。

（二）已纳消费税扣除的计算

1. 外购应税消费品已纳税款扣除的计算

当期准予扣除的外购应税消费品已纳税款 = 当期准予扣除外购应税消费品买价 × 外购应税消费品适用税率

当期准予扣除的外购应税消费品买价 = 期初库存的外购应税消费品买价 + 当期购进的应税消费品的买价 − 期末库存的外购应税消费品的买价

2. 委托加工应税消费品已纳税款扣除的计算

当期准予扣除的委托加工应税消费品已纳税款 = 期初库存的委托加工应税消费品已纳税款 + 当期收回的委托加工应税消费品已纳税款 − 期末库存的委托加工应税消费品已纳税款

【项目引例分析】

3月15日、3月31日成都黛雅公司涉及外购香水精（应税消费品）的扣税，当期准予扣除的买价＝300＋100－200＝200（万元）；可扣税＝200×15%＝30（万元）。

六、自产自用、委托加工和进口环节应纳消费税的计算

（一）自产自用应纳消费税的计算

1. 自产自用应税消费品的确定

自产自用，是指纳税人生产的应税消费品，不是直接对外销售，而是用于自己连续生产应税消费品，或者用于其他方面。用于其他方面，是指用于本企业连续生产非应税消费品、在建工程、管理部门、非生产机构、提供劳务，以及用于馈赠、赞助、集资、广告、样品、职工福利、奖励等方面。

纳税人自产自用的应税消费品，用于连续生产应税消费品的，不纳税；用于其他方面的，于移送使用时纳税。

2. 自产自用应纳税额的计算

纳税人自产自用应税消费品，销售额按照纳税人当月销售同类消费品的销售价格纳税，如果当月同类消费品当期销售价格高低不同，按销售数量加权平均计算。但销售价格明显偏低又无正当理由的，或者无销售价格的，不能列入加权平均计算。如果当月无销售或当月未完结的，按照同类消费品上月或最近月份的销售价格计算。

如果没有同类消费品销售价格的，按照组成计税价格计算。

（1）实行从价定率办法计征消费税的，计算公式为：

$$组成计税价格 = （成本 + 利润） \div （1 - 比例税率）$$

$$应纳税额 = 组成计税价格 \times 比例税率$$

（2）实行从价定率和从量定额复合计税办法计征消费税的，计算公式为：

$$组成计税价格 = （成本 + 利润 + 自产自用数量 \times 定额税率） \div （1 - 比例税率）$$

$$应纳税额 = 组成计税价格 \times 比例税率 + 自产自用数量 \times 定额税率$$

上述公式中：成本是指应税消费品的产品生产成本。利润是指根据应税消费品的全国平均成本利润率计算的利润。应税消费品全国平均成本利润率由国家税务总局确定，具体标准如下：高档手表为20%；甲类卷烟、粮食白酒、高尔夫球及球具、游艇为10%；乘用车为8%；摩托车、贵重首饰及珠宝玉石为6%；乙类卷烟、雪茄烟、烟丝、薯类白酒、其他酒、化妆品、鞭炮、焰火、木制一次性筷子、实木地板、中轻型商用客车为5%；电池为4%；涂料为7%。

（3）实行从量定额办法计征消费税的，计算公式为：

$$应纳税额 = 自产自用数量 \times 定额税率$$

【项目引例分析】

3月18日，成都黛雅公司将化妆品发给职工作福利，应该视同销售处理，以同类售价作为计税依据。该项业务应纳消费税 = 75 × 15% = 11.25（万元）。

（二）委托加工应纳消费税的计算

1. 委托加工应税消费品的确定

委托加工，是指由委托方提供原料和主要材料，受托方只代垫部分辅助材料，按照委托方的要求加工货物并收取加工费的经营活动。

以下情形不得作为委托加工的应税消费品：由受托方提供原材料生产的应税消费品；受托方先将原材料卖给委托方后再接受加工的应税消费品；由受托方以委托方名义购进原材料生产的应税消费品。上述应税消费品，无论纳税人在财务上是否作销售处理，都不得作为委托加工的应税消费品，而应当由受托方按照销售自产应税消费品缴纳消费税。

委托加工的应税消费品，除受托方为个人外，由受托方向委托方交货时代收代缴消费税。受托方为个人的，由委托方收回后缴纳消费税。由于消费税为单环节征收，为避免重复征税，委托方将委托加工的应税消费品收回后直接出售的，因在委托加工环节已缴纳消费税，不再征收消费税；收回后用于连续生产应税消费品的，所纳税款准予按照有关规定抵扣。

委托方将收回的应税消费品，以不高于受托方的计税价格出售的，为直接出售，不再缴纳消费税；委托方以高于受托方计税价格出售的，不属于直接出售，需按照规定申报缴纳消费税，在计税时准予抵扣已纳税款。

2. 委托加工应纳税额的计算

委托加工的应税消费品，销售额按照受托方的同类消费品的销售价格计算纳税，没有同类消费品销售价格的，按照组成计税价格计算纳税。

（1）实行从价定率办法计征消费税的，计算公式为：

$$组成计税价格 = （材料成本 + 加工费） ÷ （1 - 比例税率）$$

$$应纳税额 = 组成计税价格 × 比例税率$$

（2）实行从价定率和从量定额复合计税办法计征消费税的，计算公式为：

$$组成计税价格 = （材料成本 + 加工费 + 委托加工数量 × 定额税率） ÷ （1 - 比例税率）$$

$$应纳税额 = 组成计税价格 × 比例税率 + 委托加工数量 × 定额税率$$

上述公式中：材料成本是指委托方所提供加工材料的实际成本。委托加工应税消费品的纳税人，必须在委托加工合同上如实注明（或以其他方式提供）材料成本；凡未提供材料成本的，受托方所在地主管税务机关有权核定其材料成本。加工费是指受托方加工应税消费品向委托方所收取的全部费用（包括代垫辅助材料的实际成本），不包括增值税税款。

（3）实行从量定额办法计征消费税的，计算公式为：

$$应纳税额 = 委托加工数量 \times 定额税率$$

【项目引例分析】

① 3月12日，成都黛雅公司受托加工香水精，应作为扣缴义务人代收代缴消费税。该项业务应代收代缴消费税 =（50＋3）÷（1－15%）× 15% ≈ 9.35（万元）。

② 3月22日，成都黛雅公司委托加工高档化妆品，但本月尚未收回，不符合消费税的纳税义务发生时间，因此本月该项业务不计税。

（三）进口环节应纳消费税的计算

进口的应税消费品，于报关进口时缴纳消费税；进口的应税消费品的消费税由海关代征；进口的应税消费品，由进口人或者其代理人向报关地海关申报纳税；纳税人进口应纳税消费品，按照关税征收管理的相关规定，应当自海关填发海关进口消费税专用缴款书之日起15日内缴纳税款。

纳税人进口应税消费品，销售额按照组成计税价格和规定的税率计算应纳税额。

（1）实行从价定率办法计征消费税的，计算公式为：

$$组成计税价格 =（关税完税价格 + 关税）÷（1 - 消费税比例税率）$$

$$应纳税额 = 组成计税价格 \times 比例税率$$

上述公式中的关税完税价格，是指海关核定的关税计税价格。

（2）实行从价定率和从量定额复合计税办法计征消费税的，计算公式为：

$$组成计税价格 =（关税完税价格 + 关税 + 进口数量 \times 定额税率）÷（1 - 消费税比例税率）$$

$$应纳税额 = 组成计税价格 \times 消费税比例税率 + 进口数量 \times 定额税率$$

（3）实行从量定额办法计征消费税的，计算公式如下：

$$应纳税额 = 应税消费品数量 \times 消费税单位税额$$

【项目引例分析】

3月20日，成都黛雅公司进口高档化妆品，应纳消费税 =（112＋112 × 60%）÷（1－15%）× 15% ≈ 31.62（万元）。

模块三　消费税的申报缴纳

一、纳税义务发生时间、纳税期限和地点

（一）纳税义务发生时间

（1）纳税人销售应税消费品的，按不同的销售结算方式分别为：

① 采取赊销和分期收款结算方式的，为书面合同约定的收款日期的当天，书面合同没有约定收款日期或者无书面合同的，为发出应税消费品的当天；

② 采取预收货款结算方式的，为发出应税消费品的当天；

③ 采取托收承付和委托银行收款方式的，为发出应税消费品并办妥托收手续的当天；

④ 采取其他结算方式的，为收讫销售款或者取得索取销售款凭据的当天。

（2）自产自用应税消费品的，为移送使用的当天。

（3）纳税人委托加工应税消费品的，为纳税人提货的当天。

（4）纳税人进口应税消费品的，为报关进口的当天。

（二）纳税期限

消费税的纳税期限分别为 1 日、3 日、5 日、10 日、15 日、1 个月或者 1 个季度。纳税人的具体纳税期限，由主管税务机关根据纳税人应纳税额的大小分别核定；不能按照固定期限纳税的，可以按次纳税。

纳税人以 1 个月或者 1 个季度为 1 个纳税期的，自期满之日起 15 日内申报纳税；以 1 日、3 日、5 日、10 日或者 15 日为 1 个纳税期的，自期满之日起 5 日内预缴税款，于次月 1 日起至 15 日内申报纳税并结清上月应纳税款。

纳税人进口应税消费品，应当自海关填发海关进口消费税专用缴款书之日起 15 日内缴纳税款。

（三）纳税地点

纳税人销售的应税消费品，以及自产自用的应税消费品，除国家另有规定外，应当向纳税人机构所在地或者居住地的主管税务机关申报纳税。

二、消费税纳税申报

根据需要申报纳税的应税消费品的不同，消费税纳税申报表包括烟类应税消费品消费税纳税申报表、酒类应税消费品消费税纳税申报表、成品油消费税纳税申报表、小汽车消费税纳税申报表、电池消费税纳税申报表、涂料消费税纳税申报表、其他应税消费品消费

税纳税申报表等。纳税人应根据各自应税消费品的生产销售情况选择不同的纳税申报表。

（一）其他应税消费品消费税纳税申报表的填报

根据本项目引例，现以其他应税消费品消费税纳税申报表为例说明消费税纳税申报表的填报方法。其他应税消费品消费税纳税人在纳税申报时，应根据实际情况填写全国统一的其他应税消费品消费税纳税申报表以及相关的五个附表。本表限高档化妆品、贵重首饰及珠宝玉石、鞭炮焰火、摩托车（排量≥250毫升）、高尔夫球及球具、高档手表、游艇、木制一次性筷子、实木地板、超豪华小汽车等消费税纳税人使用。

其他应税消费品消费税纳税申报表如表2-3所示。表中的数据主要来源于"主营业务收入"账户的贷方本月发生额合计，如有视同销售的，应结合"库存商品"账户的贷方发生额分析填列。

需注意，本表中"本期准予抵减税额"项目，按税收法规规定本期外购或委托加工收回应税消费品后连续生产应税消费品准予扣除的消费税应纳税额填写。其准予扣除的消费税应纳税额情况，需填报附表本期准予扣除税额计算表予以反映。

表2-3　其他应税消费品消费税纳税申报表

税款所属期：202×年3月1日至202×年3月31日

纳税人名称（公章）：成都黛雅化妆品股份有限公司

纳税人识别号：91510115672165756R　填表日期：202×年4月3日　金额单位：元（列至角分）

应税消费品名称 ＼ 项目	适用税率	销售数量	销售额	应纳税额
高档化妆品	15%		4 219 235.29	632 885.29
合计	—	—	—	632 885.29

本期准予抵减税额：300 000	声明
本期减（免）税额：	此纳税申报表是根据国家税收法律的规定填报的，我确定它是真实的、可靠的、完整的。
期初未缴税额：	经办人（签章）：
本期缴纳前期应纳税额：	财务负责人（签章）：
	联系电话：
本期预缴税额：	（如果你已委托代理人申报，请填写）
本期应补（退）税额：332 885.29	授权声明：为代理一切税务事宜，现授权＿＿＿＿＿
期末未缴税额：332 885.29	（地址）＿＿＿＿＿＿＿＿为本纳税人的代理申报人，任何与本申报表有关的往来文件，都可寄予此人。
	授权人签章：

（二）本期准予扣除税额计算表的填报

本表作为其他应税消费品消费税纳税申报表的附列资料，由外购或委托加工收回应税消费品后连续生产应税消费品的纳税人填报。未发生外购或委托加工收回应税消费品后连续生产应税消费品的纳税人不填报本表。

表间关系：本表"本期准予扣除税款合计"为本期外购及委托加工收回应税消费品后连续生产应税消费品准予扣除应税消费品已纳税款的合计数，应与其他应税消费品消费税纳税申报表"本期准予扣除税额"栏数值一致。

本期准予扣除税额计算表的填报如表 2-4 所示。

表 2-4 本期准予扣除税额计算表

税款所属期：202× 年 3 月 1 日至 202× 年 3 月 31 日
纳税人名称（公章）：成都黛雅化妆品股份有限公司
纳税人识别号：91510115672165756R 填表日期：202× 年 4 月 3 日 金额单位：元（列至角分）

项目 / 应税消费品名称		高档化妆品	合计
当期准予扣除的委托加工应税消费品已纳税款计算	期初库存委托加工应税消费品已纳税款		—
	当期收回委托加工应税消费品已纳税款		—
	期末库存委托加工应税消费品已纳税款		—
	当期准予扣除委托加工应税消费品已纳税款		
当期准予扣除的外购应税消费品已纳税款计算	期初库存外购应税消费品买价	3 000 000	—
	当期购进应税消费品买价	1 000 000	—
	期末库存外购应税消费品买价	2 000 000	—
	外购应税消费品适用税率	15%	—
	当期准予扣除外购应税消费品已纳税款	300 000	300 000
本期准予扣除税款合计		300 000	300 000

（三）准予扣除消费税凭证明细表的填报

本表是采集已纳消费税的扣税凭证信息，适用于高尔夫球及球具、木制一次性筷子、实木地板，故本模块无须填写。

（四）本期代收代缴税额计算表的填报

本表作为其他应税消费品消费税纳税申报表的附列资料，由应税消费品受托加工方填报。委托方和未发生受托加工业务的纳税人不填报本表。本期代收代缴税额计算表如表 2-5 所示。

表 2-5 本期代收代缴税额计算表

税款所属期：202×年3月1日至202×年3月31日
纳税人名称（公章）：成都黛雅化妆品股份有限公司
纳税人识别号：9151015672165756R　填表日期：202×年4月3日　金额单位：元（列至角分）

项目　应税消费品名称	高档化妆品			合计
适用税率	15%			—
受托加工数量	10 吨			—
同类产品销售价格	无			—
材料成本	500 000			—
加工费	30 000			—
组成计税价格	623 529.41			—
本期代收代缴税款	93 529.41			93 529.41

（五）生产经营情况表的填报（略）

（六）本期减（免）税额明细表（略）

三、报送纳税申报表

纳税人无论当期是否有销售额，均应按主管税务机关核定的纳税期限填报纳税申报表，已填列的消费税纳税申报表应于次月15日前，向当地税务机关申报纳税并结清上月应纳税款。

目前主要的纳税申报方式是直接报送和网上申报。直接报送是将纳税申报表直接送达主管税务机关的办税服务大厅，由税务工作人员签收。网上申报是目前广泛采用的经济、快捷的报送方式。

拓展阅读　消费税出口退（免）税

拓展阅读　烟叶税

拓展阅读　城市维护建设税及教育费附加

✎ 项目小结

消费税是对在我国境内从事生产、委托加工和进口应税消费品（特定货物）的单位和个人，就其销售额、销售数量或组成计税价格，在特定环节征收的一种流转税。

消费税共设置了 15 个税目，其中绝大部分应税消费税适用从价定率的比例税率，啤酒、黄酒和成品油适用从量定额，卷烟和白酒适用从价定率和从量定额相结合的复合计征。消费税应纳税额的关键是找对计税依据，从价计征应确定不含增值税的销售额，从量计征应确定销售数量，从价定率和从量定额复合计征则须确定销售额和销售数量。还应注意的是，判断在具体业务中是否存在外购或委托加工收回后扣税的情形。

✐ 思维导图

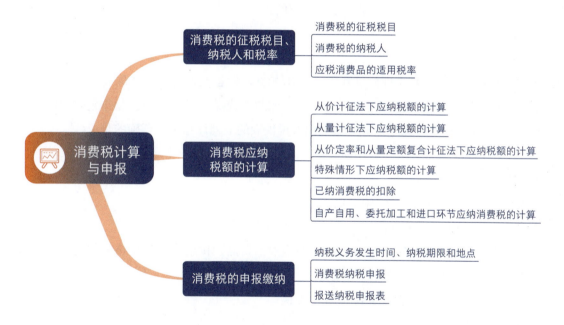

✎ 项目练习

一、单选题

1. 根据消费税法律制度的规定，下列各项中，应征收消费税的是（　　）。

A. 高档照相机　　　　　　　　　B. 实木地板

C. 调味料酒　　　　　　　　　　D. 农用拖拉机

2. 根据消费税法律制度的规定，下列各项中，应征收消费税的是（　　）。

A. 商场零售白酒　　　　　　　　B. 汽车厂销售自产电动汽车

C. 地板厂销售自产实木地板

D. 商场零售高档化妆品

3. 委托加工的应税消费品，于（　　　）纳税。

A. 销售时

B. 移送使用时

C. 委托方提货时

D. 报关进口时

4. 根据消费税法律制度的规定，下列各项中，应缴纳消费税的是（　　　）。

A. 商场销售高档手表

B. 商场销售葡萄酒

C. 商场销售铂金首饰

D. 商场销售高档化妆品

5. 根据消费税法律制度的规定，下列消费品中，实行从价定率和从量定额相结合的复合计征办法征收消费税的是（　　　）。

A. 成品油

B. 卷烟

C. 黄酒

D. 实木地板

6. 下列应税消费品中，不采用定额税率的是（　　　）。

A. 游艇

B. 啤酒

C. 黄酒

D. 成品油

7. 甲公司为增值税小规模纳税人，2020 年 8 月销售自产葡萄酒，取得含增值税销售额 154 500 元。已知增值税征收率为 3%，其他酒消费税税率为 10%。根据消费税法律制度的规定，甲公司当月该笔业务应缴纳消费税税额的下列计算中，正确的是（　　　）。

A. 154 500 ÷（1 + 3%）× 10% = 15 000（元）

B. 154 500 ×（1 - 10%）× 10% = 13 905（元）

C. 154 500 × 10% = 15 450（元）

D. 154 500 ÷（1 - 10%）× 10% = 17 166.67（元）

8. 进口的实行从价定率征收消费税的应税消费品，按组成计税价格和规定的税率计算应纳税额，其组成计税价格的公式为（　　　）。

A. 组成计税价格 = 关税完税价格 + 关税

B. 组成计税价格 = 关税完税价格 + 关税 + 增值税

C. 组成计税价格 =（关税完税价格 + 关税）÷（1 - 消费税税率）

D. 组成计税价格 =（关税完税价格 + 关税）÷（1 + 消费税税率）

二、多选题

1. 下列单位中属于消费税纳税人的有（　　　　　）。

A. 生产销售应税消费品（金银首饰除外）的单位

B. 委托加工应税消费品的单位

C. 进口应税消费品的单位

D. 受托加工应税消费品的单位

2. 根据消费税法律制度的规定，下列应税消费品中，在零售环节征收消费税的有（　　　　　）。

A. 金银首饰　　　　　　　　　　　B. 玛瑙

C. 铂金首饰　　　　　　　　　　　D. 钻石首饰

3. 根据消费税法律制度的规定，下列经营行为中，应缴纳消费税的有（　　　　　）。

A. 外贸公司进口高档化妆品　　　　B. 日化厂销售自产高档化妆品

C. 商贸城批发高档化妆品　　　　　D. 超市零售高档化妆品

4. 根据消费税法律制度的规定，下列情形中，应缴纳消费税的有（　　　　　）。

A. 卷烟厂将自产的卷烟用于个人消费

B. 化妆品厂将自产的高档化妆品赠送给客户

C. 酒厂将自产的啤酒赞助啤酒节

D. 地板厂将自产的实木地板用于办公室装修

5. 根据消费税法律制度的规定，下列各项中，实行从价计征消费税的有（　　　　　）。

A. 高档手表　　　　　　　　　　　B. 烟丝

C. 高尔夫球　　　　　　　　　　　D. 黄酒

6. 根据消费税法律制度的规定，下列消费品种，实行从量定额与从价定率相结合的复合计征办法征收消费税的有（　　　　　）。

A. 卷烟　　　　　　　　　　　　　B. 成品油

C. 白酒　　　　　　　　　　　　　D. 小汽车

7. 根据消费税法律制度的规定，下列各项中，纳税人应当以同类应税消费品的最高销售价格作为计税依据的有（　　　　　）。

A. 自产应税消费品用于换取生产资料　　B. 自产应税消费品用于对外捐赠

C. 自产应税消费品用于换取消费资料　　D. 自产应税消费品用于投资入股

8. 根据消费税法律制度的规定，下列关于消费税纳税义务发生时间的表述中，正确的是（　　　　　）。

A. 委托加工应税消费品的，为纳税人提货的当天

B. 采取托收承付方式销售应税消费品的，为收到货款的当天

C. 进口应税消费品的，为报关进口的当天

D. 自产自用应税消费品的，为移送使用的当天

三、判断题

1. 超豪华小汽车仅在零售环节缴纳消费税。（　　　）

2. 委托加工业务中，委托方是纳税义务人，受托方是扣缴义务人。（　　　）

3. 纳税人用于换取生产资料和消费资料的应税消费品，应当以纳税人同类应税消费品的加权平均销售价格作为计税依据计算消费税。（　　　）

4. 纳税人通过自设非独立核算门市部销售的自产应税消费品，应当按照门市部对外销售额或者销售数量征收消费税。（　　　）

5. 只要是缴纳增值税的货物一定要缴纳消费税。（　　　）

6. 进口的应税消费品，由进口人或者其代理人向报关地海关申报缴纳进口消费税。（　　　）

7. 卷烟厂用委托加工收回的已税烟丝为原料连续生产的卷烟，在计算消费税时，准予从应纳消费税税额中按当期购进数量计算扣除委托加工收回的烟丝已纳消费税税额。（　　　）

8. 纳税人用于换取产品和抵偿债务的应税消费品，不缴纳消费税。（　　　）

四、计算分析题

某企业 202× 年 9 月研发生产一种新型粮食白酒，第一批 2 000 千克，成本为 34 万元，作为礼品赠送品尝，没有同类售价。已知粮食白酒的成本利润率 10%，白酒的消费税税率为 20% 加 0.5 元 /500 克（或者 500 毫升），则该批白酒当月应缴纳消费税是多少？

项目三 关税计算与申报

项目引例

广州环亚贸易股份有限公司的关税纳税申报

广州环亚贸易股份有限公司（简称广州环亚贸易公司），社会统一信用代码：91310114381603672E，主要从事国内贸易、货物及技术进出口业务，拥有进出口经营权。2020年5月6日上午，公司会计主管李蕊指导该公司会计王爱红申报上月关税，具体业务如下：

（1）4月1日，公司从澳大利亚进口一批未锻轧锌合金用于生产，报关单如表3-1所示。

（2）4月6日，公司从加拿大进口未锻轧锑用于生产，商业发票列明的进口申报价格为600 000美元，运费600美元，保险费率0.25%，汇率100美元＝707人民币元，另支付进口后运输费及装卸费8 000元。原始凭证略。

（3）4月15日向美国出口合金生铁，报关单如表3-2所示。

（4）4月30日，向德国出口硅铁10吨，以离岸价115 000美元成交，其中境外运费3 500美元，保险费2 980美元。汇率100美元＝707人民币元。

表 3-1　中华人民共和国海关进口货物报关单

预录入编号：53162020016529648　海关编号：53162020016529648　（广州港海关）　页码/页数：1/1

境内收货人（91310114381603672E） 广州环亚贸易股份有限公司	进境关别（5100） 广州港海关	申报日期	备案号
境外发货人 ABC TRADING CO.LTD	运输方式 水路运输	运输工具名称及航次号 UN962905S/OCCL125S 提运单号 GZ012349001	货物存放地点 广州番禺区沙湾镇市良路 150 号
消费使用单位（91310114381603672E） 广州环亚贸易股份有限公司	监管方式 一般贸易	征免性质（101） 一般征税 许可证号 5601676312	启运港 BANGKOK
合同协议号 WST20201459	贸易国（地区）（AU） 澳大利亚	启运国（地区）（AU） 澳大利亚 经停港	入境口岸 CNGZG 广州港
包装种类 纸制或纤维板制盒/箱	件数 80	毛重（千克） 512 000	净重（千克） 500 000 成交方式 FOB	运费 800.00USD	保费 200.00USD	杂费

随附单证及编号　随附单证 1：　随附单证 2：

标记唛码及备注　备注：N/M　集装箱标箱数及号码：2；OOLU8816777

项号	商品编号	商品名称及规格型号	数量及单位	单价/总价/币制	原产国（地区）	最终目的国（地区）	境内目的地	征免
1	79012000	未锻轧锌合金	500 000 千克，80 箱	785.00/吨，392 500.00，美元	澳大利亚（AU）	中国（CHN）	广州（5100）	照章征税

特殊关系确认：否	价格影响确认：否	支付特许权使用费确认：否	自报自缴：是

报关人员	报关人员证号 56519426	电话	兹申明以上各项承担如实申报、依法纳税之法律责任	
申报单位（91310114381603672E）广州环亚贸易股份有限公司			申报单位（签章）	海关批注及签章

表3-2 中华人民共和国海关出口货物报关单 （广州港海关） 页码/页数：1/1

预录入编号：5316202001652965678　海关编号：5316202001652965678

境内发货人（913101143816603672E）广州环亚贸易股份有限公司	出境关别（5100）广州港海关	申报日期 20200415	备案号
境外收货人 NY TRADING CO. LTD	运输方式 水路运输	运输工具名称及航次号 UN89360TM/0613037E	提运单号 NY1907523690
生产销售单位（913101143816603672E）广州环亚贸易股份有限公司	监管方式 一般贸易	征免性质（101）一般征税	许可证号 4401966312
合同协议号 NYT20204826	贸易国（地区）（US）美国	运抵国（地区）（US）美国	指运港 纽约	离境口岸 CNGZG 广州港
包装种类 散装	件数 20	毛重（千克）30 500	净重（千克）30 000	成交方式 FOB	运费	保费	杂费 500USD

随附单证及编号
随附单证1：　随附单证2：

标记唛码及备注
备注：N/M

项号	商品编号	商品名称及规格型号	数量及单位	单价/总价/币制	原产国（地区）	最终目的国（地区）	境内货源地	征免
1	76012000	合金生铁	30 000千克，20箱	5 750.00/吨，172 500.00，美元	中国（CHN）	美国（US）	广州（5100）	照章征税

特殊关系确认：　价格影响确认：　支付特许权使用费确认：

报关人员	报关人员证号 56519426　广州环亚贸易股份有限公司	电话	兹申明以上内容承担如实申报、依法纳税之法律责任	自报自缴	海关批注及签章
申报单位（913101143816603672E）广州环亚贸易股份有限公司				申报单位（签章）	

105

模块一　关税的征税对象、纳税人和税率

关税应纳税额的计算

关税是海关依法对进出关境的货物和物品征收的一种流转税，包括进口关税和出口关税。所谓"境"是指关境，又称"海关关境"或"关税领域"。通常情况下，一国关境与国境是一致的，包括国家全部的领土、领海、领空，但也会出现关境大于国境，或关境小于国境的情况。比如，当一个国家在国境内设立了自由贸易区时，这些区域就进出口关税而言在关境之外，这时，该国家的关境小于国境；而欧盟国家都是位于同一关境内，但是国境不同，他们的关境大于国境。

征收进口关税会增加进口货物的成本，可以适当保护国内产业和抵御外来竞争。因此，我国对大部分的商品征收进口关税。而征收出口关税会增加货物的出口成本，降低货物在国外市场的竞争力，各国相继取消出口关税。目前我国只对少数商品征收出口关税。因此，我们通常所称的关税主要指进口关税。

一、关税的征税对象

关税的征税对象是准予进出境的货物和物品。货物是指贸易性商品，包括进口商品和出口商品；物品是指入境旅客随身携带的行李物品、个人邮递物品、各种运输工具上的服务人员携带进口的自用物品、馈赠物品以及其他方式进境的个人物品。

二、关税的纳税人

进口货物的收货人，出口货物的发货人，进出境物品的所有人，是关税的纳税义务人。进出口货物的收、发货人是依法取得对外贸易经营权，并进口或者出口货物的法人或者其他社会团体。进出境物品的所有人包括该物品的所有人和推定为所有人的人。一般情况下，对于携带进境的物品，推定其携带人为所有人；对分离运输的行李，推定相应的进出境旅客为所有人；以邮递方式进境的物品，推定其收件人为所有人；以邮递或其他运输方式出境的物品，推定其寄件人或托运人为所有人。

三、进出口商品适用的税率

我国关税税率是由进出口税则来反映的。进出口税则是一国政府根据国家关税政策和经济政策，通过一定的立法程序制定并公布实施的进出口货物和物品应税的关税税率表。

（一）进口关税税率

1. 税率设置与适用

目前，我国进口关税税率设有最惠国税率、协定税率、特惠税率、普通税率、关税配额税率等。对进口货物在一定期限内可以实行暂定税率。

最惠国税率适用于如下原产国（地）的货物：原产于共同适用最惠国待遇条款的世界贸易组织成员的进口货物，原产于与中华人民共和国签订含有相互给予最惠国待遇条款的双边贸易协定的国家或者地区的进口货物，以及原产于中华人民共和国境内的进口货物。

协定税率适用于原产于与中华人民共和国签订含有关税优惠条款的区域性贸易协定的国家或者地区的进口货物。

特惠税率适用于原产于与中华人民共和国签订含有特殊关税优惠条款的贸易协定的国家或者地区的进口货物。

普通税率适用于原产于除了以上所列国家或者地区以外的进口货物，以及原产地不明的进口货物。

关税配额税率适用于国家规定的实行关税配额管理的进口货物。关税配额内的，适用关税配额税率；关税配额外的，其税率的适用按照上述规定执行。除上述税则税率以外。

适用最惠国税率的进口货物有暂定税率的，应当适用暂定税率；适用协定税率、特惠税率的进口货物有暂定税率的，应当从低适用税率；适用普通税率的进口货物，不适用暂定税率。

2. 税率种类

按征收关税的标准，可以分成从价税、从量税、选择税、复合税和滑准税。

（1）从价税。从价税是一种最常用的关税计税标准。它是以货物的价格或价值作为征税标准。目前，我国海关计征关税标准主要是从价税。

（2）从量税。从量税是以进口货物的重量、数量、长度、容量和面积等计量单位为计税标准，以每计量单位货物的应征税额为税率。我国目前对原油、啤酒和胶卷等进口商品征收从量税。

（3）复合税。又称混合税，即订立从量、从价两种税率，随着完税价格和进口数量而变化，征收时两种税率合并计征。我国目前对一些录、播音电子设备实行复合税。

（4）选择税。选择税是对某种商品同时订有从量和从价两种税率，征税时由海关选择其税额较高的一种征税。

（5）滑准税。滑准税，亦称滑动税，是根据货物的不同价格适用不同税率的一类特殊的从价关税。它是一种关税税率随进口货物价格由高至低而由低至高设置计征关税的方法。征收这种关税的目的是使该种进口商品，不论其进口价格高低，其税后价格保持在一个预定的价格标准上，以稳定进口国

拓展阅读　特别关税

内该种商品的市场价格。

（二）出口关税税率

出口关税税率没有普通税率和优惠税率之分，是一种差别比例税率，包括出口税则税率、出口暂定税率和特别出口税率。

1. 出口税则税率

我国对货物征收出口关税的目的主要是控制国内重要经济资源的出口，如稀缺矿资源、原材料等；稳住出口商品的国际市场售价；控制高能耗、高污染和资源性产品的出口，促进贸易平衡。

2. 出口暂定税率

出口暂定税率是国家为了在短期内鼓励某些商品的出口而设立的税率，但国家为了限制某些商品的出口也会对一些原本不征收出口关税的商品设立暂定税率。一般而言，出口暂定税率低于出口税率，实施出口暂定税率的货物、税率、期限，由国务院关税税则委员会决定。在适用税率时，如适用出口税率的货物有暂定税率的，应当适用暂定税率。

3. 特别出口税率

特别出口关税是对部分商品在出口税则税率的基础上加征的出口关税。当国家（或地区）想控制某商品的出口而仅靠普通出口关税难以达到预期效果时，便会继续在普通出口关税基础上加征特别出口关税，通常做法是在该商品出口旺季加收特别出口关税以增加出口的成本，淡季按普通出口关税征收。

【项目引例分析】

广州环亚贸易公司从澳大利亚进口未锻轧锌合金属于关税征税范围，该贸易公司属于进口关税的纳税人。由于澳大利亚属于世界贸易组织成员国，适用最惠国税率，查找关税税则，未锻轧锌合金的最惠国税率为3%，而2020年暂定税率为1%，因此该公司应以1%的暂定税率缴纳进口关税。

广州环亚贸易公司从加拿大进口未锻轧锑的最惠国税率为3%，而2020年暂定税率为1%，因此该公司应以1%的暂定税率缴纳进口关税。

广州环亚贸易公司出口的合金生铁属于出口关税的征税对象，该公司作为纳税义务人。合金生铁2020年的出口税率为20%，无2020年暂定税率，因此该公司应以20%的出口税率缴纳出口关税。

广州环亚贸易公司出口硅铁的2020年的出口税率为25%，2020年暂定税率为20%，因此该公司应以20%的出口税率缴纳出口关税。

模块二 关税应纳税额的计算

一、原产地规定

在计算关税时，需要确定进境货物的原产国，原因是便于正确运用进口税则的各栏税率，对产自不同国家或地区的进口货物适用不同的关税税率。我国目前原产地规定采用全部产地生产标准和实质性加工标准两种国际上通用的标准。

（一）全部产地生产标准

全部产地生产标准，即进口货物完全在一个国家内生产或制造，包括在该国的领土内开采的矿产品、植物产品，饲养的活动物，捕猎、捕捞产品以及在该国船只上卸下的、加工的产品等。与国际上的全部生产标准完全相同。

（二）实质性加工标准

实质性加工标准指经过几个国家加工、制造的货物，以最后一个对货物进行经济上可以视为实质性加工的国家作为该货物的原产地。认定实质性加工的条件有两个：一是税则 4 位数级税目的改变，一是加工增值部分要占新产品总值的 30% 以上。达到二者中一项的准则即可。此外，对机器、仪器、器材或车辆所用零部件、部件、配件及工具，如与主体同时进口而且数量合理的，按主件的原产地确定其原产地；分别进口时应按其各自的原产地确定。

二、计税依据

（一）一般进口货物的完税价格

进口货物的完税价格包括货物的货价、该货物运抵国境内输入地点起卸前的运输及其相关费用、保险费。进口货物完税价格的确定方法可划分为两类，一类是以进口货物的成交价格为基础进行调整，从而确定进口货物完税价格的估价方法，称为成交价格估价方法；另一类则是在进口货物的成交价格不符合规定条件或者成交价格不能确定的情况下，海关用以审查确定进口货物完税价格的估价方法。

1. 成交价格估价方法

进口货物的成交价格，是指卖方向我国境内销售该货物时买方为进口该货物向卖方实付、应付的，并按照规定调整后的价款总额，包括直接支付的价款和间接支付的价款。

（1）进口货物成交价格成立的条件。

① 对买方处置或者使用该货物不予限制，但法律、行政法规规定实施的限制、对货物转售地域的限制和对货物价格无实质性影响的限制除外。

② 该货物的成交价格没有因搭售或者其他因素的影响而无法确定。

③ 卖方不得直接或者间接获得因买方销售、处置或者使用进口货物而产生的任何收益，或者虽有收益但能够按照《中华人民共和国海关审定进出口货物完税价格办法》的规定做出调整。

④ 买卖双方没有特殊关系，或者虽有特殊关系但未对成交价格产生影响。

（2）应计入完税价格的调整项目。

① 由买方负担的购货佣金以外的佣金和经纪费。"购货佣金"指买方为购买进口货物向自己的采购代理人支付的劳务费用。"经纪费"指买方为购买进口货物向代表买卖双方利益的经纪人支付的劳务费用。

② 由买方负担的该货物视为一体的容器的费用。

③ 由买方负担的包装材料费用和包装劳务费用。

④ 与该货物的生产和向中华人民共和国境内销售有关的，由买方以免费或者以低于成本的方式提供并可以按适当比例分摊的料件、工具、模具、消耗材料及类似货物的价款，以及在境外开发、设计等相关服务的费用。

⑤ 作为该货物向中华人民共和国境内销售的条件，买方必须支付的、与该货物有关的特许权使用费。

⑥ 卖方直接或者间接从买方获得的该货物进口后转售、处置或者使用的收益。

（3）不计入关税完税价格的调整项目。

① 厂房、机械、设备等货物进口后进行建设、安装、装配、维修和技术服务的费用，但保修费用除外。

② 进口货物运抵境内输入地点起卸后的运输及其相关费用、保险费。

③ 进口关税、进口环节海关代征税及国内税收。

2. 进口货物海关估价方法

进口货物的成交价格不符合规定条件的，或者成交价格不能确定的，海关经了解有关情况，并与纳税义务人进行价格磋商后，依次以下列价格估定该货物的完税价格。

（1）相同货物成交价格估价方法：指海关以与该货物同时或者大约同时向中华人民共和国境内销售的相同货物的成交价格为基础审查确定进口货物完税价格的估价方法。

（2）类似货物成交价格估价方法：指海关以与该货物同时或者大约同时向中华人民共和国境内销售的类似货物的成交价格为基础审查确定进口货物完税价格的估价方法。

（3）倒扣价格估价方法：指海关以与该货物进口的同时或者大约同时，将该进口货物、相同或者类似进口货物在境内的销售价格为基础，扣除境内发生的有关费用后，审查确定进口货物完税价格的估价方法。

（4）计算价格估价方法：指海关以生产该货物所使用的料件成本和加工费用，向中华人民共和国境内销售同等级或者同种类货物通常的利润和一般费用，该货物运抵境内输入地点起卸前的运输及其相关费用、保险费等各项的总和为基础，审查确定进口货物完税价格的估价方法。

（5）以合理方法估定的价格。纳税义务人向海关提供有关资料后，可以提出申请，颠倒前款第（3）项和第（4）项的适用顺序。

（二）进口货物完税价格中的运输及相关费用、保险费的计算

（1）陆运、空运和海运进口货物的运费和保险费，应当按照实际支付或者应当支付的费用计算。如果进口货物的运输及其相关费用无法确定，海关应当按照该货物进口同期的正常运输成本审查核定。

（2）运输工具作为进口货物，利用自身动力进境的，海关在审查确定完税价格时，不再另行计入运输及其相关费用。

（3）进口货物的保险费。如果进口货物的保险费无法确定或者未实际发生的，海关应当按照"货价加运费"两者总额的3‰计算保险费。

（4）邮运的进口货物，应当以邮费作为运输及其相关费用、保险费。

（三）出口关税的计税依据

出口货物的完税价格，由海关以该货物的成交价格以及该货物运至我境内输出地点装载前的运输及其相关费用、保险费为基础审查确定。

出口货物的成交价格，是指该货物出口销售时，卖方为出口该货物应当向买方直接收取和间接收取的价款总额。下列税收、费用不计入出口货物的完税价格：

（1）出口关税；

（2）在货物价款中单独列明的货物运至我境内输出地点装载后的运输及其相关费用、保险费。

出口货物完税价格相当于贸易术语离岸（FOB）价格减去出口关税。其计算公式为：

$$出口货物完税价格 = FOB价格 \div (1 + 出口关税税率)$$

【项目引例分析】

广州环亚贸易公司进口报关单的成交价格为 392 500 美元，为离岸价格。出口报关单的成交价格为 172 500 美元，为离岸价格。

三、关税应纳税额的计算

（一）一般进口货物关税的应纳税额

1. 从价税应纳税额的计算

$$关税税额 = 完税价格 \times 税率$$

我国进口货物的完税价格是以到岸（CIF）价格、到岸价格加佣金

关税应纳税额
的计算

（CIFC）价格、到岸价格加战争险（CIPW）价格来计算的。如果以其他国际贸易术语成交的进口货物，应按规定调整为 CIF 价格计算完税价格。实际业务中较为常见的其他成交价格包括 FOB 价格（离岸价格）、CFR 价格（成本加运费价格）等。

（1）FOB 价格：

$$完税价格 = FOB 价格 + 运杂费 + 保险费 = （FOB + 运杂费）÷（1 - 保险费率）$$

（2）CFR 价格：

$$完税价格 = CFR 价格 + 保险费 = CFR 价格 ÷（1 - 保险费率）$$

【项目引例分析】

广州环亚贸易公司进口未锻轧锌合金的应纳税额：

完税价格 = FOB 价格 + 运杂费 + 保险费 =（392 500 + 800 + 200）× 7.07 = 2 782 045（元）

应纳进口关税 = 2 782 045 × 1% = 27 820.45（元）

【项目引例分析】

广州环亚贸易公司进口未锻轧锑的应纳税额：

完税价格 =（FOB + 运杂费）÷（1 - 保险费率）=（600 000 + 600）÷（1 - 0.25%）× 7.07 = 4 256 884.21（元）

应纳进口关税 = 4 256 884.21 × 1% = 42 568.84（元）

2. 从量税应纳税额的计算

从量税以进口货物的长度、重量、面积、体积、容积等计量单位为计税依据。从量税不受商品价格的影响，计税方法简便。目前我国对原油、部分鸡产品、啤酒、胶卷进口采取从量计算税款。

$$关税税额 = 进口货物数量 × 适用的单位税额$$

【例题 3.1】

广州红星啤酒贸易公司 202× 年从国外购进 3 000 箱麦芽酿造的啤酒，每箱 12 听，每听净重 335 ml，经海关审定其成交价格为 20 000 美元，适用的关税单位税额为 7.5 元/升（外汇折算率 1 美元 = 人民币 7.07 元）。

进口啤酒数量 = 3 000 × 12 × 335 ÷ 1 000 = 12 060（升）

应纳关税税额 = 7.5 × 12 060 = 90 450（元）

3. 复合税应纳税额的计算

复合税同时以进口货物的价格和数量作为计税依据。如 2020 年税则中的广播级磁带

（税号 85211011）录像机的韩国协定税率为：完税价格不高于 2 000 美元／台的，实行单一从价税，税率为 21%；完税价格高于 2 000 美元／台的，实行复合税，每台征收 3 061.8 元的从量税再加 2.1% 的从价税。我国目前实行的复合税都是先计征从量税，再计征从价税。

$$关税税额 = 应税货物数量 × 适用的单位税额 + 完税价格 × 税率$$

【例题 3.2】

广州星空贸易公司 202× 年从韩国购进口 100 台广播级磁带录像机，成交价格为每台 3 000 美元。则应纳进口关税税额为多少？（外汇折算率 1 美元 = 人民币 7.07 元）。

原产国韩国适用协定税率如下：完税价格 ≤ 2 000 美元／台，采用从价税 21%；完税价格 > 2 000 美元／台，采用复合税，从量税 3 061.8 元／台加上从价税 2.1%。

进口广播级磁带录像机完税价格 = 100 × 3 000 × 7.07 = 2 121 000（元）

应纳关税税额 = 100 × 3 061.8 + 2 121 000 × 2.1% = 350 721（元）

（二）出口关税的应纳税额

计算公式为：

$$关税税额 = 出口货物完税价格 × 出口关税税率$$
$$完税价格 = FOB ÷（1 + 出口关税税率）$$

【项目引例分析】

广州环亚贸易公司出口合金生铁的应纳税额：

完税价格 = FOB价格 ÷（1 + 出口关税税率）= 172 500 × 7.07 ÷（1 + 20%）= 1 016 312.5（元）

应纳出口关税 = 1 016 312.5 × 20% = 203 262.5（元）

【项目引例分析】

广州环亚贸易公司出口硅铁的应纳税额：

完税价格 =（CIF价格 − 运费 − 保险费）÷（1 + 出口关税税率）=（115 000 − 3 500 − 2 980）× 7.07 ÷（1 + 20%）= 639 363.67（元）

应纳出口关税 = 639 363.67 × 20% = 127 872.73（元）

四、关税减免

（一）关税的法定减免

法定减免是税法中明确列出的减税或免税。符合税法规定可予减免税的进出口货物，纳税义务人无须申请，海关可按规定直接予以减免税，海关对法定减免税货物一般不进行后续管理。

下列货物、物品予以减免关税：

（1）关税税额在人民币 50 元以下的一票货物，可免征关税。

（2）无商业价值的广告品和货样，可免征关税。

（3）外国政府、国际组织无偿赠送的物资，可免征关税。

（4）在海关放行前损失的货物，可免征关税。

（5）进出境运输工具装载的途中必需的燃料、物料和饮食用品，可予免税。

（6）在海关放行前遭受损坏的货物，可以根据海关认定的受损程度减征关税。

（7）我国缔结或者参加的国际条约规定减征、免征关税的货物、物品，按照规定予以减免关税。

（8）法律规定减征、免征关税的其他货物、物品。

（二）特定减免税

特定减免税也称政策性减免税，是国家按照国际通行规则和我国实际情况，制定发布的相关政策。特定减免税货物一般有地区、企业和用途的限制，海关需要进行后续管理，也需要进行减免税统计。

（三）暂时减免

暂时进境或暂时出境的部分物品，在进境或者出境时纳税义务人向海关缴纳相当于应纳税款的保证金或者提供其他担保的，可以暂时不缴纳关税。

（四）临时减免税

临时减免税是指以上法定和特定减免税以外的其他减免税。由国务院对某个单位、某类商品、某个项目或某批进出口货物的特殊情况，给予特别照顾，一案一批，专门下达的减免税。

模块三　关税的申报缴纳

一、纳税时间和地点

进口货物的纳税义务人，应当自运输工具申报进境之日起 14 日内申报，出口货物的纳税义务人除海关特准的外，应当在货物运抵海关监管区后、装货的 24 小时以前，向货物的进出境地海关申报，海关按规定计算应缴纳的关税和进口环节代征税，并填发税款缴款书。

纳税义务人应当自海关填发税款缴款书之日起 15 日内，向指定银行缴纳税款。逾期缴纳税款的，由海关自缴款期限届满之日起至缴清税款之日止，按日加收滞纳税款 0.5‰ 的滞纳金。纳税义务人应当自海关填发滞纳金缴款书之日起 15 日内向指定银行缴纳滞纳金。缴款期限届满日遇星期六、星期日等休息日或者法定节假日的，应当顺延至休息日或者法定节假日之后的第一个工作日。国务院临时调整休息日与工作日的，海关应当按照调整后的情况计算缴款期限。

纳税义务人因不可抗力或者国家税收政策调整不能按期缴纳税款的，依法提供税款担保后，可以向海关办理延期缴纳税款手续，但最长不得超过 6 个月。

二、关税纳税申报

纳税人申报关税，应填写"海关进（出）口关税专用缴款书"，以广州环亚贸易股份有限公司为例，海关进（出）口关税专用缴款书如表 3-3、表 3-4 所示。

表 3-3　海关进（出）口关税专用缴款书

收入系统：税务系统　　　　　填发日期：2020 年 5 月 6 日　　　　　号码 No.20200522259

收款单位	收入机关	中央金库			缴款单位（人）	名　称	广州环亚贸易股份有限公司
	科　目	进口关税	预算级次	中央		账　号	2309622573279
	收款国库	中行开发区支行 3600007892332009926				开户银行	中行新港中路支行
税号	货物名称	数量	单位	完税价格（¥）	税率（%）	税款金额（¥）
79012000	未锻轧锌合金	500 000	千克	2 782 045	1	27 820.45
金额人民币（大写）		贰万柒仟捌佰贰拾元肆角伍分			合计（¥）	27 820.45
申请单位编号	91310114381603672E	报关单编号	531620200165296483	填制单位	收款国库（银行）
合同（批文）号	WST20201459	运输工具（号）	UN9629055/OCCL125S		
缴款期限	20200521	提/装货单号	GZ012349001		
备注	一般征税　　国际代码：7901225788587　　¥			制单人复核人	

第一联：（收据）国库收款签章后交缴款单位或缴款人

注：从填发缴款书之日起限 15 日内缴纳（期末遇法定节假日顺延），逾期按日征收税款总额万分之五的滞纳金。

表 3-4　海关进（出）口关税专用缴款书

收入系统：税务系统　　　　填发日期：2020 年 5 月 6 日　　　号码 No.20200522260

<table>
<tr><td rowspan="3">收款单位</td><td>收入机关</td><td colspan="4">中央金库</td><td rowspan="3">缴款单位（人）</td><td>名　称</td><td colspan="3">广州环亚贸易股份有限公司</td><td rowspan="7">第一联：（收据）国库收款签章后交缴款单位或缴款人</td></tr>
<tr><td>科　目</td><td>出口关税</td><td>预算级次</td><td colspan="2">中央</td><td>账　号</td><td colspan="3">2309622573279</td></tr>
<tr><td>收款国库</td><td colspan="4">中行开发区支行
3600007892332009926</td><td>开户银行</td><td colspan="3">中行新港中路支行</td></tr>
<tr><td colspan="2">税号</td><td>货物名称</td><td>数量</td><td>单位</td><td colspan="2">完税价格（¥）</td><td>税率（%）</td><td colspan="2">税款金额（¥）</td></tr>
<tr><td colspan="2">79012000</td><td>合金生铁</td><td>30 000</td><td>千克</td><td colspan="2">1 016 312.50</td><td>20</td><td colspan="2">203 262.5</td></tr>
<tr><td colspan="2">金额人民币（大写）</td><td colspan="4">贰拾万零叁仟贰佰陆拾贰元伍角</td><td>合计（¥）</td><td colspan="2">203 262.5</td></tr>
<tr><td colspan="2">申请单位编号</td><td colspan="2">9131011438
1603672E</td><td colspan="2">报关单编号</td><td colspan="2">531620200165
296578</td><td>填制单位</td><td>收款国库
（银行）</td></tr>
<tr><td colspan="2">合同（批文）号</td><td colspan="2">NYT20204826</td><td colspan="2">运输工具（号）</td><td colspan="2">UN89360TM/
0613037E</td><td rowspan="2" colspan="2"></td><td></td></tr>
<tr><td colspan="2">缴款期限</td><td colspan="2">20200521</td><td colspan="2">提 / 装货单号</td><td colspan="2">NY1907523690</td><td></td></tr>
<tr><td rowspan="2">备注</td><td colspan="8">一般征税</td><td rowspan="2" colspan="2">制单人
复核人</td></tr>
<tr><td colspan="8">国际代码：7901225788587　　¥</td></tr>
</table>

注：从填发缴款书之日起限 15 日内缴纳（期末遇法定节假日顺延），逾期按日征收税款总额万分之五的滞纳金。

拓展阅读　船舶吨税

拓展阅读　行李和邮递物品进口税

📝 **项目小结** ┣━━━━━━━━━━━━━━━━━━━━━━━━━━━━━━━━━

　　关税是海关依法对进出关境的货物和物品征收的一种流转税，包括进口关税和出口关税。关税的征税对象是准予进出境的货物和物品。

　　关税的征税基础是关税完税价格。进口货物的完税价格由海关以符合的成交价格以及该货物运抵中华人民共和国境内输入地点起卸前的运输及其相关费用、保险费为基础审查确定。出口货物的完税价格是离岸价格减去出口关税。

　　纳税人申报关税，应填写"海关进（出）口关税专用缴款书"，了解关税的缴纳期限与缴纳方式，熟悉关税征纳的程序。

思维导图

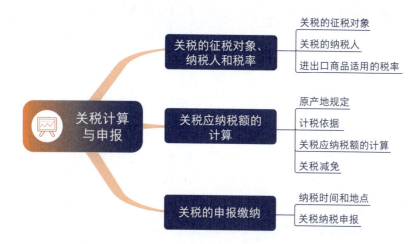

项目练习

一、单选题

1. 下列各项中，（　　）不属于关税的纳税人。

A. 进口货物的收货人

B. 出口货物的发货人

C. 进境物品的所有人

D. 进口货物的发货人

2. 纳税义务人应当自海关填发税款缴款书之日起（　　），持税款缴款书向银行缴纳税款。

A. 15 日内

B. 7 日内

C. 一个月内

D. 一个季度内

3. 下列项目中，属于进口关税完税价格组成部分的有（　　）。

A. 进口人向自己的境外采购代理人支付的购货佣金

B. 进口人向中介机构支付的经纪费

C. 进口设备报关后的安装调试费用

D. 货物运抵境内输入地点起卸之后的运输费用

4. 我国进口货物以海关审定的成交价格为基础的（　　）为完税价格。

A. 离岸价格

B. 到岸价格

C. 购货价格

D. 市场价格

5. 某进出口公司从美国进口一批化工原料共 200 吨，货物以境外口岸离岸价格成交，单价折合人民币为 30 000 元（不包括另向卖方支付的佣金 2 500 元 / 吨），已知该货物运抵中国海关境内输入地点起卸前的包装、运输、保险和其他劳务费用为每吨 2 300 元，关税税率为 20%，则该批化工原料应缴纳的关税为（　　　）元。

A. 1 500 000

B. 1 392 000

C. 1 350 000

D. 1 492 000

二、多选题

1. 关税是海关依法对进出关境的（　　　　　）征收的一种流转税。

A. 货物

B. 物品

C. 商品

D. 服务

2. 关于关税，下列说法正确的有（　　　　）。

A. 关税是对有形的货品征税，对无形的货品不征税

B. 关税是单环节的价外税，海关代征增值税的税基不包括关税

C. 关税是对进出境的货品征税，在境内流通的货物不征关税

D. 关税具有较强的涉外性

3. 下列费用中，应并入进口货物完税价格的有（　　　　）。

A. 进口人向境外采购代理人支付的佣金

B. 卖方支付给买方的正常价格回扣

C. 设施设备等货物进口后发生的基建、安装、调试、技术指导等费用

D. 货物成交过程中，进口人向卖方支付的佣金

4. 货物的完税价格中的到岸价格包括（　　　　）。

A. 货价

B. 进口关税

C. 海关估定的利润

D. 货物运抵境内起卸前的包装费、运输费、保险费和其他合理费用

5. 进口货物的成交价格不符合进出口关税条例有关规定的，或者成交价格不能确定的，可以使用（　　　　）估定该货物的完税价格。

A. 相同或类似货物成交价格法

B. 倒扣价格法

C. 计算价法

D. 比较价格法

三、判断题

1. 中华人民共和国准许进出口的货物、进境物品，除法律、行政法规另有规定外，由海关依照规定征收进出口关税。（　　　）

2. 适用出口税率的出口货物有暂定税率的，应当适用暂定税率。（　　　）

3. 进出口货物，应当适用进口货物进境之日和出口货物运抵海关监管仓库之日实施的税率。（　　）

4. 以租赁方式进口的货物，以海关审查确定的该货物的租金作为完税价格。（　　）

5. 外国政府、国际组织无偿赠送的物资免征关税。（　　）

项目四　企业所得税计算与申报

🛫 **学习目标** ┃╌╌╌╌╌╌╌╌╌╌╌╌╌╌╌╌╌╌╌╌╌╌╌╌╌╌╌

知识目标 ● 熟悉企业所得税的征税对象、纳税人和税率

　　　　　● 掌握居民企业、非居民企业、不征税收入、免税收入、准予扣除项目及标准、不准予扣除项目、亏损弥补、资产的税务处理、免征与减征优惠等知识

　　　　　● 熟悉企业所得税纳税时间、纳税地点

技能目标 ● 能确定扣除项目的金额并进行纳税调整

　　　　　● 能准确计算企业所得税应纳税所得额和应纳税额

　　　　　● 能进行企业所得税的预缴

　　　　　● 能进行企业所得税纳税申报，完成企业所得税的年终汇算清缴工作

素养目标 ● 了解企业所得税作为我国财政税收主要来源的地位

　　　　　● 熟悉我国企业所得税征收管理相关法律法规

⚙️ **项目引例** ┃╌╌╌╌╌╌╌╌╌╌╌╌╌╌╌╌╌╌╌╌╌╌╌╌╌╌╌

滇南科技股份有限公司企业所得税的纳税申报

滇南科技股份有限公司（简称滇南科技公司）为居民企业，统一社会信用代码：915101156721658688，企业从业人数为 535 人，资产总额为 6 000 万元，所属行业为工业企业。2020 年利润表如表 4-1 所示。

表 4-1　利　润　表

2020 年 12 月 31 日

企业名称：滇南科技股份有限公司

单位：元

项目	行次	本月数	本年累计数
一、营业收入	1	（略）	30 000 000.00
减：营业成本	2		10 000 000.00

续表

项目	行次	本月数	本年累计数
税金及附加	3		900 000.00
销售费用	4		9 000 000.00
管理费用	5		7 000 000.00
财务费用	6		620 000.00
加：公允价值变动收益（损失以"-"号填列）	7		
投资收益（损失以"-"号填列）	8		1 060 000.00
其中：对联营企业和合营企业的投资收益	9		
资产减值损失	10		
二、营业利润（亏损以"-"号填列）	11		3 540 000.00
加：营业外收入	12		1 200 000.00
其中：非流动资产处置利得	13		
减：营业外支出	14		600 000.00
其中：非流动资产处理损失	15		
三、利润总额	16		4 140 000.00
减：所得税费用	17		1 290 500.00
四、净利润（净亏损以"-"号填列）	18		2 849 500.00
五、其他综合收益的税后净额	19		
六、综合收益总额	20		
七、每股收益	21		
（一）基本每股收益	22		2.05
（二）稀释每股收益	23		2.05

单位负责人：　　　　　财会负责人：　　　　　复核：　　　　　制表：

根据企业账证资料，2020年度境内经营业务有如下与企业所得税相关的数据：

（1）取得销售收入3 000万元。

（2）发生销售成本1 000万元。

（3）发生销售费用900万元（其中广告费620万元），管理费用700万元（其中业务招待费24万元、用于A产品新技术的研究开发费用60万元），财务费用62万元（均为利息支出）。

（4）发生各种税金270万元（含增值税180万元）。

（5）取得营业外收入 120 万元，营业外支出 60 万元（其中通过公益性社会团体向希望小学捐款 2.4 万元；直接捐赠给某大学贫困学生的生活补贴支出 3.6 万元；支付税收滞纳金 54 万元）。

（6）2020 年 7 月取得直接投资于其他居民企业连续 12 个月以上的权益性投资收益 45 万元。

（7）计入成本、费用中的实发工资总额 180 万元，职工工会经费 3 万元，职工福利费 30 万元，职工教育经费 15.6 万元。

（8）滇南科技公司在 A、B 两国分别设有分支机构（我国与 A、B 两国已经缔结避免重复征税的协定），在 A 国分支机构的应纳税所得额为 50 万元，A 国税率为 20%；在 B 国分支机构的应纳税所得额为 30 万元，B 国税率为 30%；在 A 国、B 国已分别缴纳所得税 10 万元、9 万元。假设 A 国、B 国的应纳税所得额的计算与我国税法相同。滇南科技公司选择"分国（地区）不分项"的方法来计算其来源于境外的应纳税所得额。

（9）滇南科技公司 2020 年度无以前年度亏损，在 2020 年已预缴了企业所得税 92.25 万元。其中 2020 年度前三个季度已经预缴企业所得税 57.9 万元；第四季度营业收入 1 050 万元，营业成本 540 万元，利润总额 137.4 万元，2019 年第四季度预缴企业所得税 34.35 万元，2021 年 1 月 10 日对 2020 年第四季度预缴企业所得税进行纳税申报。

2021 年 4 月 20 日进行企业所得税年度纳税申报（企业所得税汇算清缴）。

（10）另外，该公司为员工缴纳各类基本社会保障性缴款 75 万元，未缴纳补充养老和医疗保险，为员工缴纳住房公积金 45 万元，未超过当地政府规定标准。

模块一　企业所得税的纳税人、征税对象和税率

企业所得税是对我国企业和其他组织的生产经营所得和其他所得征收的一种税。它是国家参与企业利润分配并调节其收益水平的一个关键性税种，体现国家与企业的分配关系。

一、企业所得税的纳税人

在中华人民共和国境内，企业和其他取得收入的组织（以下统称企业，不包括个人独资企业、合伙企业）为企业所得税的纳税人。不同企业向中国政府缴纳所得税时，其纳税义务是不同的，根据登记注册地和实际管理机构所在地双重标准，我国把企业所得税的纳税义务人分为居民企业和非居民企业。

【温馨提示】

个人独资企业和合伙企业不适用《中华人民共和国企业所得税法》，不作为企业所得税的纳税人。对个人独资企业和合伙企业的投资者只征收个人所得税。

（一）居民企业

居民企业，是指依法在中国境内成立，或者依照外国（地区）法律成立但实际管理机构在中国境内的企业，包括国有企业、集体企业、私营企业、联营企业、股份制企业、外商投资企业、外国企业，以及有生产、经营所得和其他所得的其他组织。其中，有生产、经营所得和其他所得的其他组织，是指经国家有关部门批准，依法注册、登记的事业单位、社会团体等组织。其中，实际管理机构是指对企业的生产经营、人员、账务、财产等实施实质性全面管理和控制的机构。

（二）非居民企业

非居民企业，是指依照外国（地区）法律成立且实际管理机构不在中国境内，但在中国境内设立机构、场所的，或者在中国境内未设立机构、场所，但有来源于中国境内所得的企业。

二、企业所得税的征税对象

企业所得税的征税对象，是指企业的生产经营所得、其他所得和清算所得。

（一）居民企业的征税对象

居民企业应当就其来源于中国境内、境外的所得，缴纳企业所得税。这里的所得包括销售货物所得、提供劳务所得、转让财产所得、股息红利所得、利息所得、租金所得、特许权使用费所得、接受捐赠所得和其他所得。

（二）非居民企业的征税对象

（1）非居民企业在中国境内设立机构、场所的，应当就其所设机构、场所取得的来源于中国境内的所得，以及发生在中国境外但与其所设机构、场所有实际联系的所得，缴纳企业所得税。

（2）非居民企业在中国境内未设立机构、场所的，或者虽设立机构、场所但取得的所得与其所设机构、场所没有实际联系的，应当就其来源于中国境内的所得缴纳企业所得税。

（三）所得来源地的确定

（1）销售货物和提供劳务的所得，按经营活动发生地确定。

（2）转让财产所得，不动产按财产所在地确定，动产按转让动产的企业或机构、场所所在地确定，权益性投资资产转让按被投资企业所在地确定。

（3）股息、红利所得，按分配股息、红利的企业所在地确定。

（4）利息所得，按实际负担或支付利息的企业或机构、场所所在地确定。

（5）租金所得，按实际负担或支付租金的企业或机构、场所所在地确定。

（6）特许权使用费所得，按实际负担或支付特许权使用费的企业或机构、场所所在地确定。

（7）其他所得，由国务院财政、税务主管部门确定。

三、企业所得税的适用税率

（一）基本税率为 25%

适用于居民企业和在中国境内设有机构、场所且所得与机构、场所有关联的非居民企业。

（二）低税率为 20%（减按 10% 执行）

适用于在中国境内未设立机构、场所的，或者虽设立机构、场所但所得与其所设机构、场所没有实际联系的非居民企业。

（三）优惠税率

（1）符合条件的小型微利企业，减按 20% 的税率征收。

（2）国家需要重点扶持的高新技术企业，减按 15% 的税率征收。

小型微利企业是指从事国家非限制和禁止行业，且同时符合年度应纳税所得额不超过 300 万元、从业人数不超过 300 人、资产总额不超过 5 000 万元等三个条件的企业。

国家需要重点扶持的高新技术企业，是指在国家重点支持的高新技术领域内，持续进行研究开发与技术成果转化，形成企业核心自主知识产权，并以此为基础开展经营活动，在中国境内（不包括港、澳、台地区）注册的居民企业。

【项目引例分析】

滇南科技公司为居民企业，企业从业人数为 535 人，资产总额为 6 000 万元，所属行业为工业企业，为企业所得税的纳税人，其报表反映的利润应是企业所得税的计税基础，税率应为 25%。

模块二　企业所得税应纳税额的计算

一、计税依据

企业所得税的计税依据为年应纳税所得额，是按照税法规定计算的，即企业每一纳税年度的收入总额减去不征税收入、免税收入、各项扣除以及允许弥补的以前年度亏损后的余额。它既不等于企业的会计利润，也不是企业的销售额或营业额，因此，它与对商品或劳务课税的税种完全不同。

二、居民企业应纳税额的计算

居民企业应缴纳所得税额的基本计算公式为：

应纳税额 = 应纳税所得额 × 适用税率 − 减免税额 − 抵免税额

从计算公式可以看出，应纳税额的多少与应纳税所得额和适用税率相关。在实际计算过程中，应纳税所得额的计算一般有以下两种方法。

1. 直接计算法

在直接计算法下，企业每一纳税年度的收入总额减去不征税收入、免税收入、各项扣除以及允许弥补的以前年度亏损后的余额为应纳税所得额。计算公式为：

应纳税所得额 = 收入总额 − 不征税收入 − 免税收入 − 各项扣除金额 − 弥补亏损

2. 间接计算法

在间接计算法下，在会计利润总额的基础上加或减按照税法规定调整的项目金额后，即为应纳税所得额。现行企业所得税年度纳税申报采取该方法。计算公式为：

应纳税所得额 = 会计利润总额 ± 纳税调整项目金额

纳税调整项目金额包括两方面的内容：

（1）企业财务会计制度规定的项目范围与税收法规规定的项目范围不一致应予以调整的金额。

（2）企业财务会计制度规定的扣除标准与税法规定的扣除标准不一致应予以调整的金额。

无论是直接计算法还是间接计算法，都要确认企业的收入和可扣除的金额。

（一）收入总额

企业所得税收入的确定

企业收入总额是指以货币形式和非货币形式从各种来源取得的收入。企业以货币形式取得的收入包括现金、银行存款、应收账款、应收票据、准备持有至到期的债券投资以及债务的豁免等；企业以非货币形式取得的收入包括存货、固定资产、生物资产、无形资产、股权投资、不准备持有至到期的债券投资、劳务以及有关权益等。企业以非货币形式取得的收入，应当按公允价值确定收入额。收入的具体构成为：

1. 销售货物收入

销售货物收入，是指企业销售商品、产品、原材料、包装物、低值易耗品以及其他存货取得的收入。

2. 提供劳务收入

提供劳务收入，是指企业从事建筑安装、修理修配、交通运输、仓储租赁、金融保险、邮电通信、咨询经纪、文化体育、科学研究、技术服务、教育培训、餐饮住宿、中介代理、卫生保健、社区服务、旅游、娱乐、加工和其他劳务服务活动取得的收入。

3. 转让财产收入

转让财产收入，是指企业转让固定资产、生物资产、无形资产、股权、债权等财产所取得的收入。

4. 股息、红利等权益性投资收益

股息、红利等权益性投资收益，是指企业因权益性投资从被投资方取得的分配收入。除国务院财政、税务主管部门另有规定外，应当以被投资方作出利润分配决定的时间确认收入的实现。

5. 利息收入

利息收入，是指企业将资金提供他人使用但不构成权益性投资，或因他人占用本企业资金所取得的收入，包括存款利息、贷款利息、债券利息、欠款利息等收入。利息收入按照合同约定的债务人应付利息的日期确认收入的实现。

6. 租金收入

租金收入，是指企业提供固定资产、包装物和其他有形资产的使用权取得的收入。企业取得的租金收入按照合同约定的承租人应付租金的日期确认收入的实现。

7. 特许权使用费收入

特许权使用费收入，是指企业提供专利权、非专利技术、商标权、著作权以及其他特许权的使用权而取得的收入。特许权使用费收入按照合同约定的特许权使用人应付特许权使用费的日期确认收入的实现。

8. 接受捐赠收入

接受捐赠收入，是指企业接受的来自其他企业、组织和个人无偿给予的货币性或非货币性资产。企业接受捐赠取得的非货币资产按公允价值确认收入。接受捐赠收入，按照实际收到捐赠资产的日期确认收入的实现。

9. 其他收入

其他收入，是指企业取得的除上述收入以外的其他收入，包括企业资产溢余收入、逾期未退包装物没收的押金、确实无法偿付的应付款项、已作坏账损失处理后又收回的应收账款、债务重组收入、补贴收入、教育费附加返还款、违约金收入、汇兑收益、保险公司给予企业的无赔款优待等。

拓展阅读 特殊收入的确认

（二）不征税收入及免税收入

国家为了扶持和鼓励某些特殊的纳税人和特定的项目，或者避免因征税影响企业的正常经营，对企业取得的某些收入予以不征税或免税的特殊政策，以减轻企业的负担，促进经济的协调发展。

1. 不征税收入

（1）财政拨款，是指各级人民政府对纳入预算管理的事业单位、社会团体等组织拨付的财政资金，但国务院以及国务院财政、税务主管部门另有规定的除外。

拓展阅读 不征税收入与免税收入的区别

（2）依法收取并纳入财政管理的行政事业性收费、政府性基金。行政事业性收费，是指企业根据法律、法规等有关规定，按照国务院规定程序批准，在实施社会公共管理，以及在向公民、法人或者其他组织提供特定公共服务过程中，向特定服务对象收取并纳入财政管理的费用。政府性基金，是指企业根据法律、行政法规等有关规定，代政府收取的具有专项用途的财政资金。

（3）国务院规定的其他不征税收入，是指企业取得的，由国务院财政、税务主管部门规定专项用途并经国务院批准的财政性资金。

2. 免税收入

（1）国债利息收入，指企业购买国务院财政部门发行的国家公债所取得的利息收入。

（2）符合条件的居民企业之间的股息、红利等权益性投资收益，指居民企业直接投资于其他居民企业所取得的投资收益，不包括连续持有居民企业公开发行并上市流通的股票不足 12 个月取得的投资收益。

拓展阅读 符合条件的非营利组织

（3）在中国境内设立机构、场所的非居民企业从居民企业取得与该机构、场所有实际联系的股息、红利等权益性投资收益。

（4）符合条件的非营利组织的收入，主要是指非营利组织从事公益性或非营利性活动所取得的收入，不包括从事营利性活动所取得的收入，但国务院财政、税务主管部门另有规定的除外。

【项目引例分析】

滇南科技公司 2020 年 7 月取得直接投资于其他居民企业连续 12 个月以上的权益性投资收益 45 万元属于免税收入。

（三）准予扣除的项目

扣除项目金额的确定—1

企业实际发生的与取得收入有关的、合理的支出，包括成本、费用、税金、损失和其他支出，准予在计算应纳税所得额时扣除。

成本是指企业在生产经营活动中发生的销售成本、销货成本、业务支出以及其他耗费。

费用是指企业在生产经营活动中发生的销售费用、管理费用和财务费用，已计入成本的有关费用除外。

税金是指企业发生的各项税金及附加，包括消费税、资源税、土地增值税、关税、城镇土地使用税、房产税、车船税、印花税、城市维护建设税及教育费附加等，但缴纳的企业所得税和允许抵扣的增值税不得扣除。

损失是指企业在生产经营活动中发生的固定资产和存货的盘亏、毁损、报废净损失、转让财产损失，呆账损失，坏账损失，自然灾害等不可抗力因素造成的非常损失及其他损失。企业发生的损失，减除责任人赔偿和保险赔款后的余额，依照国务院财政、税务主管部门的规定扣除。企业因存货盘亏、毁损、报废等原因不得从销项税额中抵扣的进项税额，应视同企业财产损失，准予与存货损失一起在计算应纳税所得额时扣除。企业已经作为损失处理的资产，在以后纳税年度又全部收回或者部分收回时，应当计入当期收入。

其他支出是指除成本、费用、税金、损失外，企业在生产经营活动中发生的与生产经营活动有关的、合理的支出。

（四）准予扣除项目的标准

在计算应纳税所得额时，下列项目可按照实际发生额或规定的标准扣除：

1. 工资、薪金支出的扣除标准

企业实际发生的合理的工资薪金支出，准予据实扣除。工资薪金，是指企业每一纳税年度支付给在本企业任职或受雇员工的所有现金或非现金形式的劳动报酬，包括基本工资、奖金、津贴、补贴、年终加薪、加班工资，以及与任职或者受雇有关的其他支出。

2. 工会经费、职工福利费、职工教育经费的扣除标准

企业发生的工会经费、职工福利费、职工教育经费按标准扣除，未超过标准的按实际数扣除，超过标准的只能按标准扣除，除职工教育经费外，超出标准的部分不得扣除，也不得在以后年度结转扣除。

（1）企业实际发生的职工福利费支出，不超过工资薪金总额14%的部分，准予扣除。

（2）企业拨缴的工会经费，不超过工资薪金总额2%的部分，准予扣除。

（3）除国务院财政、税务主管部门另有规定外，企业实际发生的职工教育经费支出，不超过工资薪金总额8%的部分，准予扣除；超过部分，准予在以后纳税年度结转扣除。

（4）软件生产企业发生的职工教育经费中的职工培训费用可以全额在企业所得税前扣除。软件生产企业应准确划分职工教育经费中的职工培训费支出，对于不能准确划分的以及准确划分后职工教育经费中扣除职工培训费用的余额，一律按照工资薪金总额8%的比例扣除。

【项目引例分析】

滇南科技公司计入成本、费用中的实发工资总额180万元，职工工会经费3万元，职工福利费30万元，职工教育经费15.6万元。

职工福利费的扣除限额＝180×14%＝25.2（万元），由于职工福利费实际发生额30

万元＞25.2万元，因此职工福利费应调增所得额＝30－25.2＝4.8（万元）。

职工教育经费的扣除限额＝180×8%＝14.4（万元），由于职工教育经费实际发生额15.6万元＞14.4万元，因此职工教育经费应调增所得额＝15.6－14.4＝1.2（万元）。

职工工会经费的扣除限额＝180×2%＝3.6（万元），由于职工工会经费实际发生额3万元＜3.6万元，因此职工工会经费无须调整。

3. 社会保险费和住房公积金

（1）企业依照国务院有关主管部门或者省级人民政府规定的范围和标准为职工缴纳的基本养老保险费、基本医疗保险费、失业保险费、工伤保险费、生育保险费等基本社会保险费和住房公积金（简称"五险一金"），准予扣除。

（2）企业为本企业任职或受雇的全体员工支付的补充养老保险费、补充医疗保险费，分别在不超过职工工资总额5%标准内的部分，准予扣除。企业依照国家有关规定为特殊工种职工（如空中作业、爆破作业、井下作业等）支付的人身安全保险费和国务院财政、税务主管部门规定可以扣除的商业保险费准予扣除。

（3）企业参加财产保险，按照规定缴纳的保险费，准予扣除。企业为投资者或者职工支付的商业保险费，不得扣除。

（4）企业职工因公出差乘坐交通工具发生的人身意外保险费支出，准予企业在计算应纳税所得额时扣除。

4. 利息费用

企业在生产、经营活动中发生的利息费用，按照下列规定扣除：

（1）非金融企业向金融企业借款的利息支出、金融企业的各项存款利息支出和同业拆借利息支出、企业经批准发行债券的利息支出可据实扣除。

（2）非金融企业向非金融企业借款的利息支出，不超过按照金融企业同期同类贷款利率计算的数额的部分可据实扣除，超过部分不允许扣除。

【例题4.1】

甲企业202×年度"财务费用"账户中的利息，包括202×年4月1日以年利率8%向银行借入的生产周转用资金300万元的借款利息，也包括10.5万元的向非金融企业借入的与前述向银行借款同期的生产周转用100万元资金的借款利息。

要求：计算甲企业202×年度计算应纳税所得额时可以扣除的利息费用。

分析：

① 可在税前扣除的银行利息费用＝300×8%÷12×9＝18（万元）。

② 向非金融企业借款可扣除利息费用限额＝100×8%÷12×9＝6（万元），该企业支付的利息10.5万元超过同类同期银行贷款利息，只可按照限额扣除。

③ 该企业 202× 年度计算应纳税所得额时可扣除的利息费用 = 18 + 6 = 24（万元）。

5. 借款费用

（1）企业在生产经营活动中发生的合理的不需要资本化的借款费用，准予扣除。

（2）企业为购置、建造固定资产、无形资产和经过 12 个月以上的建造才能达到预定可销售状态的存货发生借款的，在有关资产购置、建造期间发生的合理的借款费用，应予以资本化，作为资本性支出计入有关资产的成本；有关资产交付使用后发生的借款利息，可在发生当期扣除。

6. 汇兑损失

企业在货币交易中以及纳税年度终了时将人民币以外的货币性资产、负债按照期末即期人民币汇率中间价折算为人民币时产生的汇兑损失，除已经计入有关资产成本以及向所有者进行利润分配相关的部分外，准予扣除。

7. 业务招待费

企业发生的与生产经营活动有关的业务招待费支出，按照发生额的 60% 扣除，但最高不得超过当年销售（营业）收入的 5‰。

销售（营业）收入，是指按会计准则核算确认主营业务收入和其他业务收入，以及根据税收规定应确认为当期收入的视同销售收入，但不含营业外收入、转让固定资产或无形资产所有权收入、投资收益（从事股权投资业务的企业除外）。对从事股权投资业务的企业，其从被投资企业所分配的股息、红利以及股权转让收入，可以按照规定的比例计算业务招待费扣除限额。

扣除项目金额
的确定—2

【项目引例分析】

滇南科技公司发生业务招待费 24 万元。

① 业务招待费的扣除限额计算：3 000 × 5‰ = 15（万元）。

② 业务招待费发生额的 60%：24 × 60% = 14.4（万元）。

③ 两数据比较大小后取较小者：其当年可在所得税前扣除的业务招待费金额为 14.4 万元。因此，业务招待费应调增所得额 24 - 14.4 = 9.6（万元）。

8. 广告费和业务宣传费

企业发生的符合条件的广告费和业务宣传费支出，除国务院财政、税务主管部门另有规定外，不超过当年销售（营业）收入 15% 的部分，准予扣除；超过部分，准予结转以后纳税年度扣除。但部分行业有其特殊规定：

（1）自 2020 年 1 月 1 日起至 2025 年 12 月 31 日，对化妆品制造与销售、医药制造和饮料制造（不含酒精类制造，下同）企业发生的广告费和业务宣传费支出，不超过当年销售（营业）收入30%的部分，准予扣除；超过部分，准予在以后纳税年度结转扣除。

（2）对签订广告费和业务宣传费分摊协议的关联企业，其中一方发生的不超过当年销售（营业）收入税前扣除限额比例内的广告费和业务宣传费支出可以在本企业扣除，也可以将其中的部分或全部按照分摊协议归集至另一方扣除。另一方在计算本企业广告费和业务宣传费支出企业所得税税前扣除限额时，可将按照上述办法归集至本企业的广告费和业务宣传费不计算在内。

（3）烟草企业的烟草广告费和业务宣传费支出，一律不得在计算应纳税所得额时扣除。

以上规定自2021年1月1日起至2025年12月31日止执行。

（4）企业在筹建期间，发生的广告费和业务宣传费，可按照实际发生额计入企业筹办费，并按有关规定在税前扣除。

【项目引例分析】

滇南科技公司发生广告费620万元。

广告费和业务宣传费的扣除限额＝3 000×15%＝450（万元），由于620万元＞450万元，因此，广告费和业务宣传费应调增所得额＝620－450＝170（万元）。

9. 公益性捐赠支出

公益性捐赠，是指企业通过公益性社会团体或者县级以上人民政府及其部门，用于《中华人民共和国公益事业捐赠法》规定的公益事业的捐赠。

企业发生的公益性捐赠支出，不超过年度利润总额12%的部分，准予扣除。超过年度利润总额12%的部分，准予结转以后三年内在计算应纳税所得额时扣除。在计算公益性捐赠支出时，应先扣除以前年度结转的捐赠支出，再扣除当年发生的捐赠支出。

纳税人"直接"向受赠人的捐赠属于非公益性捐赠，不得在企业所得税税前扣除。

【项目引例分析】

滇南科技公司通过公益性社会团体向希望小学捐款2.4万元；直接捐赠给某大学贫困学生的生活补贴支出3.6万元。

（1）通过公益性社会团体向希望小学捐款2.4万元的税前扣除金额如下：

① 会计利润总额＝3 000－1 000－900－700－62－（270－180）＋120－60＋45＋（50－10）＋（30－9）＝414（万元）；

② 捐赠支出扣除限额＝414×12%＝49.68（万元）；

③ 实际捐赠支出总额＝2.4（万元）；

④ 由于2.4万元＜49.68万元，因此，通过公益性社会团体向希望小学捐款无须进行纳税调整。

（2）直接捐赠给某大学贫困学生的生活补贴支出 3.6 万元，不得在企业所得税税前扣除，应调增应纳税所得额 3.6 万元。

10. 环境保护专项资金

企业依照法律、行政法规有关规定提取的用于环境保护、生态恢复等方面的专项资金，准予扣除。上述专项资金提取后改变用途的，不得扣除。

11. 固定资产租赁费

（1）以经营租赁方式租入固定资产发生的租赁费支出，按照租赁期限均匀扣除。

（2）以融资租赁方式租入固定资产发生的租赁费支出，按照规定构成融资租入固定资产价值的部分应当提取折旧费用，分期扣除。

12. 劳动保护支出

企业发生的合理的劳动保护支出，准予扣除。劳动保护支出是指确因工作需要为雇员配备或提供工作服、手套、安全保护用品、防暑降温用品等所发生的支出。

13. 总机构分摊的费用

非居民企业在中国境内设立的机构、场所，就其中国境外总机构发生的与该机构、场所生产经营有关的费用，能够提供总机构出具的费用汇集范围、定额、分配依据和方法等证明文件，并合理分摊的，准予扣除。

14. 资产损失

企业当期发生的固定资产和流动资产盘亏、毁损净损失，由其提供清查盘存资料，经向主管税务机关备案后，准予扣除；企业因存货盘亏、毁损、报废等原因不得从销项税金中抵扣的进项税金，应视同企业财产损失，准予与存货损失一起在所得税前按规定扣除。

15. 手续费及佣金支出

（1）企业发生与生产经营有关的手续费及佣金支出，不超过以下规定计算限额以内的部分，准予扣除；超过部分，不得扣除。

① 保险企业：财产保险企业按当年全部保费收入扣除退保金等后余额的 15% 计算限额；人身保险企业按当年全部保费收入扣除退保金等后余额的 10% 计算限额。

② 电信企业在发展客户、拓展业务等过程中（如委托销售电话入网卡、电话充值卡等）需向经纪人、代办商支付手续费及佣金的，其实际发生的相关手续费及佣金支出，不超过企业当年收入总额 5% 的部分，准予在企业所得税前据实扣除。

③ 其他企业：按与具有合法经营资格的中介服务企业或个人（不含交易双方及其雇员、代理人和代表人等）所签订服务协议或合同确认的收入金额的 5% 计算限额。

（2）企业与具有合法经营资格的中介服务企业或个人签订代办协议或合同，并按国家有关规定支付手续费及佣金，除委托个人代理外，企业以现金等非转账方式支付的手续费及佣金不得在税前扣除，企业为发行权益性证券支付给有关证券承销机构的手续费及佣金不得在税前扣除。

（3）企业不得将手续费及佣金支出计入回扣、业务提成、返利、进场费等费用。

（4）企业已计入固定资产、无形资产等相关资产的手续费及佣金支出，应当通过折旧、摊销等方式分期扣除，不得在发生当期直接扣除。

（5）企业支付的手续费及佣金不得直接冲减服务协议或合同金额，并如实入账。

（6）企业应当如实向当地主管税务机关提供当年手续费及佣金计算分配表和其他相关资料，并依法取得合法真实凭据。

（7）从事代理服务、主营业务收入为手续费、佣金的企业（如证券、期货、保险代理等企业），其为取得该类收入而实际发生的营业成本（包括手续费及佣金支出），准予在企业所得税前据实扣除。

16. 其他项目

依照有关法律、行政法规和国家有关税法规定准予扣除的其他项目，如会员费、合理的会议费、差旅费、违约金、诉讼费用等。

（五）不准予扣除的项目

在计算应纳税所得额时，下列支出不得扣除：

（1）向投资者支付的股息、红利等权益性投资收益款项。

（2）企业所得税税款。

（3）税收滞纳金，是指纳税人违反税收法规，被税务机关处以的滞纳金。

（4）罚金、罚款和被没收财物的损失，是指纳税人违反国家有关法律、法规规定，被有关部门处以的罚款，以及被司法机关处以的罚金和被没收财物的损失。

（5）超过规定标准的捐赠支出。

（6）赞助支出，是指企业发生的与生产经营活动无关的各种非广告性质支出。

（7）未经核定的准备金支出，是指不符合国务院财政、税务主管部门规定的各项资产减值准备、风险准备等准备金支出。目前可以在税前提取准备金的企业包括：保险公司、政策性银行、商业银行、财务公司、城乡信用社等金融企业以及符合条件的中小企业信用担保机构。

（8）企业之间支付的管理费、企业内营业机构之间支付的租金和特许权使用费，以及非银行企业内营业机构之间支付的利息，不得扣除。

（9）企业以其取得的不征税收入用于支出所形成的费用或资产（包括对资产计提的折旧、摊销）不得在税前扣除，但企业取得的各项免税收入所对应的各项成本费用，除另有规定外，可以在计算企业应纳税所得额时扣除。

（10）与取得收入无关的其他支出。

【项目引例分析】

滇南科技公司支付税收滞纳金 54 万元不准税前扣除。

（六）亏损弥补

亏损是指企业依照《中华人民共和国企业所得税法》（以下简称《企业所得税法》及其实施条例的规定，将每一纳税年度的收入总额减除不征税收入、免税收入和各项扣除后小于零的数额（而不是企业财务报表中反映的亏损额）。税法规定，企业某一纳税年度发生的亏损可以用下一年度的所得弥补，下一年度的所得不足以弥补的，可以逐年延续弥补，但最长不得超过 5 年。企业在汇总计算缴纳企业所得税时，其境外营业机构的亏损不得抵减境内营业机构的盈利。

自 2018 年 1 月 1 日起，当年具备高新技术企业或者科技型中小企业资格的企业，其具备资格年度之前 5 个年度发生的尚未弥补完的亏损，准予结转以后年度弥补，最长结转年限由 5 年延长至 10 年。

拓展阅读 应纳税所得额与会计利润的区别

【例题 4.2】

表 4-2 为经纳税调整的甲企业 7 年的应纳税所得额情况，要求分析并计算该企业各纳税年度经过亏损弥补后的应纳税所得额。

表 4-2 甲企业 7 年的应纳税所得额情况　　　　单位：万元

年度	2014	2015	2016	2017	2018	2019	2020
应纳税所得额（万元）	-100	10	-20	30	20	30	202

分析：2014 年的亏损，用 2015 年至 2019 年的所得弥补，在此弥补期间，2016 年也亏损，但也要占用 5 年抵亏期的一个抵扣年度，并遵循先亏先补的原则。到 2019 年，2014 年的亏损未弥补完但 5 年弥补期已满，还有 10 万元亏损不得在税前弥补。

2017 年至 2019 年之间的所得，已被用来弥补 2014 年的亏损，2016 年的亏损只能用 2020 年所得弥补，2020 年补亏后应纳税所得额为 202 - 20 = 182（万元）。

（七）资产的税务处理

资产的税务处理，一般是指企业所得税对各项资产如何在税前计提折旧、摊销和合理扣除。对企业资产如何进行税务处理，直接影响着企业应纳税所得额和应纳税额的确定。

企业的各项资产，包括固定资产、生物资产、无形资产、长期待摊费用、投资资产、存货等，除盘盈固定资产外，均以历史成本为计税基础。

1. 固定资产的税务处理

（1）固定资产计税基础。

① 外购的固定资产，以购买价款和支付的相关税费以及直接归属于使该资产达到预定用途发生的其他支出为计税基础。

② 自行建造的固定资产，以竣工结算前发生的支出为计税基础。

③ 融资租入的固定资产，以租赁合同约定的付款总额和承租人在签订租赁合同过程中发生的相关费用为计税基础，租赁合同未约定付款总额的，以该资产的公允价值和承租人在签订租赁合同过程中发生的相关费用为计税基础。

④ 盘盈的固定资产，以同类固定资产的重置完全价值为计税基础。

⑤ 通过捐赠、投资、非货币性资产交换、债务重组等方式取得的固定资产，以该资产的公允价值和支付的相关税费为计税基础。

⑥ 改建的固定资产，除已足额提取折旧的固定资产和租入的固定资产外的其他固定资产，以改建过程中发生的改建支出增加计税基础。

（2）固定资产折旧的范围。在计算应纳税所得额时，企业按照规定计算的固定资产折旧，准予扣除。下列固定资产不得计算折旧扣除：房屋、建筑物以外未投入使用的固定资产；以经营租赁方式租入的固定资产；以融资租赁方式租出的固定资产；已足额提取折旧仍继续使用的固定资产；与经营活动无关的固定资产；单独估价作为固定资产入账的土地；其他不得计算折旧扣除的固定资产。

（3）固定资产折旧的计提方法。

① 企业应当自固定资产投入使用月份的次月起计算折旧；停止使用的固定资产，应当自停止使用月份的次月起停止计算折旧。

② 企业应当根据固定资产的性质和使用情况，合理确定固定资产的预计净残值。固定资产的预计净残值一经确定，不得变更。

③ 固定资产按照直线法计算的折旧，准予扣除。

④ 企业对房屋、建筑物规定资产在未足额提取折旧前进行改扩建的，如属于推倒重置，该资产原值减除提取折旧后的净值，应并入重置后的固定资产计税成本，并在该固定资产投入使用后的次月起，按照税法规定的折旧年限，一并计提折旧；如属于提升功能、增加面积的，该固定资产的改扩建支出，并入该固定资产计税基础，并从改扩建完工投入使用后的次月起，重新按税法规定的该固定资产折旧年限计提折旧，如该改扩建后的固定资产尚可使用的年限低于税法规定的最低年限，可以按尚可使用的年限计提折旧。

（4）固定资产折旧的计提年限。除国务院财政、税务主管部门另有规定外，固定资产计算折旧的最低年限如下：房屋、建筑物，为20年；飞机、火车、轮船、机器、机械和其他生产设备，为10年；与生产经营活动有关的器具、工具、家具等，为5年；飞机、火车、轮船以外的运输工具，为 4 年；电子设备，为 3 年。

从事开采石油、天然气等矿产资源的企业，在开始商业性生产前发生的费用和有关固定资产的折耗、折旧方法，由国务院财政、税务主管部门另行规定。

2. 生物资产的税务处理

生物资产是指有生命的动物和植物。生物资产分为消耗性生物资产、生产性生物资产和公益性生物资产。消耗性生物资产，是指为出售而持有的，或在将来收获为农产品的生物资产。生产性生物资产，是指为产出农产品、提供劳务或出租等目的而持有的生物资产。公益性生物资产，是指以防护、环境保护为主要目的的生物资产。其中，只有生产性生物资产可以计提折旧。

（1）生物资产的计税基础。生产性生物资产按照以下方法确定计税基础：

① 外购的生产性生物资产，以购买价款和支付的相关税费为计税基础；

② 通过捐赠、投资、非货币性资产交换、债务重组等方式取得的生产性生物资产，以该资产的公允价值和支付的相关税费为计税基础。

（2）生物资产的折旧方法和折旧年限。生产性生物资产按照直线法计算的折旧，准予扣除。企业应当自生产性生物资产投入使用月份的次月起计算折旧；停止使用的生产性生物资产，应当自停止使用月份的次月起停止计算折旧。

企业应当根据生产性生物资产的性质和使用情况，合理确定生产性生物资产的预计净残值。生产性生物资产的预计净残值一经确定，不得变更。

木类生产性生物资产计算折旧的最低年限为 10 年；畜类生产性生物资产计算折旧的最低年限为 3 年。

3. 无形资产的税务处理

无形资产是指企业长期使用但没有实物形态的资产，包括专利权、商标权、著作权、土地使用权、非专利技术、商誉等。

（1）无形资产的计税基础。

① 外购的无形资产，以购买价款和支付的相关税费以及直接归属于使该资产达到预定用途发生的其他支出为计税基础；

② 自行开发的无形资产，以开发过程中该资产符合资本化条件后至达到预定用途前发生的支出为计税基础；

③ 通过捐赠、投资、非货币性资产交换、债务重组等方式取得的无形资产，以该资产的公允价值和支付的相关税费为计税基础。

（2）无形资产摊销的范围。在计算应纳税所得额时，企业按照规定计算的无形资产摊销费用，准予扣除。下列无形资产不得计算摊销费用扣除：

① 自行开发的支出已在计算应纳税所得额时扣除的无形资产；

② 自创商誉；

③ 与经营活动无关的无形资产；

④ 其他不得计算摊销费用扣除的无形资产。

（3）无形资产的摊销方法及年限。无形资产的摊销，采取直线法计算。无形资产的摊销年限不得低于10年。作为投资或者受让的无形资产，有关法律规定或者合同约定了使用年限的，可以按照规定或者约定的使用年限分期摊销。外购商誉的支出，在企业整体转让或者清算时，准予扣除。

根据财税文件规定，企事业单位购进软件，凡符合规定资产或无形资产确认条件的，可以按照规定资产或无形资产进行核算，其折旧或摊销年限可以适当缩短，最短可为2年（含）。

4. 长期待摊费用的税务处理

长期待摊费用是指企业发生的应在一个年度以上或几个年度进行摊销的费用。在计算应纳税所得额时，企业发生的下列支出作为长期待摊费用，按照规定摊销的，准予扣除：

（1）已足额提取折旧的固定资产的改建支出；

（2）租入固定资产的改建支出；

（3）固定资产的大修理支出；

（4）其他应当作为长期待摊费用的支出。

企业的固定资产修理支出可在发生当期直接扣除。企业的固定资产改良支出，如果有关固定资产尚未提足折旧，可增加固定资产价值；如有关固定资产已提足折旧，可作为长期待摊费用，在规定的期间内平均摊销。

固定资产的改建支出，是指改变房屋或者建筑物结构、延长使用年限等发生的支出。已足额提取折旧的固定资产的改建支出，按照固定资产预计尚可使用年限分期摊销；租入固定资产的改建支出，按照合同约定的剩余租赁期限分期摊销；改建的固定资产延长使用年限的，除已足额提取折旧的固定资产、租入固定资产的改建支出外，其他的固定资产发生改建支出，应当适当延长折旧年限。

大修理支出，按照固定资产尚可使用年限分期摊销。《企业所得税法》所指固定资产的大修理支出，是指同时符合下列条件的支出：

① 修理支出达到取得固定资产时的计税基础50%以上；

② 修理后固定资产的使用年限延长2年以上。

其他应当作为长期待摊费用的支出，自支出发生月份的次月起，分期摊销，摊销年限不得低于3年。

5. 存货的税务处理

（1）存货的计税基础。

① 通过支付现金方式取得的存货，以购买价款和支付的相关税费为成本；

② 通过支付现金以外的方式取得的存货，以该存货的公允价值和支付的相关税费为

成本；

③ 生产性生物资产收获的农产品，以产出或者采收过程中发生的材料费、人工费和分摊的间接费用等必要支出为成本。

（2）存货的成本计算方法。企业使用或者销售的存货的成本计算方法，可以在先进先出法、加权平均法、个别计价法中选用一种。计价方法一经选用，不得随意变更。

拓展阅读　资产转让的所得税处理

6. 投资资产的税务处理

投资资产是指企业对外进行权益性投资和债权性投资而形成的资产。

（1）投资资产的成本。

① 通过支付现金方式取得的投资资产，以购买价款为成本；

② 通过支付现金以外的方式取得的投资资产，以该资产的公允价值和支付的相关税费为成本。

（2）投资资产成本的扣除方法。企业对外投资期间，投资资产的成本在计算应纳税所得额时不得扣除，企业在转让或者处置投资资产时，投资资产的成本准予扣除。

（3）投资企业撤回或减少投资的税务处理。自 2011 年 7 月 1 日起，投资企业从被投资企业撤回或减少投资，其取得的资产中，相当于初始出资的部分，应确认为投资收回；相当于被投资企业累计未分配利润和累计盈余公积按减少实收资本比例计算的部分，应确认为股息所得；其余部分确认为投资资产转让所得。

拓展阅读　税法规定与会计规定差异的处理

被投资企业发生的经营亏损，由被投资企业按规定结转弥补；投资企业不得调整降低其投资成本，也不得将其确认为投资损失。

（八）税收优惠

税收优惠指国家运用税收政策在税收法律、行政法规中规定对某一部分特定企业和课税对象给予减轻或免除税收负担的一种措施。税法规定的企业所得税的税收优惠方式包括免税、减税、加计扣除、加速折旧、减计收入、税额抵免等。

1. 免征与减征优惠

企业的下列所得项目，可以免征、减征企业所得税；企业如果从事国家限制和禁止发展的项目，不得享受企业所得税优惠。

（1）从事农、林、牧、渔业项目的所得。

① 企业从事下列项目的所得，免征企业所得税：蔬菜、谷物、薯类、油料、豆类、棉花、麻类、糖类、水果、坚果的种植；农作物新品种的选育；中药材的种植；林木的培育和种植；牲畜、家禽的饲养；林产品的采集；灌溉、农产品初加工、兽医、农机作业和维修等农、林、牧、渔服务业项目；远洋捕捞。

② 企业从事下列项目的所得，减半征收企业所得税：花卉、茶以及其他饮料作物和

香料作物的种植；海水养殖、茶以及其他饮料作物和香料作物的种植。

（2）从事国家重点扶持的公共基础设施项目投资经营的所得。税法所称国家重点扶持的公共基础设施项目，是指港口码头、机场、铁路、公路、电力、水利等项目。

企业从事国家重点扶持的公共基础设施项目投资经营的所得，自项目取得第一笔生产经营收入所属纳税年度起，第 1 年至第 3 年免征企业所得税，第 4 年至第 6 年减半征收企业所得税（即三免三减半）。

企业承包经营、承包建设和内部自建自用上述规定的项目，不得享受上述企业所得税优惠。

（3）从事符合条件的环境保护、节能节水项目的所得。环境保护、节能节水项目的所得，自项目取得第一笔生产经营收入所属纳税年度起，第 1 年至第 3 年免征企业所得税，第 4 年至第 6 年减半征收企业所得税（即三免三减半）。

符合条件的环境保护、节能节水项目，包括公共污水处理、公共垃圾处理、沼气综合开发利用、节能减排技术改造、海水淡化等。享受减免税优惠的项目，在减免税期限内转让的，受让方自受让之日起，可以在剩余期限内享受规定的减免税优惠；减免税期限届满后转让的，受让方不得就该项目重复享受减免税优惠。

（4）符合条件的技术转让所得。税法所称符合条件的技术转让所得免征、减征企业所得税，是指一个纳税年度内，居民企业转让技术所有权所得不超过 500 万元的部分，免征企业所得税；超过 500 万元的部分，减半征收企业所得税。

2. 高新技术企业优惠

拓展阅读 国家需要重点扶持的高新技术企业

（1）国家需要重点扶持的高新技术企业减按 15% 的税率征收企业所得税。高新技术企业应在资格期满前 3 个月内提出复审申请，在通过复审之前，在其高新技术企业资格有效期内，其当年企业所得税暂按 15% 的税率预缴。

以境内、境外全部生产经营活动有关的研究开发费用总额、总收入、销售收入总额、高新技术产品（服务）收入等指标申请并经过认定的高新技术企业，其来源于境外的所得可以享受高新技术企业所得税优惠政策，即其来源于境外的所得可以按照 15% 的优惠税率缴纳企业所得税，在计算境外抵免限额时，可按照 15% 的优惠税率计算境内、外应纳税总额。

（2）经济特区和上海浦东新区新设立高新技术企业过渡性税收优惠。对经济特区和上海浦东新区内在 2008 年 1 月 1 日（含）之后完成登记注册的国家需要重点扶持的高新技术企业（以下简称新设高新技术企业）在经济特区和上海浦东新区内取得的所得，自取得第一笔生产经营收入所属纳税年度起，第 1 年至第 2 年免征企业所得税，第 3 年至第 5 年按照 25% 的法定税率减半征收企业所得税。

3. 技术先进型服务企业所得税优惠

自 2017 年 1 月 1 日起，对经认定的技术先进型服务企业，减按 15% 的税率征收企业所得税。

拓展阅读　技术先进型服务企业

4. 小型微利企业优惠

小型微利企业减按 20% 的税率征收企业所得税。

为进一步支持小微企业发展，自 2019 年 1 月 1 日起至 2021 年 12 月 31 日，对小型微利企业年应纳税所得额不超过 100 万元的部分，减按 25% 计入应纳税所得额，按 20% 的税率缴纳企业所得税；对年应纳税所得额超过 100 万元但不超过 300 万元的部分，减按 50% 计入应纳税所得额，按 20% 的税率缴纳企业所得税。

5. 加计扣除优惠

加计扣除优惠包括两项内容：研发费用、企业安置残疾人员所支付的工资。

（1）研究开发费。研究开发费是指企业为开发新技术、新产品、新工艺发生的研究开发费用，企业开展研发活动中实际发生的研发费用，未形成无形资产计入当期损益的，在按照规定据实扣除的基础上，按研究开发费用的 75% 加计扣除；形成无形资产的，按照无形资产成本的 175% 摊销。

自 2018 年 1 月 1 日起，委托境外进行研发活动所发生的费用，按照费用实际发生额的 80% 计入委托方的委托境外研发费用。委托境外研发费用不超过境内符合条件的研发费用三分之二的部分，可以按规定在企业所得税前加计扣除。上述费用实际发生额应按照独立交易原则确定。委托方与受托方存在关联关系的，受托方应向委托方提供研发项目费用支出明细情况。

企业如果同时符合研究开发费用加计扣除和小型微利企业两个优惠政策的条件，两种优惠可以同时使用。

【项目引例分析】

滇南科技公司用于 A 产品新技术的研究开发费用 60 万元，可以税前扣除金额为 $60 \times 175\% = 105$（万元），研究开发费用应调减应纳税所得额 $= 60 \times 75\% = 45$（万元）。

（2）企业安置残疾人员所支付的工资。企业安置残疾人员所支付工资费用的加计扣除，是指企业安置残疾人员的，在按照支付给残疾职工工资据实扣除的基础上，按照支付给残疾职工工资的 100% 加计扣除。

拓展阅读　安置残疾人员所支付的工资加计扣除的条件

6. 创业投资企业优惠

创业投资企业是指依照相关规定在中华人民共和国境内设立的专门从事创业投资活动的企业或其他经济组织。

创业投资企业采取股权投资方式投资于未上市的中小高新技术企业 2 年以上，凡符合以下条件的，可按其对中小高新技术企业投资额的 70%，在股权持有满 2 年的当年抵扣该创业投资企业的应纳税所得额；当年不足抵扣的，可以在以后纳税年度结转抵扣。

7. 加速折旧优惠

企业的固定资产由于技术进步等原因，确需加速折旧的，可以缩短折旧年限或者采取加速折旧的方法。可采用以上折旧方法的固定资产是指：

（1）由于技术进步，产品更新换代较快的固定资产。

（2）常年处于强震动、高腐蚀状态的固定资产。

采取缩短折旧年限法的，最低折旧年限不得低于规定折旧年限的 60%；采取加速折旧法的，可以采取双倍余额递减法或者年数总和法。

8. 减计收入优惠

企业综合利用资源，是指企业以《资源综合利用企业所得税优惠目录》规定的资源作为主要原材料，生产国家非限制和禁止并符合国家和行业相关标准的产品取得的收入，减按 90% 计入收入总额。

9. 税额抵免优惠

税额抵免，是指企业购置并使用《环境保护专用设备企业所得税优惠目录》《节能节水专用设备企业所得税优惠目录》和《安全生产专用设备企业所得税优惠目录》规定的环境保护、节能节水、安全生产等专用设备的，该专用设备投资额的 10% 可以从企业当年的应纳税额中抵免；当年不足抵免的，可以在以后 5 个纳税年度结转抵免。

享受上述规定的企业所得税优惠企业，应当实际购置并自身实际投入使用上述规定的专用设备；企业购置上述专用设备在 5 年内转让、出租的，应当停止享受企业所得税优惠。

10. 非居民企业优惠

非居民企业减按 10% 的税率征收企业所得税。这里的非居民企业是指在中国境内未设立机构、场所，或者虽设立机构、场所但取得的所得与其所设立机构、场所没有实际联系的企业。该类非居民企业取得下列所得免征企业所得税：

（1）外国政府向中国政府提供贷款取得的利息所得；

（2）国际金融组织向中国政府和居民企业提供优惠贷款取得的利息所得；

（3）经国务院批准的其他所得。

11. 节能服务公司的优惠

自 2011 年 1 月 1 日起，对符合条件的节能服务公司实施合同能源管理项目，符合企业所得税税法规定的，自项目取得第一笔生产经营收入所属纳税年度起，第 1 年至第 3 年免征企业所得税，第 4 年至第 6 年按照 25% 的法定税率减半征收企业所得税。

【项目引例分析】

根据引例中滇南科技公司的账证资料，用直接法和间接法分别计算其 2020 年度的应纳税所得额。

企业所得税应
纳税额的计算

1. 直接计算法

（1）确认收入总额 = 3 000 + 120 + 45 = 3 165（万元）。

（2）确认不征税收入为 0。

（3）确认免税收入为取得直接投资于其他居民企业连续 12 个月以上的权益性投资收益 45 万元。

（4）确认各项扣除金额：

① 销售成本 1 000 万元，可以全额扣除。

② 广告和业务宣传费 620 万元，可以扣除 3 000 × 15% = 450（万元），因此，销售费用 900 万元只能扣除 900 −（620 − 450）= 730（万元）。

③ 确认管理费用扣除金额：

a. 业务招待费的扣除限额 = 3 000 × 5‰ = 15（万元），业务招待费的发生额的 60% = 24 × 60% = 14.4（万元），当年可在所得税前扣除的业务招待费金额为 14.4 万元，比实际列支数 24 万元少 9.6 万元。

b. 用于 A 产品新技术的研究开发费用 60 万元，税前扣除金额 = 60 × 175% = 105（万元），比实际列支数多 45 万元。

因此，管理费用扣除额 = 700 − 9.6 + 45 = 735.4（万元）。

④ 财务费用 62 万元，可以全额扣除。

⑤ 确认税前扣除税金为 90 万元，180 万元的增值税是价外税不允许税前扣除。

⑥ 确认营业外支出金额：

a. 通过公益性社会团体向希望小学捐款的捐赠支出扣除限额（不超过会计利润的 12%），此前计算的会计利润总额为 414 万元，捐赠限额 = 414 × 12% = 49.68（万元），实际发生额 2.4 万元 < 捐赠扣除限额 49.68 万元，2.4 万元据实扣除。

b. 直接捐赠给某大学贫困学生的生活补贴支出 3.6 万元，属于非公益性捐赠，不得在企业所得税税前扣除。

c. 支付的税收滞纳金 54 万元不允许税前扣除。

因此，营业外支出 = 60 − 3.6 − 54 = 2.4（万元）。

⑦ 职工工会经费的扣除限额 = 180 × 2% = 3.6（万元），由于实际发生额 3 万元 < 扣除限额 3.6 万元，因此，职工工会经费可以据实扣除。

⑧ 职工福利费的扣除限额 = 180 × 14% = 25.2（万元），由于实际发生额 30 万元 > 扣除限额 25.2 万元，比实际列支数少 4.8 万元。

⑨ 职工教育经费的扣除限额 = 180 × 8% = 14.4（万元），由于实际发生额 15.6 万元 >

扣除限额 14.4 万元，比实际列支数少 1.2 万元。

上述各项扣除合计 $= 1\,000 + 730 + 735.4 + 62 + 90 + 2.4 + (25.2 - 30) + (14.4 - 15.6) =$ 2 613.8（万元）。

（5）确认亏损弥补金额为 0。

（6）应纳税所得额 $= 3\,165 - 0 - 45 - 2\,613.8 - 0 = 506.2$（万元）。

2. 间接计算法

（1）逐笔分析经济业务，并计算出会计利润总额。

会计利润总额 $= 3\,000 - 1\,000 - 900 - 700 - 62 - (270 - 180) + 120 - 60 + 45 + (50 - 10) +$ $(30 - 9) = 414$（万元）。

（2）计算本期纳税调整项目金额。

① 广告和业务宣传费的扣除限额 $= 3\,000 \times 15\% = 450$（万元），实际发生额 620 万元，广告和业务宣传费应调增应纳税所得额 $= 620 - 450 = 170$（万元）。

② 业务招待费的扣除限额 $= 3\,000 \times 5‰ = 15$（万元），业务招待费的发生额的 $60\% = 24 \times 60\% = 14.4$（万元），当年可在所得税前扣除的业务招待费金额为 14.4 万元，业务招待费应调增所得额 $= 24 - 14.4 = 9.6$（万元）。

③ 用于 A 产品新技术的研究开发费用 60 万元，税前扣除金额为 $60 \times 175\% = 105$（万元），研究开发费用应调减应纳税所得额 $= 60 \times 75\% = 45$（万元）。

④ 通过公益性社会团体向希望小学捐款的捐赠支出扣除限额 $= 414 \times 12\% = 49.68$（万元），实际发生额 2.4 万元 < 捐赠扣除限额 49.68 万元，因此，通过公益性社会团体向希望小学捐款无须进行纳税调整。

⑤ 直接捐赠给某大学贫困学生的生活补贴支出 3.6 万元，属于非公益性捐赠，不得在企业所得税税前扣除，应调增应纳税所得额 3.6 万元。

⑥ 支付的税收滞纳金不准税前扣除，应调增应纳税所得额 54 万元。

⑦ 取得直接投资于其他居民企业连续 12 个月以上的权益性投资收益 45 万元，属于免税收入，应调减应纳税所得额 45 万元。

⑧ 职工工会经费的扣除限额 $= 180 \times 2\% = 3.6$（万元），实际发生额 3 万元，因此，职工工会经费无须进行纳税调整。

⑨ 职工福利费的扣除限额 $= 180 \times 14\% = 25.2$（万元），实际发生额 30 万元，因此，职工福利费应调增所得额 $= 30 - 25.2 = 4.8$（万元）。

⑩ 职工教育经费的扣除限额 $= 180 \times 8\% = 14.4$（万元），实际发生额 15.6 万元，因此，职工教育经费应调增所得额 $= 15.6 - 14.4 = 1.2$（万元）。

⑪ 境外税后所得在计算境内所得应纳税额时，予以调减应税所得额 $= (50 - 10) +$ $(30 - 9) = 61$（万元）。

（3）计算本期应纳税所得额：

应纳税所得额 = 414 + 170 + 9.6 − 45 + 3.6 + 54 − 45 + 4.8 + 1.2 − 61 = 506.2（万元）。

三、境外所得抵扣税额的计算

企业取得的下列所得已在境外缴纳的所得税税额，可以从其当期应纳税额中抵免，抵免限额为该项所得依照《企业所得税法》规定计算的应纳税额；超过抵免限额的部分，可以在以后5个年度内，用每年度抵免限额抵免当年应抵税额后的余额进行抵补：

（1）居民企业来源于中国境外的应税所得。

（2）非居民企业在中国境内设立机构、场所，取得发生在中国境外但与该机构、场所有实际联系的应税所得。

抵免限额，是指企业来源于中国境外的所得，依照《企业所得税法》及其实施条例的规定计算的应纳税额。除国务院财政、税务主管部门另有规定外，该抵免限额应当分国（地区）不分项计算，计算公式如下：

抵免限额 = 中国境内、境外所得依照《企业所得税法》及其实施条例的规定计算的
应纳税额 × 来源于某国（地区）的应纳税所得额 ÷
中国境内、境外应纳税所得总额

该公式可以简化成：

抵免限额 = 来源于某国（地区）的应纳税所得额 × 我国法定税率

【项目引例分析】

滇南科技公司在A、B两国设分支机构并取得所得，公司汇总境内外应税所得实际应缴纳的企业所得税。

分析：2020年境内应纳税所得额为506.2万元，A、B两国分别取得50万元和30万元，分别缴纳了所得税10万元和9万元。

（1）核算按照我国税法计算的境内、境外所得的应纳税额：

应纳税额 =（506.2 + 50 + 30）× 25% = 146.55（万元）。

（2）核算A、B两国境外所得的抵免限额：

①A国的抵免限额 = 50 × 25% = 12.5（万元）。

在A国实际缴纳所得税10万元，低于抵免限额12.5万元，可以全额抵扣。

②B国的抵免限额 = 30 × 25% = 7.5（万元）。

在B国实际缴纳所得税9万元，高于抵免限额7.5万元，只能抵扣7.5万元，超过限额的1.5万元当年不得抵扣。

③境外所得抵免所得额 = 10 + 7.5 = 17.5（万元）。

（3）汇总境内外应税所得实际应缴纳的企业所得税 = 146.55 − 10 − 7.5 = 129.05（万元）。

四、居民企业核定征收应纳税额的计算

（一）核定征收的范围

居民企业纳税人具有下列情形之一的，核定征收企业所得税：

（1）依照法律、行政法规的规定可以不设置账簿的。

（2）依照法律、行政法规的规定应当设置但未设置账簿的。

（3）擅自销毁账簿或者拒不提供纳税资料的。

（4）虽设置账簿，但账目混乱或者成本资料、收入凭证、费用凭证残缺不全，难以查账的。

（5）发生纳税义务，未按照规定的期限办理纳税申报，经税务机关责令限期申报，逾期仍不申报的。

（6）申报的计税依据明显偏低，又无正当理由的。

特殊行业、特殊类型的纳税人和一定规模以上的纳税人不适用上述办法。上述特定纳税人由国家税务总局另行明确。

（二）核定征收办法的有关规定

税务机关应根据纳税人的具体情况，对核定征收企业所得税的纳税人，核定应税所得率或者核定应纳税额。

（1）具有下列情形之一的，核定其应税所得率：

① 能正确核算（查实）收入总额，但不能正确核算（查实）成本费用总额的。

② 能正确核算（查实）成本费用总额，但不能正确核算（查实）收入总额的。

③ 通过合理方法，能计算和推定纳税人收入总额或成本费用总额的。

（2）纳税人不属于以上情形的，核定其应纳税额。

（3）税务机关采用下列方法核定征收企业所得税：

① 参照当地同类行业或者类似行业中经营规模和收入水平相近的纳税人的税负水平核定。

② 按照应税收入额或成本费用支出额定率核定。

③ 按照耗用的原材料、燃料、动力等推算或测算核定。

④ 按照其他合理方法核定。

采用前款所列一种方法不足以正确核定应纳税所得额或应纳税额的，可以同时采用两种以上的方法核定。采用两种以上方法测算的应纳税额不一致时，可按测算的应纳税额从高核定。各行业应税所得率幅度见表4-3。

表4-3　应税所得率幅度表

行业	应税所得率（%）
农、林、牧、渔业	3~10
制造业	5~15
批发和零售贸易业	4~15
交通运输业	7~15
建筑业	8~20
饮食业	8~25
娱乐业	15~30
其他行业	10~30

纳税人的生产经营范围、主营业务发生重大变化，或者应纳税所得额或应纳税额增减变化达到20%的，应及时向税务机关申报调整已确定的应纳税额或应税所得率。

（4）采用应税所得率方式核定征收企业所得税的，应纳税额计算公式如下：

$$应纳税额 = 应纳税所得额 \times 适用税率$$

$$应纳税所得额 = 应税收入额 \times 应税所得率$$

或：　　$$应纳税所得额 = 成本（费用）支出额 \div （1 - 应税所得率）\times 应税所得率$$

$$应税收入额 = 收入总额 - 不征税收入 - 免税收入$$

五、非居民企业应纳税额的计算

对于在中国境内未设立机构、场所，或者虽设立机构、场所但取得与其所设机构、场所没有实际联系的非居民企业的所得，按照下列方法计算应纳税所得额：

（1）股息、红利等权益性投资收益和利息、租金、特许权使用费所得，以收入全额为应纳税所得额；

（2）转让财产所得，以收入全额减除财产净值后的余额为应纳税所得额；

（3）其他所得，参照前两项规定的方法计算应纳税所得额。

对于在中国境内未设立机构、场所，或者虽设立机构、场所但取得与其所设机构、场所没有实际联系的非居民企业应纳税额的计算公式为：

$$应纳税额 = 年应纳税所得额 \times 税率（减按10\%）$$

模块三　企业所得税的申报缴纳

一、企业所得税的征收管理要求

（一）纳税地点

除税收法律、行政法规另有规定外，居民企业以企业登记注册地为纳税地点；但登记注册地在境外的，以实际管理机构所在地为纳税地点。企业登记注册地，是指企业依照国家有关规定登记注册的住所地。除国务院另有规定外，企业之间不得合并缴纳企业所得税。

拓展阅读　企业所得税与增值税汇总纳税方式

（1）居民企业在中国境内设立不具有法人资格的营业机构的，应当汇总计算并缴纳企业所得税。企业汇总计算并缴纳企业所得税时，应当统一核算应纳税所得额。

（2）非居民企业在中国境内设立机构、场所的，应当就其所设机构、场所取得的来源于中国境内的所得，以及发生在中国境外但与其所设机构、场所有实际联系的所得，以机构、场所所在地为纳税地点。非居民企业在中国境内设立两个或者两个以上机构、场所的，经税务机关审核批准，可以选择由其主要机构、场所汇总缴纳企业所得税。非居民企业在中国境内未设立机构、场所，或者设立机构、场所但取得的所得与其所设机构、场所没有实际联系的，以扣缴义务人所在地为纳税地点。

（二）纳税期限

企业所得税按年计征，分月或者分季预缴，年终汇算清缴，多退少补。企业所得税以全年的应纳税所得额作为计税依据，按纳税年度计算，分月或分季预缴，年终汇算清缴，结清应缴应退税款，并与企业的会计核算年度保持一致，有利于企业所得税的征收管理。

企业所得的纳税年度，自公历1月1日起至12月31日止。企业在一个纳税年度的中间开业，或者由于合并、关闭等原因终止经营活动，使该纳税年度的实际经营期不足12个月的，应当以其实际经营期为一个纳税年度。企业清算时，应当以清算期间作为一个纳税年度。

按月或按季预缴的，应当自月份或者季度终了之日起15日内，向税务机关报送预缴企业所得税纳税申报表，预缴税款。

企业应自年度终了之日起5个月内，向税务机关报送年度企业所得税纳税申报表，并汇算清缴，结清应缴应退税款。

企业在年度中间终止经营活动的，应当自实际经营终止之日起60日内，向税务机关办理当期企业所得税汇算清缴。

（三）企业所得税纳税申报的其他要求

企业在报送企业所得税纳税申报表时，应当按照规定附送财务会计报告和其他有关资料。

企业应当在办理注销登记前，就其清算所得向税务机关申报并依法缴纳企业所得税。

依照《企业所得税法》缴纳的企业所得税以人民币计算，所得以人民币以外的货币计算的，应当折合成人民币计算并缴纳税款。

企业在纳税年度内无论盈利或者亏损，都应当依照《企业所得税法》相关规定的期限，向税务机关报送预缴企业所得税纳税申报表、年度企业所得税申报表、财务会计报告和税务机关规定应当报送的其他有关资料。

二、企业所得税的纳税申报

（一）企业所得税的预缴纳税申报

纳税人应按照月度或季度的实际利润额预缴企业所得税；按照月度或季度实际利润预缴有困难的，可以按照上一纳税年度应纳税所得额的月度或季度平均额预缴，或者按照经税务机关认可的其他方法预缴。预缴方法一经确定，该纳税年度内不得随意变更。

实行查账征收企业所得税的居民纳税人和在中国境内设立机构的非居民纳税人在月（季）度预缴企业所得税时应填制"中华人民共和国企业所得税月（季）度预缴纳税申报表（A类）"；

实行核定征收管理办法的纳税人预缴企业所得税时应填制"中华人民共和国企业所得税月（季）度预缴纳税申报表（B类）"。

企业在报送企业所得税纳税申报表时，应当按照规定附送财务会计报告和其他有关资料。

（二）企业所得税的年度汇算清缴纳税申报实务

实行查账征收企业所得税的居民纳税人在年度企业所得税汇算清缴时，应填写"企业所得税年度纳税申报表附表"即"企业所得税年度纳税申报表（A类，2017年版）"（2020年修订）。

【项目引例分析】

滇南科技公司2020年度无以前年度亏损，第四季度营业收入为1050万元，营业成本540万元，利润总额为137.4万元，2020年第四季度预缴企业所得税34.35万元，2021年1月10日预缴2020年第四季度企业所得税，并进行纳税申报。

分析：公司应填写"中华人民共和国企业所得税月（季）度预缴纳税申报表（A类，2018年版）"（2020年修订），如表4-4所示。

表 4-4　A200000　中华人民共和国企业所得税月（季）度预缴纳税申报表（A 类，2018 年版）①

税款所属期间：2020 年 10 月 01 日至 2020 年 12 月 31 日

纳税人识别号（统一社会信用代码）：915101156721658688

纳税人名称：滇南科技股份有限公司　　　　　　　　　　　金额单位：人民币元（列至角分）

预缴方式	☑按照实际利润额预缴　□按照上一纳税年度应纳税所得额平均额预缴 □按照税务机关确定的其他方法预缴									
企业类型	☑一般企业　□跨地区经营汇总纳税企业总机构　□跨地区经营汇总纳税企业分支机构									

按季度填报信息

项目	一季度		二季度		三季度		四季度		季度平均值
	季初	季末	季初	季末	季初	季末	季初	季末	
从业人数								535	
资产总额（万元）								6 000	
国家限制或禁止行业	□是　☑否				小型微利企业			□是　☑否	

预　缴　税　款　计　算

行次	项目	本年累计金额
1	营业收入	30 000 000.00
2	营业成本	10 000 000.00
3	利润总额	4 140 000.00
4	加：特定业务计算的应纳税所得额	0.00
5	减：不征税收入	0.00
6	减：免税收入、减计收入、所得减免等优惠金额（填写 A201010）	450 000.00
7	减：资产加速折旧、摊销（扣除）调减额（填写 A201020）	0.00
8	减：弥补以前年度亏损	0.00
9	实际利润额（3＋4－5－6－7－8）\按照上一纳税年度应纳税所得额平均额确定的应纳税所得额	3 690 000.00
10	税率（25%）	25%
11	应纳所得税额（9×10）	922 500.00
12	减：减免所得税额（填写 A201030）	0.00
13	减：实际已缴纳所得税额	579 000.00
14	减：特定业务预缴（征）所得税额	0.00
L15	减：符合条件的小型微利企业延缓缴纳所得税额（是否延缓缴纳所得税　□是　☑否）	

续表

行次	项目	本年累计金额
15	本期应补（退）所得税额（11−12−13−14−L15）\税务机关确定的本期应纳所得税额	343 500.00

<table>
<tr><td colspan="3" align="center">汇 总 纳 税 企 业 总 分 机 构 税 款 计 算</td></tr>
<tr><td>16</td><td rowspan="4">总机构填报</td><td>总机构本期分摊应补（退）所得税额（17＋18＋19）</td><td></td></tr>
</table>

行次		项目	本年累计金额
16	总机构填报	总机构本期分摊应补（退）所得税额（17＋18＋19）	
17		其中：总机构分摊应补（退）所得税额（15 × 总机构分摊比例__%）	
18		财政集中分配应补（退）所得税额（15 × 财政集中分配比例__%）	
19		总机构具有主体生产经营职能的部门分摊所得税额（15 × 全部分支机构分摊比例__% × 总机构具有主体生产经营职能部门分摊比例__%）	
20	分支机构填报	分支机构本期分摊比例	
21		分支机构本期分摊应补（退）所得税额	

附 报 信 息			
高新技术企业	□是 ☑否	科技型中小企业	□是 ☑否
技术入股递延纳税事项	□是 ☑否		

谨声明：本纳税申报表是根据国家税收法律法规及相关规定填报的，是真实的、可靠的、完整的。

　　　　　　　　　　　　　　纳税人（签章）：×××　　　2021 年 01 月 10 日

经办人： 经办人身份证号： 代理机构签章： 代理机构统一社会信用代码：	受理人： 受理税务机关（章）： 受理日期：　　年　月　日

国家税务总局监制

　① A200000 为表单编号，后续企业所得税各纳税申报表均有表单编号。

【项目引例分析】

　　滇南科技公司 2021 年 4 月 20 日进行企业所得税年度纳税申报（企业所得税汇算清缴），填写 2020 年度纳税申报表及附表。（该公司为员工缴纳各类基本社会保障性缴款 75 万元，未缴纳补充养老和医疗保险，为员工缴纳住房公积金 45 万元，未超过当地政府规定标准。）

　　滇南科技公司实行查账征收企业所得税，在年度企业所得税汇算清缴时，应填写"企业所得税年度纳税申报表附表（2020 年修订）"（见表 4-5 至表 4-12，部分略）及"企业所得税年度纳税申报表（A 类，2017 版）"（2020 年修订）（见表 4-13）。

表 4-5　A101010　一般企业收入明细表　　单位：元（列至角分）

行次	项目	金额
1	一、营业收入（2+9）	30 000 000.00
2	（一）主营业务收入（3+5+6+7+8）	30 000 000.00
3	1. 销售商品收入	30 000 000.00
4	其中：非货币性资产交换收入	0.00
5	2. 提供劳务收入	0.00
6	3. 建造合同收入	0.00
7	4. 让渡资产使用权收入	0.00
8	5. 其他	0.00
9	（二）其他业务收入（10+12+13+14+15）	0.00
10	1. 销售材料收入	0.00
11	其中：非货币性资产交换收入	0.00
12	2. 出租固定资产收入	0.00
13	3. 出租无形资产收入	0.00
14	4. 出租包装物和商品收入	0.00
15	5. 其他	0.00
16	二、营业外收入（17+18+19+20+21+22+23+24+25+26）	1 200 000.00
17	（一）非流动资产处置利得	1 200 000.00
18	（二）非货币性资产交换利得	0.00
19	（三）债务重组利得	0.00
20	（四）政府补助利得	0.00
21	（五）盘盈利得	0.00
22	（六）捐赠利得	0.00
23	（七）罚没利得	0.00
24	（八）确实无法偿付的应付款项	0.00
25	（九）汇兑收益	0.00
26	（十）其他	0.00

表 4-6　A102010　一般企业成本支出明细表　　单位：元（列至角分）

行次	项目	金额
1	一、营业成本（2+9）	10 000 000.00
2	（一）主营业务成本（3+5+6+7+8）	10 000 000.00
3	1. 销售商品成本	10 000 000.00
4	其中：非货币性资产交换成本	0.00
5	2. 提供劳务成本	0.00
6	3. 建造合同成本	0.00
7	4. 让渡资产使用权成本	0.00
8	5. 其他	0.00
9	（二）其他业务成本（10+12+13+14+15）	0.00
10	1. 销售材料成本	0.00
11	其中：非货币性资产交换成本	0.00
12	2. 出租固定资产成本	0.00
13	3. 出租无形资产成本	0.00
14	4. 包装物出租成本	0.00
15	5. 其他	0.00
16	二、营业外支出（17+18+19+20+21+22+23+24+25+26）	600 000.00
17	（一）非流动资产处置损失	0.00
18	（二）非货币性资产交换损失	0.00
19	（三）债务重组损失	0.00
20	（四）非常损失	0.00
21	（五）捐赠支出	60 000.00
22	（六）赞助支出	0.00
23	（七）罚没支出	540 000.00
24	（八）坏账损失	0.00
25	（九）无法收回的债券股权投资损失	0.00
26	（十）其他	0.00

表4-7　A104000　期间费用明细表　　单位：元（列至角分）

行次	项目	销售费用	其中：境外支付	管理费用	其中：境外支付	财务费用	其中：境外支付
		1	2	3	4	5	6
1	一、职工薪酬		*		*	*	*
2	二、劳务费					*	*
3	三、咨询顾问费					*	*
4	四、业务招待费		*		*	*	*
5	五、广告费和业务宣传费		*		*	*	*
6	六、佣金和手续费						
7	七、资产折旧摊销费		*		*	*	*
8	八、财产损耗、盘亏及毁损损失		*		*	*	*
9	九、办公费		*		*	*	*
10	十、董事会费		*		*	*	*
11	十一、租赁费					*	*
12	十二、诉讼费		*		*	*	*
13	十三、差旅费		*		*	*	*
14	十四、保险费		*		*	*	*
15	十五、运输、仓储费					*	*
16	十六、修理费					*	*
17	十七、包装费		*		*	*	*
18	十八、技术转让费					*	*
19	十九、研究费用					*	*
20	二十、各项税费		*		*	*	*
21	二十一、利息收支	*	*	*	*		
22	二十二、汇兑差额	*	*	*	*		
23	二十三、现金折扣	*	*	*	*		*
24	二十四、党组织工作经费	*	*		*		*
25	二十五、其他						
26	合计（1+2+3+…25）	9 000 000.00	0.00	7 000 000.00	0.00	620 000.00	0.00

注：期间费用明细项目略。

表 4-8　A105000　纳税调整项目明细表　单位：元（列至角分）

行次	项目	账载金额	税收金额	调增金额	调减金额
		1	2	3	4
1	一、收入类调整项目（2+3+…8+10+11）	*	*		
2	（一）视同销售收入（填写 A105010）	*			*
3	（二）未按权责发生制原则确认的收入（填写 A105020）				
4	（三）投资收益（填写 A105030）				
5	（四）按权益法核算长期股权投资对初始投资成本调整确认收益	*	*	*	
6	（五）交易性金融资产初始投资调整	*	*		*
7	（六）公允价值变动净损益		*		
8	（七）不征税收入	*	*		
9	其中：专项用途财政性资金（填写 A105040）	*	*		
10	（八）销售折扣、折让和退回				
11	（九）其他				
12	二、扣除类调整项目（13+14+…24+26+27+28+29+30）	*	*		
13	（一）视同销售成本（填写 A105010）	*		*	
14	（二）职工薪酬（填写 A105050）	3 486 000.00	3 432 000.00	54 000.00	0.00
15	（三）业务招待费支出	240 000.00	144 000.00	96 000.00	*
16	（四）广告费和业务宣传费支出（填写 A105060）	*	*	1 700 000.00	0.00
17	（五）捐赠支出（填写 A105070）	60 000.00	24 000.00	36 000.00	0.00
18	（六）利息支出	620 000.00	620 000.00	0.00	0.00
19	（七）罚金、罚款和被没收财物的损失		*		*
20	（八）税收滞纳金、加收利息	540 000.00	*	540 000.00	*
21	（九）赞助支出		*		*
22	（十）与未实现融资收益相关在当期确认的财务费用				
23	（十一）佣金和手续费支出（保险企业填写 A105060）				*

行次	项目	账载金额	税收金额	调增金额	调减金额
		1	2	3	4
24	（十二）不征税收入用于支出所形成的费用	*	*		*
25	其中：专项用途财政性资金用于支出所形成的费用（填写A105040）	*	*		*
26	（十三）跨期扣除项目				
27	（十四）与取得收入无关的支出		*		*
28	（十五）境外所得分摊的共同支出	*	*		*
29	（十六）党组织工作经费				
30	（十七）其他				
31	三、资产类调整项目（32＋33＋34＋35）	*	*		
32	（一）资产折旧、摊销（填写A105080）				
33	（二）资产减值准备金		*		
34	（三）资产损失（填写A105090）				
35	（四）其他				
36	四、特殊事项调整项目（37＋38＋…＋43）	*	*		
37	（一）企业重组及递延纳税事项（填写A105100）				
38	（二）政策性搬迁（填写A105110）	*	*		
39	（三）特殊行业准备金（39.1＋39.2＋39.4＋39.5＋39.6＋39.7）				
39.1	1. 保险公司保险保障基金				
39.2	2. 保险公司准备金				
39.3	其中：已发生未报案未决赔款准备金				
39.4	3. 证券行业准备金				
39.5	4. 期货行业准备金				
39.6	5. 中小企业融资（信用）担保机构准备金				
39.7	6. 金融企业、小额贷款公司准备金（填写A105120）	*	*		
40	（四）房地产开发企业特定业务计算的纳税调整额（填写A105010）	*			
41	（五）合伙企业法人合伙人应分得的应纳税所得额				

续表

行次	项目	账载金额	税收金额	调增金额	调减金额
		1	2	3	4
42	（六）发行永续债利息支出				
43	（七）其他	*	*		
44	五、特别纳税调整应税所得	*	*		
45	六、其他	*	*		
46	合计（1＋12＋31＋36＋44＋45）	*	*	2 426 000.00	0.00

表4-9 A105050 职工薪酬支出及纳税调整明细表　　　单位：元

行次	项目	账载金额	实际发生额	税收规定扣除率	以前年度累计结转扣除额	税收金额	纳税调整金额	累计结转以后年度扣除额
		1	2	3	4	5	6（1-5）	7（2+4-5）
1	一、工资薪金支出	1 800 000	1 800 000	*	*	1 800 000	0	*
2	其中：股权激励	0	0	*	*	0	0	*
3	二、职工福利费支出	300 000	300 000	0.14	*	252 000	48 000	*
4	三、职工教育经费支出	156 000	156 000	*	0	144 000	12 000	12 000
5	其中：按税收规定比例扣除的职工教育经费	156 000	156 000	0.08	0	144 000	12 000	12 000
6	按税收规定全额扣除的职工培训费用	0	0	1	*	0	0	*
7	四、工会经费支出	30 000	30 000	0.02	*	36 000	-6 000	*
8	五、各类基本社会保障性缴款	750 000	750 000	*	*	750 000	0	*
9	六、住房公积金	450 000	450 000	*	*	450 000	0	*
10	七、补充养老保险	0	0	0	*	0	0	*
11	八、补充医疗保险	0	0	0	*	0	0	*
12	九、其他	0	0	*	*	0	0	*
13	合计（1+3+4+7+8+9+10+11+12）	3 486 000	3 486 000	*	0	3 432 000	54 000	12 000

表 4-10　A105060　广告费和业务宣传费等跨年度纳税调整明细表

单位：元（列至角分）

行次	项目	广告费和业务宣传费	保险企业手续费及佣金支出
		1	2
1	一、本年支出	6 200 000.00	
2	减：不允许扣除的支出	0.00	
3	二、本年符合条件的支出（1-2）	6 200 000.00	
4	三、本年计算扣除限额的基数	30 000 000.00	
5	乘：税收规定扣除率	0.15	
6	四、本企业计算的扣除限额（4×5）	4 500 000.00	
7	五、本年结转以后年度扣除额（3＞6，本行＝3-6；3≤6，本行＝0）	1 700 000.00	
8	加：以前年度累计结转扣除额	0.00	
9	减：本年扣除的以前年度结转额（3＞6，本行＝0；3≤6，本行＝8与（6-3）孰小值）	0.00	
10	六、按照分摊协议归集至其他关联方的金额（10≤3与6孰小值）	0.00	*
11	按照分摊协议从其他关联方归集至本企业的金额	0.00	*
12	七、本年支出纳税调整金额（3＞6，本行＝2+3-6+10-11；3≤6，本行＝2+10-11-9）	1 700 000.00	
13	八、累计结转以后年度扣除额（7+8-9）	1 700 000.00	

表 4-11　A105070　捐赠支出及纳税调整明细表　　　　单位：元

行次	项目	账载金额	以前年度结转可扣除的捐赠额	按税收规定计算的扣除限额	税收金额	纳税调增金额	纳税调减金额	可结转以后年度扣除的捐赠额
		1	2	3	4	5	6	7
1	一、非公益性捐赠	36 000	*	*	*	36 000	*	*
2	二、限额扣除的公益性捐赠（3+4+5+6）	24 000	0	496 800	24 000	0	0	0
3	前三年度（2017 年）	*	0	*	*	*	0	*
4	前二年度（2018 年）	*	0	*	*	*	0	0

续表

行次	项目	账载金额	以前年度结转可扣除的捐赠额	按税收规定计算的扣除限额	税收金额	纳税调增金额	纳税调减金额	可结转以后年度扣除的捐赠额
		1	2	3	4	5	6	7
5	前一年度（2019年）	*	0	*	*	*	0	0
6	本　年（2020年）	24 000	*	496 800	24 000	0	*	0
7	三、全额扣除的公益性捐赠	0	*	*	0	*	*	*
8	1.							
9	2.							
10	3.							
11	合计（1+2+7）	60 000	0	496 800	24 000	36 000	0	0
附列资料	2015年度至本年发生的公益性扶贫捐赠合计金额	0	*	*	0	*	*	*

注：第8行至第10行"项目"，纳税人在以下事项中选择填报：

① 扶贫捐赠；

② 北京2022年冬奥会、冬残奥会、测试赛捐赠；

③ 杭州2022年亚运会捐赠；

④ 支持新型冠状病毒感染的肺炎疫情防控捐赠（通过公益性社会组织或国家机关捐赠）；

⑤ 支持新型冠状病毒感染的肺炎疫情防控捐赠（直接向承担疫情防治任务的医院捐赠）。一个项目填报一行，纳税人有多个项目的，可自行增加行次填报。

表4-12　A107010　免税、减计收入及加计扣除优惠明细表

单位：元（列至角分）

行次	项目	金额
1	一、免税收入（2+3+6+7+8+9+10+11+12+13+14+15+16）	450 000.00
2	（一）国债利息收入免征企业所得税	0.00
3	（二）符合条件的居民企业之间的股息、红利等权益性投资收益免征企业所得税（填写A107011）	450 000.00
4	1. 一般股息红利等权益性投资收益免征企业所得税（填写A107011）	450 000.00
5	2. 内地居民企业通过沪港通投资且连续持有H股满12个月取得的股息红利所得免征企业所得税（填写A107011）	0.00
6	3. 内地居民企业通过深港通投资且连续持有H股满12个月取得的股息红利所得免征企业所得税（填写A107011）	0.00

行次	项目	金额
7	4. 居民企业持有创新企业 CDR 取得的股息红利所得免征企业所得税（填写 A107011）	0.00
8	5. 符合条件的永续债利息收入免征企业所得税（填写 A107011）	0.00
9	（三）符合条件的非营利组织的收入免征企业所得税	0.00
10	（四）中国清洁发展机制基金取得的收入免征企业所得税	0.00
11	（五）投资者从证券投资基金分配中取得的收入免征企业所得税	0.00
12	（六）取得的地方政府债券利息收入免征企业所得税	0.00
13	（七）中国保险保障基金有限责任公司取得的保险保障基金等收入免征企业所得税	0.00
14	（八）中国奥委会取得北京冬奥组委支付的收入免征企业所得税	0.00
15	（九）中国残奥委会取得北京冬奥组委分期支付的收入免征企业所得税	0.00
16	（十）其他	0.00
17	二、减计收入（18＋19＋23＋24）	0.00
18	（一）综合利用资源生产产品取得的收入在计算应纳税所得额时减计收入	0.00
19	（二）金融、保险等机构取得的涉农利息、保费减计收入（20＋21＋22）	0.00
20	1. 金融机构取得的涉农贷款利息收入在计算应纳税所得额时减计收入	0.00
21	2. 保险机构取得的涉农保费收入在计算应纳税所得额时减计收入	0.00
22	3. 小额贷款公司取得的农户小额贷款利息收入在计算应纳税所得额时减计收入	0.00
23	（三）取得铁路债券利息收入减半征收企业所得税	0.00
24	（四）其他	0.00
24.1	1. 取得的社区家庭服务收入在计算应纳税所得额时减计收入	0.00
24.2	2. 其他	0.00
25	三、加计扣除（26＋27＋28＋29＋30）	450 000.00
26	（一）开发新技术、新产品、新工艺发生的研究开发费用加计扣除（填写 A107012）	450 000.00
27	（二）科技型中小企业开发新技术、新产品、新工艺发生的研究开发费用加计扣除（填写 A107012）	0.00
28	（三）企业为获得创新性、创意性、突破性的产品进行创意设计活动而发生的相关费用加计扣除	0.00
29	（四）安置残疾人员所支付的工资加计扣除	0.00

行次	项目	金额
30	（五）其他	0.00
31	合计（1＋17＋25）	900 000.00

表4-13　A100000　中华人民共和国企业所得税年度纳税申报表（A类）

单位：元（列至角分）

行次	类别	项目	金额
1	利润总额计算	一、营业收入（填写 A101010\101020\103000）	30 000 000.00
2		减：营业成本（填写 A102010\102020\103000）	10 000 000.00
3		减：税金及附加	900 000.00
4		减：销售费用（填写 A104000）	9 000 000.00
5		减：管理费用（填写 A104000）	7 000 000.00
6		减：财务费用（填写 A104000）	62 0000.00
7		减：资产减值损失	0.00
8		加：公允价值变动收益	0.00
9		加：投资收益	1 060 000.00
10		二、营业利润（1-2-3-4-5-6-7+8+9）	3 540 000.00
11		加：营业外收入（填写 A101010\101020\103000）	1 200 000.00
12		减：营业外支出（填写 A102010\102020\103000）	600 000.00
13		三、利润总额（10+11-12）	4 140 000.00
14	应纳税所得额计算	减：境外所得（填写 A108010）	610 000.00
15		加：纳税调整增加额（填写 A105000）	2 426 000.00
16		减：纳税调整减少额（填写 A105000）	0.00
17		减：免税、减计收入及加计扣除（填写 A107010）	900 000.00
18		加：境外应税所得抵减境内亏损（填写 A108000）	0.00
19		四、纳税调整后所得（13-14+15-16-17+18）	5 056 000.00
20		减：所得减免（填写 A107020）	0.00
21		减：弥补以前年度亏损（填写 A106000）	0.00
22		减：抵扣应纳税所得额（填写 A107030）	0.00
23		五、应纳税所得额（19-20-21-22）	5 056 000.00

行次	类别	项目	金额
24		税率（25%）	25%
25		六、应纳所得税额（23×24）	1 264 000.00
26		减：减免所得税额（填写 A107040）	0.00
27		减：抵免所得税额（填写 A107050）	0.00
28		七、应纳税额（25−26−27）	1 264 000.00
29	应纳税额计算	加：境外所得应纳所得税额（填写 A108000）	200 000.00
30		减：境外所得抵免所得税额（填写 A108000）	175 000.00
31		八、实际应纳所得税额（28+29−30）	1 289 000.00
32		减：本年累计实际已缴纳的所得税额	922 500.00
33		九、本年应补（退）所得税额（31−32）	366 500.00
34		其中：总机构分摊本年应补（退）所得税额（填写 A109000）	0.00
35		财政集中分配本年应补（退）所得税额（填写 A109000）	0.00
36		总机构主体生产经营部门分摊本年应补（退）所得税额（填写 A109000）	0.00

✍ 项目小结

　　企业所得税是对我国企业和其他组织的生产经营所得和其他所得征收的一种税。它是国家参与企业利润分配并调节其收益水平的一个关键性税种，体现国家与企业的分配关系。

　　企业所得税的纳税人分为居民企业和非居民企业，分别规定了不同的纳税义务。企业所得税以应纳税所得额为计税依据，采用比例税率计算应纳税额。应纳税所得额的确定有直接计算法（应纳税所得额＝收入总额−不征税收入−免税收入−各项扣除金额−弥补亏损）和间接计算法（应纳税所得额＝会计利润总额 ± 纳税调整项目金额），企业所得税的基本税率为25%，优惠税率有20% 和15%，企业所得税应纳税额＝应纳税所得额 × 适用税率−减免税额−抵免税额。企业所得税按纳税年度计算，分月（季）预缴，年终汇算清缴，多退少补。

思维导图

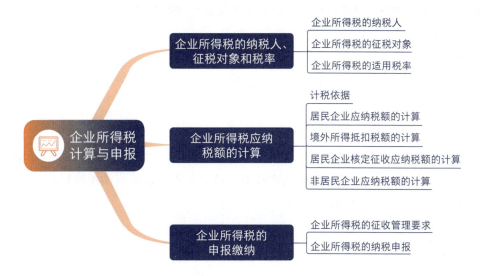

项目练习

一、单选题

1. 根据企业所得税的相关规定，下列各项属于居民企业的是（　　）。

A. 依照中国法律在中国境内成立的合伙企业

B. 依照中国法律在中国境内成立的有限责任公司

C. 依照外国法律成立且实际管理机构在中国境外的企业

D. 依照中国法律在中国境内成立的个人独资企业

2. 根据企业所得税的相关规定，下列各项不属于企业所得税纳税义务人的是（　　）。

A. 国有企业 　　　　　　　　　　B. 股份有限公司

C. 个人独资企业 　　　　　　　　D. 外商投资企业

3. 下列企业实际征税时减按 10% 的税率征收企业所得税的是（　　）。

A. 小型微利企业

B. 高新技术企业

C. 在境内未设立机构、场所的非居民企业

D. 在境内设立机构且取得的所得与其所设机构有实际联系的非居民企业

4. 下列项目属于免税收入的是（　　）。

A. 国债利息收入

B. 财政拨款

C. 企业债券利息收入

D. 依法收取并纳入财政管理的行政事业性收费、政府性基金

5. 下列收入属于企业所得税不征税收入的是（　　　）。

A. 财政拨款

B. 因债权人缘故确实无法偿付的应付款项

C. 接受捐赠收入

D. 国债利息收入

6. 甲企业本年利润总额为 800 万元，当年开发新产品研发费用实际支出为 80 万元，税法规定研发费用可实行 75% 加计扣除政策。该企业本年计算应纳税所得额时，可以扣除的研发费用为（　　　）万元。

A. 60　　　　　　　　　　　　　　　B. 140

C. 144　　　　　　　　　　　　　　D. 168

7. 企业的下列所得中不符合免征、减征企业所得税条件的是（　　　）。

A. 符合条件的技术转让所得

B. 从事符合条件的环境保护、节能节水项目的所得

C. 外国政府向中国政府提供贷款取得的利息所得

D. 企业内部自建自用的基础设施项目

8. 纳税人应当自年度终了后一定期限内向税务机关报送年度企业所得税纳税申报表，并汇算清缴，结清应缴应退税款。该期限是（　　　）。

A. 自年度终了之日起 5 个月内　　　B. 自年度终了之日起 4 个月内

C. 自年度终了之日起 45 日内　　　D. 自年度终了之日起 15 日内

9. 企业缴纳的下列税金中，不得在计算企业所得税应纳税所得额时扣除的是（　　　）。

A. 房产税　　　　　　　　　　　　B. 城市维护建设税

C. 消费税　　　　　　　　　　　　D. 增值税

10. 某小型微利企业 202× 年应纳税所得额为 180 万元，则该企业应缴纳企业所得税（　　　）万元。

A. 9　　　　　　　　　　　　　　　B. 13

C. 18　　　　　　　　　　　　　　D. 36

二、多选题

1. 根据企业所得税的相关规定，下列属于居民企业的是（　　　）。

A. 依法在上海成立的个体工商户

B. 依法在深圳成立的外商投资企业

C. 依照日本法律成立，且实际管理机构在日本的企业

D. 依照美国法律成立，实际管理机构在我国境内的企业

2. 下列关于企业所得税收入确认时间的表述正确的是（　　　　）。

A. 转让股权，应于取得股权转让收入时确认收入的实现

B. 采取产品分成方式取得收入的，按照企业分得产品的日期确认收入的实现

C. 接受捐赠收入，按照捐赠人作出捐赠决定的当天确认收入的实现

D. 以分期收款方式销售货物的，按照合同约定的收款日期确认收入的实现

3. 下列关于企业所得税收入确认的表述不正确的是（　　　　）。

A. 采用售后回购方式销售商品的，销售的商品按售价确认收入，回购的商品作为购进商品处理

B. 销售商品涉及现金折扣的，应当按照扣除现金折扣后的金额确认收入

C. 销售商品涉及商业折扣的，应当按照扣除折扣前的金额确认收入，折扣额作为财务费用扣除

D. 销售商品以旧换新的，销售商品应当按照销售商品收入确认条件确认收入，回收的商品作为购进商品处理

4. 下列收入属于企业所得税免税收入的是（　　　　）。

A. 国债利息收入

B. 企业债券利息收入

C. 符合条件的居民企业之间的红利、股息等权益性投资收益

D. 在中国境内设立机构、场所的非居民企业连续持有居民企业公开发行并上市流通的股票 1 年以上取得的投资收益

5. 根据企业所得税法的相关规定，下列各项税金在发生当期计入相关资产的成本，在以后各期分摊扣除的有（　　　　）。

A. 占用耕地缴纳的耕地占用税

B. 购置车辆缴纳的车辆购置税

C. 印花税

D. 转让房地产缴纳的土地增值税

6. 下列有关企业所得税税前扣除的表述正确的有（　　　　）。

A. 与向所有者进行利润分配相关的汇兑损失准予据实扣除

B. 烟草企业的烟草广告费和业务宣传费支出，一律不得扣除

C. 企业依照有关规定提取的用于环境保护的专项资金准予扣除

D. 企业发生的合理的劳动保护支出准予扣除

7. 依照企业所得税法的相关规定，下列关于企业亏损弥补的说法正确的是（　　　　）。

A. 企业某一纳税年度发生的亏损可以用下一年度的所得弥补，下一年度的所得不足以弥补的，可以逐年延续弥补，但通常最长不得超过 5 年

B. 企业在汇总计算缴纳企业所得税时，其境外营业机构的亏损可以用境内营业机构的盈利来弥补

C. 企业因以前年度实际资产损失未在税前扣除而多缴纳的企业所得税税款，可在追补确认年度企业所得税应纳税款中抵扣，不足抵扣的，可以在以后年度递延抵扣

D. 企业筹办期间不计算为亏损年度，企业开始生产经营的年度，为开始计算企业损益的年度

8. 根据企业所得税法的规定，企业使用或者销售存货的成本计算方法，可以在（　　　　）中选用一种。计价方法一经选用，不得随意变更。

A. 先进先出法　　　　　　　　　　B. 后进先出法

C. 加权平均法　　　　　　　　　　D. 个别计价法

9. 企业从事下列项目的所得，免征企业所得税的是（　　　　）。

A. 农技推广　　　　　　　　　　　B. 农产品初加工

C. 远洋捕捞　　　　　　　　　　　D. 海水养殖

10. 下列各项准予在以后年度结转扣除的有（　　　　）。

A. 广告费　　　　　　　　　　　　B. 职工教育经费

C. 业务招待费　　　　　　　　　　D. 业务宣传费

三、判断题

1. 企业在年度中间终止经营活动的，应当自实际经营终止之日起 60 日内，向税务机关办理当期企业所得税汇算清缴。（　　　）

2. 投资者兴办两个或两个以上企业的，可选择并固定在其中的一地税务机关申报纳税。（　　　）

3. 甲企业按照国家规定享受免缴企业所得税的优惠待遇，甲企业在免税期间不需办理企业所得税的纳税申报。（　　　）

4. 企业综合利用资源，生产符合国家产业政策规定的产品所取得的收入，免征企业所得税。（　　　）

5. 企业以《资源综合利用企业所得税优惠目录》规定的资源作为主要原材料，生产国家非限制和禁止并符合国家和行业相关标准的产品取得的收入，减按 90% 计入收入总额。（　　　）

6. 非居民企业在中国境内未设机构、场所的，境外所得需要在境内缴纳企业所得税。（　　）

7. 居民企业应当仅就其来源于中国境内的所得额缴纳企业所得税。（　　）

8. 企业所得税纳税人用于公益性捐赠支出的扣除比例，不得超过年度利润总额的12%。（　　）

9. 停止使用的生产性生物资产，应当自停止使用的当月起停止计算折旧。（　　）

10. 企业为促进商品销售，给予购买方的商业折扣，应按扣除商业折扣后的金额确定销售收入计算企业所得税应纳税所得额。（　　）

四、计算分析题

甲企业为居民企业，2020 年度发生的经营业务如下：全年取得产品销售收入 5 600 万元，发生产品销售成本 4 000 万元；其他业务收入 800 万元，其他业务成本 694 万元；取得购买国债的利息收入 40 万元；缴纳非增值税销售税金及附加 300 万元；发生的管理费用 760 万元，其中新技术的研究开发费用 60 万元、业务招待费用 70 万元；发生财务费用 200 万元；取得直接投资其他居民企业的权益性收益 34 万元（已在投资方所在地按 15% 的税率缴纳所得税）；取得营业外收入 100 万元，发生营业外支出 250 万元（其中含公益捐赠 38 万元）。

要求：计算该企业 2020 年应纳的企业所得税。

项目五　个人所得税计算与申报

学习目标 ▶┈┈┈┈┈┈┈┈┈┈┈┈┈┈┈┈┈┈

知识目标 ● 熟悉个人所得税的纳税人、征税范围和税率

● 熟悉专项扣除、专项附加扣除

● 掌握个人所得税税收优惠政策

● 掌握个人所得税纳税时间、纳税地点

技能目标 ● 能正确计算各种收入所得、个人所得税应纳税额

● 能进行个人所得税的纳税申报

素养目标 ● 了解个人所得税改革的目的及意义

● 熟悉我国个人所得税相关法律法规

⚙ **项目引例** ▶┈┈┈┈┈┈┈┈┈┈┈┈┈┈┈┈┈┈

山东新华科技有限责任公司个人所得税的纳税申报

张振华是山东新华科技有限责任公司（简称山东新华公司）的会计，该公司经营范围为计算机、互联网、通信等。该公司的纳税人识别号是：91302010347832166M。该公司有 8 名员工，三险一金的计提基数为上年的月平均工资、薪金所得。假设该公司所有员工的三险一金均未超过标准，都可税前扣除。202× 年 1 月山东新华公司员工的工资薪金所得如表 5–1 所示（该公司所有员工依法确定的其他扣除均为 0）。202× 年 2 月 10 日张会计进行扣缴个人所得税纳税申报。

表 5-1 2020 年 1 月工资、薪金所得

单位：元

姓名	身份证号	基本工资	奖金	津贴	应发工资	养老保险	医疗保险	失业保险	住房公积金	三险一金合计	子女教育	赡养老人	住房贷款利息	住房租金	继续教育	累计专项附加扣除
李凯	370203198601310070	60 000.00	6 000.00	3 000.00	69 000.00	5 520.00	1 380.00	207.00	5 520.00	12 627.00	1 000.00	2 000.00	1 000.00	0.00	400.00	4 400.00
徐金华	370302197905310325	18 000.00	1 800.00	900.00	20 700.00	1 656.00	414.00	62.10	1 656.00	3 788.10	1 000.00	1 000.00	1 000.00	0.00	0.00	3 000.00
刘清华	370203198805010075	14 000.00	1 400.00	700.00	16 100.00	1 288.00	322.00	48.30	1 288.00	2 946.30	1 000.00	0.00	1 000.00	0.00	0.00	1 000.00
张振华	370302198003010301	10 000.00	1 000.00	500.00	11 500.00	920.00	230.00	34.50	920.00	2 104.50	0.00	1 000.00	1 000.00	0.00	400.00	2 400.00
江擎苍	370203198601310563	9 000.00	900.00	450.00	10 350.00	828.00	207.00	31.05	828.00	1 894.05	500.00	1 000.00	0.00	0.00	0.00	1 500.00
李铭	370203198905280432	8 000.00	800.00	400.00	9 200.00	736.00	184.00	27.60	736.00	1 683.60	0.00	0.00	0.00	0.00	400.00	400.00
林瑾瑜	370203198702134673	4 600.00	460.00	230.00	5 290.00	423.20	105.80	15.87	423.20	968.07	1 000.00	0.00	0.00	0.00	0.00	1 000.00
杨浩宇	370203198604159678	4 000.00	400.00	200.00	4 600.00	368.00	92.00	13.80	368.00	841.80	0.00	0.00	0.00	0.00	0.00	0.00
合计	—	127 600.00	12 760.00	6 380.00	146 740.00	11 739.20	2 934.80	440.22	11 739.20	26 853.42	4 500.00	5 000.00	3 000.00	0.00	1 200.00	13 700.00

模块一　个人所得税征税范围、纳税人和税率

个人所得税是以个人（自然人，包括个体工商户、个人独资企业及合伙企业的投资人）取得的各类应税所得为征税对象而征收的一种所得税。其中，将居民个人的工资、薪金所得、劳务报酬所得、稿酬所得、特许权使用费所得合并为综合所得，居民个人取得的综合所得，按纳税年度合并计算个人所得税。

一、个人所得税征税范围

（一）工资、薪金所得

工资、薪金所得，是指个人因任职或者受雇而取得的工资、薪金、奖金、年终加薪、劳动分红、津贴、补贴以及与任职或者受雇有关的其他所得。

根据我国目前个人收入的构成情况，规定对于一些不属于工资、薪金性质的补贴、津贴或者不属于纳税人本人工资、薪金所得项目的收入，不予征税。这些项目包括：

（1）独生子女补贴。

（2）执行公务员工资制度未纳入基本工资总额的补贴、津贴和家属成员的副食品补贴。

（3）托儿补助费。

（4）差旅费津贴、误餐补助。其中，误餐补助是指按照财政部规定，个人因公在城区、郊区工作，不能在工作单位或返回就餐的，根据实际误餐顿数，按规定的标准领取的误餐费。单位以误餐补助名义发给职工的补助、津贴不能包括在内。

除工资、薪金外，奖金、年终加薪、劳动分红、津贴、补贴也被确定为工资、薪金范畴。其中，年终加薪、劳动分红不分种类和取得情况，一律按工资、薪金所得课税。津贴、补贴等有例外。

奖金是指所有具有工资性质的奖金，免税奖金的范围在税法中另有规定。

个人在办理内部退养手续后至法定离退休年龄之间重新就业取得的"工资、薪金所得"，应与其从原任职单位取得的同一月份的"工资、薪金所得"合并，并依法自行向主管税务机关申报缴纳个人所得税。

公司职工取得的用于购买企业国有股权的劳动分红，按"工资、薪金所得"项目计征个人所得税。

【项目引例分析】

山东新华公司给员工发放的工资、奖金、津贴要按照工资、薪金所得缴纳个人所得税。

拓展阅读 劳动报酬的具体规定

（二）劳务报酬所得

劳务报酬所得，是指个人独立从事非雇佣的各种劳务所取得的所得。内容包括：设计、装潢、安装、制图、化验、测试、医疗、法律、会计、咨询、讲学、新闻、广播、翻译、审稿、书画、雕刻、影视、录音、录像、演出、表演、广告、展览、技术服务、介绍服务、经纪服务、代办服务、其他劳务。

自 2004 年 1 月 20 日起，对商品营销活动中，企业和单位对其营销业绩突出的非雇佣人员以培训班、研讨会、工作考察等名义组织旅游活动，通过免收差旅费、旅游费对个人实行的营销业绩奖励（包括实物、有价证券等），应根据所发生费用的全额作为该营销人员当期的劳务收入，按照"劳务报酬所得"项目征收个人所得税，并由提供上述费用的企业和单位代扣代缴。需要注意的是，如果是雇员取得上述待遇，应根据所发生费用的全额并入营销人员当期的工资、薪金所得，按照"工资、薪金所得"项目征收个人所得税，并由提供上述费用的企业和单位代扣代缴。

在实际操作过程中，还可能出现难以判定一项所得是属于工资、薪金所得，还是属于劳务报酬所得的情况。这两者的区别在于：工资、薪金所得属于非独立个人劳务活动，即在机关、团体、学校、部队、企业、事业单位及其他组织中任职、受雇而得到的报酬；而劳务报酬所得，则是个人独立从事各种技艺、提供各项劳务取得的报酬。

（三）稿酬所得

稿酬所得，是指个人因其作品以图书、报刊形式出版、发表而取得的所得。这里所说的作品，包括文学作品、书画作品、摄影作品以及其他作品。作者去世后，财产继承人取得的遗作稿酬，亦应征收个人所得税。

（四）特许权使用费所得

特许权使用费所得指个人提供专利权、商标权、著作权、非专利技术以及其他特许权的使用权取得的所得。

（1）作者将自己的文字作品手稿原件或复印件公开拍卖（竞价）取得的所得按"特许权使用费所得"征税。

（2）个人取得特许权的经济赔偿收入，应按"特许权使用费所得"纳税。

（3）编剧从电视剧的制作单位取得的剧本使用费，不再区分剧本的使用方是否为其任职单位，统一按"特许权使用费所得"项目征收个人所得税。

（五）经营所得

经营所得包括：

（1）个人通过在中国境内注册登记的个体工商户、个人独资企业、合伙企业从事生产、经营活动取得的所得；

（2）个人依法取得执照，从事办学、医疗、咨询以及其他有偿服务活动取得的所得；

（3）个人承包、承租、转包、转租取得的所得；

（4）个人从事其他生产、经营活动取得的所得。

（六）利息、股息、红利所得

利息、股息、红利所得，是指个人拥有债权、股权而取得的利息、股息、红利所得。按照《中华人民共和国个人所得税法》（以下简称《个人所得税法》）规定，个人取得的利息所得，除国债和国家发行的金融债券利息外，应当依法缴纳个人所得税。但个人在个人银行结算账户的存款自 2008 年 10 月 9 日起暂免征收储蓄存款利息的个人所得税。

拓展阅读　利息、股息、红利所得的具体规定

（七）财产租赁所得

财产租赁所得，是指个人出租建筑物、土地使用权、机器设备、车船以及其他财产取得的所得。在确认纳税义务人时，应以产权凭证为依据；对无产权凭证的，由主管税务机关根据实际情况确定。产权所有人死亡，在未办理产权继承手续期间，该财产出租而有租金收入的，以领取租金的个人为纳税义务人。

个人取得的财产转租收入，属于"财产租赁所得"的征税范围，由财产转租人缴纳个人所得税。

（八）财产转让所得

财产转让所得，是指个人转让有价证券、股权、建筑物、土地使用权、机器设备、车船以及其他财产取得的所得。对个人取得的各项财产转让所得，除股票转让所得外，都要征收个人所得税。

（九）偶然所得

偶然所得，是指个人得奖、中奖、中彩以及其他偶然性质的所得。得奖是指参加各种有奖竞赛活动，取得名次得到的奖金；中奖、中彩是指参加各种有奖活动，如有奖销售、有奖储蓄或者购买彩票，经过规定程序，抽中、摇中号码而取得的奖金。偶然所得应缴纳的个人所得税税款，一律由发奖单位或机构代扣代缴。

二、个人所得税纳税人

个人所得税的纳税义务人，包括中国公民、个体工商业户以及在中国有所得的外籍人员（包括无国籍人员，下同）和香港、澳门、台湾同胞。上述纳税义务人依据住所和居住时间两个标准，区分为居民和非居民，分别承担不同的纳税义务。

【项目引例分析】

山东新华公司的员工都是个人所得税的纳税人。

（一）居民纳税人和非居民纳税人

居民个人：在中国境内有住所，或者无住所而一个纳税年度内在中国境内居住累计满183天的个人。

非居民个人：在中国境内无住所又不居住，或者无住所而一个纳税年度内在中国境内居住累计不满183天的个人。非居民个人从中国境内取得的所得，缴纳个人所得税。

中国境内有住所，是指因户籍、家庭、经济利益关系而在中国境内习惯性居住（住所≠住房＝习惯性居住地）。纳税年度是自公历1月1日至12月31日。

个人独资企业和合伙企业不缴纳企业所得税，只对投资者个人或自然人合伙人取得的生产经营所得征收个人所得税。个人独资企业以投资者个人为纳税义务人，合伙企业以每一个合伙人为纳税义务人。

（二）居民纳税人和非居民纳税人的纳税义务

（1）居民个人从中国境内和境外取得的所得，缴纳个人所得税。

（2）非居民个人从中国境内取得的所得，缴纳个人所得税。

（三）所得来源的确定

（1）因任职、受雇、履约等而在中国境内提供劳务取得的所得。

（2）在中国境内开展经营活动而取得与经营活动相关的所得。

（3）将财产出租给承租人在中国境内使用而取得的所得。

（4）许可各种特许权在中国境内使用而取得的所得。

（5）转让中国境内的不动产、土地使用权取得的所得；转让对中国境内企事业单位和其他经济组织投资形成的权益性资产取得的所得；在中国境内转让动产以及其他财产取得的所得。

（6）由中国境内企事业单位和其他经济组织以及居民个人支付或负担的稿酬所得、偶然所得。

（7）从中国境内企事业单位和其他经济组织或者居民个人取得的利息、股息、红利所得。

三、个人所得税税率

（一）综合所得

综合所得适用3%~45%的超额累进税率。具体税率见表5-2。

表5-2　个人所得税税率表
（综合所得适用）

单位：元

级数	全年应纳税所得额	税率（%）	速算扣除数
1	不超过36 000元的	3	0

续表

级数	全年应纳税所得额	税率（％）	速算扣除数
2	超过 36 000 元至 144 000 元的部分	10	2 520
3	超过 144 000 元至 300 000 元的部分	20	16 920
4	超过 300 000 元至 420 000 元的部分	25	31 920
5	超过 420 000 元至 660 000 元的部分	30	52 920
6	超过 660 000 元至 960 000 元的部分	35	85 920
7	超过 960 000 元的部分	45	181 920

注：① 本表所称全年应纳税所得额是指依照法律规定，居民个人取得综合所得以每一纳税年度收入额减除费用 6 万元以及专项扣除、专项附加扣除和依法确定的其他扣除后的余额。

② 非居民个人取得工资、薪金所得，劳务报酬所得，稿酬所得和特许权使用费所得，依照本表按月换算后计算应纳税额。

（二）经营所得

经营所得适用 5%～35% 的超额累进税率。具体税率见表 5-3。

表 5-3　个人所得税税率表
（经营所得适用）　　　　　　单位：元

级数	全年应纳税所得额	税率（％）	速算扣除数
1	不超过 30 000 元的	5	0
2	超过 30 000 元至 90 000 元的部分	10	1 500
3	超过 90 000 元至 300 000 元的部分	20	10 500
4	超过 300 000 元至 500 000 元的部分	30	40 500
5	超过 500 000 元的部分	35	65 500

注：本表所称全年应纳税所得额是指依照法律规定，以每一纳税年度的收入总额减除成本、费用以及损失后的余额。

（三）利息、股息、红利所得，财产租赁所得，财产转让所得和偶然所得

利息、股息、红利所得，财产租赁所得，财产转让所得和偶然所得适用比例税率，税率为 20%。

自 2001 年 1 月 1 日起，对个人出租住房取得的所得暂减按 10% 的税率征收个人所得税。

模块二　个人所得税应纳税额的计算

个人所得税应纳税额的计算，根据不同征税对象，分为综合所得的计算，经营所得的计算，利息、股息、红利所得的计算，财产租赁所得的计算，财产转让所得的计算以及偶然所得的计算。

个人所得税的计税依据是纳税人取得的应纳税所得额。应纳税所得额为个人取得的各项收入减去税法规定的费用扣除金额和减免税收入后的余额。由于个人所得税的应税项目不同，扣除费用标准也各不相同，需要按不同项目分项计算。

一、个人所得的形式

个人所得的形式，包括现金、实物、有价证券和其他形式的经济利益。所得为实物的，应当按照取得的凭证上的价格计算应纳税所得额；无凭证的实物或者凭证上所注明的价格明显偏低的，参照市场价格核定应纳税所得额；所得为有价证券的，根据票面价格和市场价格核定应纳税所得额；所得为其他形式的经济利益的，参照市场价格核定应纳税所得额。

二、应纳税额的计算

（一）综合所得的计算

居民个人的综合所得，以每一纳税年度的收入额减除费用6万元以及专项扣除、专项附加扣除和依法确定的其他扣除后的余额，为应纳税所得额。

居民个人综合所得应纳税额的计算

综合所得，包括工资、薪金所得，劳务报酬所得，稿酬所得，特许权使用费所得四项。劳务报酬所得、稿酬所得、特许权使用费所得以收入减除20%的费用后的余额为收入额。稿酬所得的收入额减按70%计算。

1. 专项扣除

专项扣除包括居民个人按照国家规定的范围和标准缴纳的基本养老保险、基本医疗保险、失业保险等社会保险费和住房公积金等。

2. 专项附加扣除

专项附加扣除，是指个人所得税法规定的子女教育、继续教育、住房租金、住房贷款利息、大病医疗和赡养老人共6项。一个纳税年度扣除不完的，不得结转以后年度扣除。

（1）子女教育专项附加扣除。子女接受全日制学历教育的相关支出，按每个子女每月1 000元的标准定额扣除。

学历教育包括义务教育（小学和初中教育）、高中阶段教育（普通高中、中等职业教育）、高等教育（大学专科、大学本科、硕士研究生、博士研究生）。年满3岁到小学入学前处于学前教育阶段的子女按本规定执行。

受教育子女的父母分别按扣除标准的50%扣除；经父母约定，也可以选择由其中一方按扣除标准的100%扣除。具体扣除方式在一个纳税年度内不得变更。

（2）继续教育专项附加扣除。纳税人接受学历继续教育的支出，在学历（学位）教育期间按照每年4 800元（每月400元）定额扣除。纳税人接受技能人员职业资格继续教育、专业技术人员职业资格继续教育支出，在取得相关证书的年度，按照3 600元定额扣除。

个人接受本科及以下学历（学位）继续教育，符合规定扣除条件的，可以选择由其父母扣除，也可以选择由本人扣除，但不得同时扣除。

（3）住房贷款利息专项附加扣除。本人或配偶使用商业银行或住房公积金个人住房贷款为本人或其配偶购买境内住房，首套住房贷款利息支出，在实际发生贷款利息年度，按每月1 000元标准定额扣除。扣除期限最长不超过240个月。

首套指购买住房享受首套住房贷款利率的住房贷款。经夫妻双方约定，可以选择由其中一方扣除，具体扣除方式在一个纳税年度内不得变更。

（4）住房租金专项附加扣除。纳税人本人及配偶在纳税人的主要工作城市没有自有住房发生的住房租金支出，可以按照以下标准定额扣除：

承租的住房位于直辖市、省会、计划单列市及国务院确定其他城市，扣除标准为每年18 000元（每月1 500元）；

承租的住房位于其他城市的，市辖区户籍人口超过100万的，扣除标准为每年13 200元（每月1 100元）；户籍人口不超过100万（含）的，扣除标准为每年9 600元（每月800元）。

配偶在纳税人主要工作城市有自有住房的，视同有自有住房。夫妻双方主要工作城市相同的只能由一方扣除。纳税人及其配偶不得同时分别享受住房贷款利息专项附加扣除和住房租金专项附加扣除。

（5）大病医疗专项附加扣除。一个纳税年度内，与基本医疗相关的医药费支出，扣除医保报销后个人负担（指医保目录范围内自付部分）累计超过15 000元的支出部分，为大病医疗支出，可以按照每年80 000元标准限额据实扣除。

大病医疗专项附加扣除由纳税人办理汇算清缴时扣除。可以选择由本人或者其配偶扣除，未成年子女的支出可选择由其父母一方扣除。

（6）赡养老人专项附加扣除。纳税人赡养60岁（含）以上父母以及其他法定赡养人的赡养支出可按以下标准定额扣除：

纳税人为独生子女的，按照每月 2 000 元的标准定额扣除；纳税人为非独生子女的，应当与其兄弟姐妹分摊每月 2 000 元的扣除额度。

分摊方式有：平均分摊、被赡养人指定分摊或者赡养人约定分摊，具体分摊方式在一个纳税年度内不得变更。采取指定分摊或约定分摊方式的，每一纳税人分摊的扣除额最高不得超过每月 1 000 元，并签订书面分摊协议。指定分摊与约定分摊不一致的，以指定分摊为准。

（7）其他扣除。包括个人缴付符合国家规定的企业年金、职业年金，个人购买符合国家规定的商业健康保险、税收递延型商业养老保险的支出，以及国务院规定可以扣除的其他项目。

3. 综合所得计算公式

$$应纳税额 = 应纳税所得额 × 适用税率 - 速算扣除数$$
$$= （每一纳税年度的收入额 - 费用 60 000 元 - 专项扣除 -$$
$$专项附加扣除 - 依法确定的其他扣除）× 适用税率 -$$
$$速算扣除数$$

（二）综合所得的预扣预缴

1. 预扣预缴税额的含义

居民个人取得综合所得，按年计算个人所得税。年度中间支付单位作为扣缴义务人应对居民个人工资、薪金所得，劳务报酬所得，稿酬所得和特许权使用费所得预扣预缴个人所得税。

居民个人综合所得预扣预缴与汇算清缴

年度终了时，再根据个人全年取得的总的综合所得收入、专项附加扣除等扣除项目金额，计算其应纳税款。对日常多预缴的税款，年度终了纳税人办理汇算清缴申报、申请退税，税务机关将及时、足额退还。

2. 工资、薪金所得预扣预缴税款计算方法——累计预扣法

扣缴义务人向居民个人支付工资、薪金所得时，按照累计预扣法计算预扣税款，并按月办理扣缴申报。

累计预扣法，是指扣缴义务人在一个纳税年度内预扣预缴税款时，以纳税人在本单位截至本月取得工资、薪金所得累计收入减除累计免税收入、累计减除费用、累计专项扣除、累计专项附加扣除和累计依法确定的其他扣除后的余额为累计预扣预缴应纳税所得额，适用综合所得适用的个人所得税税率表，即表 5-2，其税率即为预扣率，计算累计应预扣预缴税额，再减除累计减免税额和累计已预扣预缴税额，其余额为本期应预扣预缴税额。余额为负值时，暂不退税。纳税年度终了后余额仍为负值时，由纳税人通过办理综合所得年度汇算清缴，税款多退少补。

具体计算公式如下：

本期应预扣预缴税额 =（累计预扣预缴应纳税所得额 × 预扣率 − 速算扣除数）−
累计减免税额 − 累计已预扣预缴税额

累计预扣预缴应纳税所得额 = 累计收入 − 累计免税收入 − 累计减除费用 −
累计专项扣除 − 累计专项附加扣除 −
累计依法确定的其他扣除

【例题 5.1】

某职员 202× 年每月应发工资均为 30 000 元，每月减除费用 5 000 元，"三险一金"等专项扣除为 4 500 元，享受子女教育、赡养老人两项专项附加扣除共计 2 000 元，没有减免收入及减免税额等情况，以前三个月为例，应当按照以下方法计算各月应预扣预缴税额：

① 1 月:（30 000 − 5 000 − 4 500 − 2 000）× 3% = 18 500 × 3% = 555（元）

② 2 月:（30 000 × 2 − 5 000 × 2 − 4 500 × 2 − 2 000 × 2）× 10% − 2 520 − 555 = 37 000 × 10% − 2 520 − 555 = 625（元）

③ 3 月:（30 000 × 3 − 5 000 × 3 − 4 500 × 3 − 2 000 × 3）× 10% − 2 520 − 555 − 625 = 55 500 × 10% − 2 520 − 555 − 625 = 1 850（元）

3. 劳务报酬所得、稿酬所得、特许权使用费所得预扣预缴税款的计算方法

扣缴义务人向居民个人支付劳务报酬所得、稿酬所得和特许权使用费所得的，按以下方法按次或者按月预扣预缴个人所得税：

劳务报酬所得、稿酬所得、特许权使用费所得以每次收入减除费用后的余额为收入额；其中，稿酬所得的收入额减按 70% 计算。

预扣预缴税款时，劳务报酬所得、稿酬所得、特许权使用费所得每次收入不超过 4 000 元的，减除费用按 800 元计算；每次收入 4 000 元以上的，减除费用按收入的 20% 计算。

劳务报酬所得、稿酬所得、特许权使用费所得，以每次收入额为预扣预缴应纳税所得额，计算应预扣预缴税额。居民个人劳务报酬所得预扣预缴适用税率表如表 5−4 所示，稿酬所得、特许权使用费所得适用 20% 的比例预扣率。

劳务报酬所得应预扣预缴税额 = 预扣预缴应纳税所得额 × 预扣率 − 速算扣除数

稿酬所得、特许权使用费所得应预扣预缴税额 = 预扣预缴应纳税所得额 × 20%

表 5-4　居民个人劳务报酬所得预扣预缴适用税率表　　　　单位：元

级数	预扣预缴应纳税所得额	预扣率（%）	速算扣除数
1	不超过 20 000 元的	20	0
2	超过 20 000 元至 50 000 元的部分	30	2 000
3	超过 50 000 元的部分	40	7 000

【例题 5.2】

我国居民赵某年内共取得 4 次劳务报酬，分别为 3 000 元、22 000 元、30 000 元、100 000 元。要求计算各次应缴纳的所得税税额。

分析：

① 第一次：3 000 < 4 000；费用扣除额：800 元；应纳税所得额：2 200 元。

应纳税额 = 2 200 × 20% = 440（元）。

② 第二次：22 000 > 4 000；费用扣除率：20%；应纳税所得额：17 600 元。

应纳税额 = 17 600 × 20% = 3 520（元）。

③ 第三次：30 000 > 4 000；费用扣除率：20%；应纳税所得额：24 000 元。

应纳税额 = 24 000 × 30% − 2 000 = 5 200（元）。

④ 第四次：100 000 > 4 000；费用扣除率：20%；应纳税所得额：80 000 元。

应纳税额 = 80 000 × 40% − 7 000 = 25 000（元）。

【例题 5.3】

202 × 年 3 月我国居民李某出版一部小说，取得稿酬 10 000 元。计算李某当月稿酬所得应预缴个人所得税税额。

分析：

① 应纳税所得额 = 10 000 × (1 − 20%) × 70% = 5 600（元）。

② 应纳税额 = 5 600 × 20% = 1 120（元）。

【例题 5.4】

202 × 年 5 月我国居民张某转让一项专利权，取得转让收入 150 000 元，专利开发支出 10 000 元。计算张某当月特许权使用费所得应缴纳个人所得税税额。

分析：

① 应纳税所得额 = 150 000 × (1 − 20%) = 120 000（元）。

② 应纳税额 = 120 000 × 20% = 24 000（元）。

（三）非居民个人工资、薪金所得，劳务报酬所得，稿酬所得和特许权使用费所得代扣代缴税款的方法

扣缴义务人向非居民个人支付工资、薪金所得，劳务报酬所得，稿酬所得和特许权使用费所得时，按以下方法按月或者按次代扣代缴税款：

非居民个人的工资、薪金所得，以每月收入额减除费用 5 000 元后的余额为应纳税所得额；劳务报酬所得、稿酬所得、特许权使用费所得，以每次收入额为应纳税所得额，适用个人所得税税率（综合所得适用）按月换算后的税率表，如表 5-5 所示，计算应纳税额。其中，劳务报酬所得、稿酬所得、特许权使用费所得以收入减除 20% 的费用后的余额为收入额，稿酬所得的收入额减按 70% 计算。

非居民个人工资、薪金所得，劳务报酬所得，稿酬所得，特许权使用费所得计算公式如下：

$$应纳税额 = 应纳税所得额 \times 税率 - 速算扣除数$$

表 5-5 非居民个人工资、薪金所得，劳务报酬所得，稿酬所得，特许权使用费所得适用税率表

单位：元

级数	应纳税所得额	税率（%）	速算扣除数
1	不超过 3 000 元的	3	0
2	超过 3 000 元至 12 000 元的部分	10	210
3	超过 12 000 元至 25 000 元的部分	20	1 410
4	超过 25 000 元至 35 000 元的部分	25	2 660
5	超过 35 000 元至 55 000 元的部分	30	4 410
6	超过 55 000 元至 80 000 元的部分	35	7 160
7	超过 80 000 元的部分	45	15 160

【例题 5.5】

202× 年 1 月王某（非居民纳税人）为李某提供一个月的钢琴培训，分两次取得劳务报酬，分别为 1 000 元、3 000 元，共计 4 000 元。计算王某当月钢琴培训劳务报酬应缴纳个人所得税税额。

分析：应纳税额 = 4 000×（1-20%）×10%-210 = 110（元）。

【例题 5.6】

202× 年 5 月，张某（非居民纳税人）转让一项专利权，取得转让收入 150 000 元，专利开发支出 10 000 元。张某当月该笔收入应缴纳个人所得税税额。

分析：应纳税额 = 150 000×（1-20%）×45%-15 160 = 38 840（元）。

【项目引例分析】

计算引例中每位员工应预扣预缴的个人所得税：

① 李凯工资、薪金所得的应预扣预缴个人所得税 = (69 000 - 5 000 - 12 627 - 4 400) × 10% - 2 520 = 2 177.3（元）；

② 徐金华工资、薪金所得的应预扣预缴个人所得税 = (20 700 - 5 000 - 3 788.1 - 3 000) × 3% = 267.36（元）；

③ 刘清华工资、薪金所得的应预扣预缴个人所得税 = (16 100 - 5 000 - 2 946.3 - 1 000) × 3% = 214.61（元）；

④ 张振华工资、薪金所得的应预扣预缴个人所得税 = (11 500 - 5 000 - 2 104.5 - 2 400) × 3% = 59.87（元）；

⑤ 江擎苍工资、薪金所得的应预扣预缴个人所得税 = (10 350 - 5 000 - 1 894.05 - 1 500) × 3% = 58.68（元）；

⑥ 李铭工资、薪金所得的应预扣预缴个人所得税 = (9 200 - 5 000 - 1 683.6 - 400) × 3% = 63.49（元）；

⑦ 林瑾瑜工资、薪金所得的纳税所得额 = 5 290 - 5 000 - 968.07 - 1 000 = -1 678.07（元）；林瑾瑜工资、薪金所得的应预扣预缴个人所得税 = 0（元）。

⑧ 杨浩宇工资、薪金所得的纳税所得额 = 4 600 - 5 000 - 841.8 = -1 241.8（元）；杨浩宇工资、薪金所得的应预扣预缴个人所得税 = 0（元）；

全部员工应预扣预缴个人所得税税额 = 2 177.3 + 267.36 + 214.61 + 59.87 + 58.68 + 63.49 = 2 841.31（元）。

（四）经营所得的计算

经营所得，以每一纳税年度的收入总额减除成本、费用以及损失后的余额为应纳税所得额。

取得经营所得的个人，没有综合所得的，计算其每一纳税年度的应纳税所得额时，应当减除费用6万元、专项扣除、专项附加扣除以及依法确定的其他扣除。专项附加扣除在办理汇算清缴时减除。

从事生产、经营活动，未提供完整、准确的纳税资料，不能正确计算应纳税所得额的，由主管税务机关核定应纳税所得额或者应纳税额。

1. 基本公式

（1）个体工商户的生产、经营所得应纳税所得额的计算公式为：

应纳税额 = 应纳税所得额 × 税率 - 速算扣除数

= （收入总额 - 成本 - 费用 - 损失 - 税金 - 其他支出 -

允许弥补以前年度亏损）× 税率 - 速算扣除数

（2）对企事业单位的承包经营、承租经营所得应纳税额的计算公式为：

$$应纳税额 = 应纳税所得额 \times 适用税率 - 速算扣除数$$
$$= (纳税年度收入总额 - 必要费用) \times 适用税率 - 速算扣除数$$

2. 个体工商户下列支出不得扣除

① 个人所得税税款；② 税收滞纳金；③ 罚金、罚款和被没收财物的损失；④ 不符合扣除规定的捐赠支出；⑤ 赞助支出；⑥ 用于个人和家庭的支出；⑦ 与取得生产经营收入无关的其他支出；⑧ 国家税务总局规定不准扣除的支出。

个体工商户生产经营活动中，应当分别核算生产经营费用和个人、家庭费用。对于生产经营与个人、家庭生活混用难以分清的费用，其 40% 视为与生产经营有关费用，准予扣除。

工资薪金支出、工会经费、职工福利费支出、职工教育经费等相关费用扣除总结见表 5-6。

表 5-6 工资薪金支出、工会经费、职工福利费支出、职工教育经费等相关费用扣除总结

	从业人员	业主本人
工资薪金支出	实际支付据实扣除	不得税前扣除，按每月 5 000 元扣除费用
"五险一金"	规定的范围和标准缴纳的可扣除	
商业保险费	按规定为特殊工种从业人员支付的人身安全保险费和规定可以扣除的其他商业保险费外，为业主本人或从业人员支付商业保险费不得扣除	
工会经费、职工教育经费、福利费支出	工资薪金总额的 2%、14% 和 2.5% 标准内的据实扣除	当地（地级市）上年度社会平均工资的 3 倍为计算基数，在规定比例内的据实扣除
补充养老保险费 5% 和补充医疗保险费 5%	不超过工资总额 5% 标准内的部分据实扣除；超过部分，不得扣除	当地上年度社会平均工资 3 倍为基数，不超过标准内的部分据实扣除；超过部分，不得扣除

个体工商户代其从业人员或者他人负担的税款，不得税前扣除。

个体工商户自申请营业执照之日起至开始生产经营之日止所发生符合规定的费用，除为取得固定资产、无形资产的支出，以及应计入资产价值的汇兑损益、利息支出外，作为开办费，个体工商户可以选择在开始生产经营的当年一次性扣除，也可自生产经营月份起在不短于 3 年期限内摊销扣除，但一经选定，不得改变。

个体工商户通过公益性社会团体或者县级以上人民政府及其部门，用于规定的公益事业的捐赠，捐赠额不超过其应纳税所得额 30% 的部分可以据实扣除。个体工商户直接对受益人的捐赠不得扣除。

个体工商户研究开发新产品、新技术、新工艺所发生的开发费用，以及研究开发新产品、新技术而购置单台价值在 10 万元以下的测试仪器和试验性装置的购置费准予直接扣除；单台价值在 10 万元以上（含 10 万元）的测试仪器和试验性装置，按固定资产管理，不得在当期直接扣除。

查账征收的个人独资企业和合伙企业的扣除项目比照《个体工商户个人所得税计税办法》的规定确定。

个体工商户和从事生产、经营的个人，取得与生产、经营活动无关的其他各项应税所得，应分别按照有关规定，计算征收个人所得税。

投资者兴办两个或两个以上企业，并且企业性质全部是个人独资的，年度终了后汇算清缴时，应纳税款的计算按以下方法进行：汇总其投资兴办的所有企业的经营所得作为应纳税所得额，以此确定适用税率，计算出全年经营所得的应纳税额，再根据每个企业的经营所得占所有企业经营所得的比例，分别计算出每个企业的应纳税额和应补缴税额。

个体工商户、个人独资企业和合伙企业或个人从事种植业、养殖业、饲养业、捕捞业取得的所得，暂不征收个人所得税。

（五）利息、股息、红利所得的计算

1. 计算公式

应纳税额 = 应纳税所得额 × 适用税率 = 每次收入额 × 适用税率

每次收入额的确定：以支付利息、股息、红利时取得的收入为一次。

2. 特殊规定

（1）个人投资者收购企业股权后，将企业原有盈余积累转增股本的个人所得税问题。一名或多名个人投资者以股权收购方式取得被收购企业 100% 股权，股权收购前，被收购企业原账面金额中的"资本公积""盈余公积""未分配利润"等盈余积累未转增股本，而在股权交易时将其一并计入股权转让价格并履行所得税纳税义务。股权收购后，企业将原账面金额中的盈余积累向个人投资者（新股东，下同）转增股本，有关个人所得税的问题区分以下情形处理：

① 新股东以不低于净资产价格收购股权的，取得的盈余积累转增股本的部分不征税。

② 新股东以低于净资产价格收购股权的：股权收购价格减原股本差额对应的部分不征税；股权收购价格低于原所有者权益的差额部分按照"利息、股息、红利所得"项目征税。新股东以低于净资产价格收购企业股权后转增股本的，应先转增应税的盈余积累部分，然后再转增免税的盈余积累部分。

【例题 5.7】

甲企业原账面资产总额 8 000 万元，负债 3 000 万元，所有者权益 5 000 万元，其中：实收资本（股本）1 000 万元，资本公积、盈余公积、未分配利润等盈余积累合计 4 000 万元。假定多名自然人投资者（新股东）向甲企业原股东购买该企业 100% 股权，股权收购价 4 500 万元，新股东收购企业后，甲企业将资本公积、盈余公积、未分配利润等盈余积累 4 000 万元向新股东转增实收资本。

分析：新股东以低于净资产 5 000 万元的价格 4 500 万元收购该企业股权，因此收购价格 4 500 万元减原股本 1 000 万元的差额 3 500 万元不征税，股权收购价格 4 500 万元

低于原所有者权益的差额部分500万元按"利息、股息、红利所得"项目纳税。

（2）上市公司股息红利差别化个人所得税政策。

① 个人从公开发行和转让市场取得的上市公司股票，持股期限在1个月以内（含1个月）的，其股息红利所得全额计入应纳税所得额；持股期限在1个月以上至1年（含1年）的，暂减按50%计入应纳税所得额；持股期限超过1年的，暂免征收。上述所得统一适用20%的税率计征个人所得税。

② 对个人持有的上市公司限售股，解禁后取得的股息红利，按照上市公司股息红利差别化个人所得税政策规定计算纳税，持股时间自解禁日起计算；解禁前取得的股息红利继续暂减按50%计入应纳税所得额，适用20%的税率计征个人所得税。

（六）财产租赁所得的计算

1. 应纳税额计算公式

（1）每次（月）收入不足4 000元的：

$$应纳税额 = [每次（月）收入额 - 财产租赁过程中缴纳的税费 - 由纳税人负担的租赁财产实际开支的修缮费用（800元为限）- 800元] × 20\%$$

（2）每次（月）收入在4 000元以上的：

$$应纳税额 = [每次（月）收入额 - 财产租赁过程中缴纳的税费 - 由纳税人负担的租赁财产实际开支的修缮费用（800元为限）] × (1 - 20\%) × 20\%$$

财产租赁所得，以一个月内取得的收入为一次。

【例题5.8】

中国公民王某202×年1月1日起将其位于市区的一套住房按市价出租，每月收取不含税租金3 800元。1月因卫生间漏水发生修缮费用1 200元，已取得合法有效的支出凭证，已知个人出租住房取得的所得按10%的税率征收个人所得税，不考虑其他费用扣除，请计算前两个月应缴纳的个人所得税税额。

分析：应纳税额 = (3 800 - 800 - 800) × 10\% + (3 800 - 400 - 800) × 10\% = 480（元）

2. 特殊规定

（1）个人取得的财产转租收入，属于"财产租赁所得"的征税范围。

（2）房地产开发企业与商店购买者个人签订协议规定，房地产开发企业按优惠价格出售其开发的商店给购买者个人，但购买者个人在一定期限内必须将购买的商店无偿提供给房地产开发企业对外出租使用。对购买者个人少支出的购房价款，应视同个人财产租赁所得，按照"财产租赁所得"项目征收个人所得税。每次财产租赁所得的收入额，按照少支出的购房价款和协议规定的租赁月份数平均计算确定。

【例题 5.9】

202×年7月，王某出租住房取得不含增值税租金收入3 000元，房屋租赁过程中缴纳的可以税前扣除的相关税费120元，支付出租房屋维修费1 000元，已知个人出租住房取得的所得按10%的税率征收个人所得税，每次收入不足4 000元的减除费用800元。计算王某当月出租住房应缴纳的个人所得税税额

分析：房屋租赁期间发生修缮费用准予在税前扣除，但以每月800元为限。

应纳税额＝（3 000－120－800－800）×10%＝128（元）

（七）财产转让所得的计算

1. 计算公式

应纳税额＝应纳税所得额×适用税率＝（收入总额－财产原值－合理费用）×20%

个人转让房屋的个人所得税应税收入不含增值税，其取得房屋时所支付价款中包含的增值税计入财产原值，计算转让所得时可扣除的税费不包括本次转让缴纳的增值税。

合理费用，是指卖出财产时按照规定支付的有关税费。

拓展阅读 财产原值的计算方法

个人发生非货币性资产交换，以及将财产用于捐赠、偿债、赞助、投资等用途的，应当视同转让财产并缴纳个人所得税，但国务院财政、税务主管部门另有规定的除外。

2. 特殊规定

（1）个人因各种原因终止投资、联营、经营合作等行为，从被投资企业或合作项目、被投资企业的其他投资者以及合作项目的经营合作人取得股权转让收入、违约金、补偿金、赔偿金及以其他名目收回的款项等，均属于个人所得税应税收入，应按照"财产转让所得"项目适用的规定计算缴纳个人所得税。

（2）个人以非货币性资产投资属于转让非货币性资产和投资同时发生，对转让的非货币性资产的所得按"财产转让所得"项目征税。

（3）纳税人收回转让的股权征收个税的方法：

① 股权转让合同履行完毕、股权已作变更登记，且所得已经实现的，转让人取得的股权转让收入应当依法缴纳个人所得税。转让行为结束后，当事人双方签订并执行解除原股权转让合同、退回股权的协议，是另一次股权转让行为，对前次转让行为征收的个人所得税款不予退回。

② 股权转让合同未履行完毕，因执行仲裁委员会作出的解除股权转让合同及补充协议的裁决、停止执行原股权转让合同，并原价收回已转让股权的，纳税人不应缴纳个人所得税。

（4）个人转让限售股：

$$应纳税所得额 = 限售股转让收入 - （限售股原值 + 合理税费）$$

（5）通过招标、竞拍或其他方式购置债权以后，通过相关司法或行政程序主张债权而取得的所得。

（6）收购网络玩家的虚拟货币加价后出售取得的收入。

（7）受赠人转让受赠房屋的：

$$应纳税所得额 = 转让受赠房屋的收入 - 原捐赠人取得该房屋的实际购置成本 -$$
$$赠与和转让过程中受赠人支付的相关税费$$

（八）偶然所得的计算

1. 计算公式

$$应纳税额 = 每次收入额 \times 适用税率$$

每次收入额的确定：以每次取得该项收入为一次。

2. 特殊规定

（1）累计消费达到一定额度的顾客给予额外抽奖机会的获奖所得属于偶然所得。

（2）单张有奖发票奖金所得超过 800 元的全额征税。

【例题 5.10】

李某在某次有奖销售活动中，中了一台价值 3 000 元的电视机，领奖时支付交通运输费 60 元，计算李某该中奖收入应缴纳的个人所得税税额。

分析：偶然所得无扣除项目，以全额计算应纳税额。

应纳税额 = 3 000×20% = 600（元）

（九）其他费用扣除规定

（1）个人将其所得对教育、扶贫、济困等公益慈善事业进行捐赠，捐赠额未超过纳税人申报的应纳税所得额 30% 的部分，可以从其应纳税所得额中扣除；国务院规定对公益慈善事业捐赠实行全额税前扣除的，从其规定。应纳税所得额，是指计算扣除捐赠额之前的应纳税所得额。

特殊可以全额扣除的项目（需要通过非营利社会团体和国家机关的捐赠）：

① 红十字事业；

② 农村义务教育：农村义务教育的范围是指政府和社会力量举办的农村乡镇（不含县和县级市政府所在地的镇）、村的小学和初中以及属于这一阶段的特殊教育学校。纳税人对农村义务教育与高中在一起的学校的捐赠，也享受规定的所得税税前扣除政策。

③ 公益性青少年活动场所。

④ 福利性、非营利性老年服务机构捐赠、通过宋庆龄基金会等 6 家单位、中国医药

卫生事业发展基金会等8家单位、中华健康快车基金会等5家单位用于公益救济性的捐赠，符合相关条件的，准予在缴纳个人所得税税前全额扣除。

【例题 5.11】

中国公民李某取得财产转让收入 40 000 元，将其中 6 000 元通过民政部门捐赠给贫困山区，可以扣除的原值和相关税费 22 000 元，计算李某应缴纳的个人所得税税额。

分析：捐赠扣除限额 =（40 000－22 000）×30% = 5 400（元），实际捐赠额 6 000 元，可以税前扣除的金额为 5 400 元。应缴纳个人所得税 =［（40 000－22 000）－5 400］×20% = 2 520（元）。

（2）个人的所得（不含偶然所得，经国务院财政部门确定征税的其他所得）用于对非关联的科研机构和高等学校研究开发新产品、新技术、新工艺所发生的研究开发经费的资助，可以全额在下月（工资、薪金所得）或下次（按次计征的所得）或当年（按年计征的所得）计征个人所得税时，从应纳税所得额中扣除，不足抵扣的，不得结转抵扣。

（3）自 2017 年 7 月 1 日起，对个人购买符合规定的商业健康保险产品的支出，允许在当年（月）计算应纳税所得额时予以税前扣除，扣除限额为 2 400 元/年（200 元/月）。

（十）应纳税额计算的其他规定

（1）对个人取得全年一次性奖金等计算征收个人所得税的方法。居民个人取得全年一次性奖金（包括年终加薪、实行年薪制和绩效工资办法的单位根据考核情况兑现的年薪和绩效工资），在 2021 年 12 月 31 日前，可以不并入当年综合所得，单独计算纳税。自 2022 年 1 月 1 日起，居民个人取得全年一次性奖金，应并入当年综合所得计算缴纳个人所得税。选择不并入当年综合所得，单独计算纳税的，计算方法为以全年一次性奖金收入除以 12 个月得到的数额，按照按月换算后的综合所得税率表，确定适用税率和速算扣除数，单独计算纳税。计算公式为：

应纳税额 = 全年一次性奖金收入 × 适用税率 − 速算扣除数

在一个纳税年度内，对每一个纳税人，该计税办法只允许采用一次。

雇员取得除全年一次性奖金以外的其他各种名目奖金，如半年奖、季度奖、加班奖、先进奖、考勤奖等，一律与当月工资、薪金收入合并，按税法规定缴纳个人所得税。

（2）两个或者两个以上的个人共同取得同一项目收入的，应当对每个人取得的收入分别按照个人所得税法规定减除费用后计算纳税（先分后税，分别扣）。

（3）居民个人从境内和境外取得的综合所得或者经营所得，应当分别合并计算应纳税额；从境内和境外取得的其他所得应当分别单独计算应纳税额（综合经营合，其他单独）。

（4）个人独资企业、合伙企业及个人从事其他生产、经营活动在境外营业机构的亏损，不得抵减境内营业机构的盈利（同企业所得税）。

（5）居民个人从中国境外取得的所得，可以从其应纳税额中抵免已在境外缴纳的个人所得税税额，但抵免额不得超过该纳税人境外所得依照规定计算的应纳税额。

计算方法（三步法）：

第一步：抵免限额＝综合所得抵免限额＋经营所得抵免限额＋其他所得项目抵免限额；

第二步：实缴税额为已在境外缴纳的所得税税额。

第三步：比较确定补税额。比较原则为多不退，少要补。

① 第一步＞第二步，差额补税；

② 第一步＜第二步，本期不补税，差额部分可以在以后5个年度内，用每年抵免限额抵免当年应抵税额后的余额进行抵补。

【例题5.12】

杨老师202×纳税年度，从A、B两国取得应税收入。其中，在A国一公司取得股息收入60 000元，该收入在A国缴纳个人所得税5 000元；因在B国中奖取得收入50 000元，并在B国缴纳该项收入的个人所得税25 000元。请计算杨老师上述两项收入的补税金额。

分析：

①A国：

第一步：抵免限额＝60 000×20%＝12 000（元）。

第二步：实缴税额＝5 000（元）。

第三步：比较确定补税额：少要补，补交7 000元。

②B国：

第一步：抵免限额＝50 000×20%＝10 000（元）。

第二步：实缴税额＝25 000（元）。

第三步：比较确定税额：多不退，补税额为0元。在B国实际缴纳个人所得税25 000元，超出抵免限额15 000元（25 000－10 000），不能在本年度扣除，但可在以后5个纳税年度的该国减除限额的余额中补减。

三、个人所得税税收优惠

（一）免税项目

（1）省级人民政府、国务院部委和中国人民解放军军以上单位，以及外国组织、国际组织颁发的科学、教育、技术、文化、卫生、体育、环境保护等方面的奖金。

（2）国债和国家发行的金融债券利息。

（3）按照国家统一规定发给的补贴、津贴。

（4）福利费、抚恤金、救济金。

（5）保险赔款。

（6）军人的转业费、复员费、退役金。

（7）按照国家统一规定发给干部、职工的安家费、退职费、基本养老金或者退休费、离休费、离休生活补助费。

（8）依照有关法律规定应予免税的各国驻华使馆、领事馆的外交代表、领事官员和其他人员的所得。

（9）中国政府参加的国际公约、签订的协议中规定免税的所得。

（10）对外籍个人取得的探亲费免征个人所得税。可以享受免征个人所得税优惠待遇的探亲费，仅限于外籍个人在我国的受雇地与其家庭所在地（包括配偶或父母居住地）之间搭乘交通工具且每年不超过2次的费用。

（11）按照国家规定，单位为个人缴付和个人缴付的住房公积金、基本医疗保险费、基本养老保险费、失业保险费，从纳税义务人的应纳税所得额中扣除。

（12）个人取得的拆迁补偿款按有关规定免征个人所得税。

（13）国务院规定的其他免税所得。该项免税规定，由国务院报全国人民代表大会常务委员会备案。

（二）减税项目

有下列情形之一的，可以减征个人所得税，具体幅度和期限，由省、自治区、直辖市人民政府规定，并报同级人民代表大会常务委员会备案：

（1）残疾、孤老人员和烈属的所得；

（2）因严重自然灾害遭受重大损失的。

（三）暂免征收项目

（1）外籍个人。外籍个人以非现金形式或实报实销形式取得的住房补贴、伙食补贴、搬迁费、洗衣费；外籍个人按合理标准取得的境内、境外出差补贴；外籍个人取得的语言训练费、子女教育费等，经当地税务机关审核批准为合理的部分；外籍个人从外商投资企业取得的股息、红利所得。

（2）对股票转让所得暂不征收个人所得税。

（3）个人举报、协查各种违法、犯罪行为而获得的奖金。

（4）个人办理代扣代缴手续，按规定取得的扣缴手续费。

（5）个人转让自用达5年以上，并且是唯一的家庭生活用房取得的所得，暂免征收。

（6）对个人购买福利彩票、赈灾彩票、体育彩票，一次中奖收入在1万元以下的（含1万元）暂免征收个人所得税，超过1万元的，全额征收个人所得税。

（7）个人取得单张有奖发票奖金所得不超过800元（含800元）的，暂免征收。

（8）达到离休、退休年龄，但确因工作需要，适当延长离休、退休年龄的高级专家（指享受国家发放的政府特殊津贴的专家、学者），其在延长离休、退休期间的工资、薪金所得，视同离休、退休工资免征。

（9）对国有企业职工，因企业依法宣告破产，从破产企业取得的一次性安置费收入，免征个人所得税。

（10）个人领取原提存的住房公积金、基本医疗保险金、基本养老保险金以及失业保险金，免予征收个人所得税。

（11）对工伤职工及其近亲属按规定取得的工伤保险待遇，免征个人所得税。

（12）自 2008 年 10 月 9 日（含）起，对储蓄存款利息所得暂免征收个人所得税。

（13）自 2009 年 5 月 25 日（含）起，以下情形的房屋产权无偿赠与的，对当事双方不征收个人所得税：

① 房屋产权所有人将房屋产权无偿赠与配偶、父母、子女、祖父母、外祖父母、孙子女、外孙子女、兄弟姐妹；

② 房屋产权所有人将房屋产权无偿赠与对其承担直接抚养或者赡养义务的抚养人或者赡养人；

③ 房屋产权所有人死亡，依法取得房屋产权的法定继承人、遗嘱继承人或者受遗赠人。

（14）企业在销售商品（产品）和提供服务过程中向个人赠送礼品，属于下列情形之一的，不征收个人所得税：

① 企业通过价格折扣、折让方式向个人销售商品（产品）和提供服务；

② 企业在向个人销售商品（产品）和提供服务的同时给予赠品，如通信企业对个人购买手机赠话费、入网费，或者购话费赠手机等；

③ 企业对累积消费达到一定额度的个人按消费积分反馈礼品。

模块三　个人所得税的申报缴纳

根据国家相关规定，纳税人应及时向主管税务机关申报个人所得税，个人所得税的纳税办法，有自行申报纳税和代扣代缴两种。

一、自行申报纳税

（一）申报纳税的含义

自行申报纳税，是由纳税人自行在税法规定的纳税期限内，向税务机关申报取得的应税所得项目和数额，如实填写个人所得税纳税申报表，并按照税法规定计算应纳税额，据此缴纳个人所得税的一种方法。

（二）自行申报纳税的纳税义务人

居民个人取得应税所得，扣缴义务人未扣缴税款，非居民个人取得应税所得扣缴义务人未扣缴税款，非居民个人在中国境内从两处以上取得工资、薪金所得等情形。

（三）自行申报纳税的申报期限

（1）居民个人取得应税所得扣缴义务人未扣缴税款，应当在取得所得的次年6月30日前办理纳税申报。税务机关通知限期缴纳的，纳税人应当按照期限缴纳税款。

（2）非居民个人取得应税所得，扣缴义务人未扣缴税款的，应当在取得所得的次年6月30日前办理纳税申报。非居民个人在次年6月30日前离境（临时离境除外）的，应当在离境前办理纳税申报。

（3）非居民个人在中国境内从两处以上取得工资、薪金所得的，应当在取得所得的次月15日内办理纳税申报。

（4）其他需要纳税人办理自行申报的情形，按规定的申报期限办理。

（四）自行申报纳税的申报方式

纳税人可以采取数据电文、邮寄等方式申报，也可以直接到主管税务机关申报，或者采取符合主管税务机关规定的其他方式申报。纳税人也可以委托有税务代理资质的中介机构或者他人代为办理纳税申报。

（五）自行申报纳税的申报地点

（1）在中国境内有任职、受雇单位的，向任职、受雇单位所在地主管税务机关申报。

（2）在中国境内有两处或者两处以上任职、受雇单位的，选择并固定向其中一处单位所在地主管税务机关申报。

（3）在中国境内无任职、无受雇单位，年所得项目中有个体工商户的生产、经营所得或者对企事业单位的承包经营、承租经营所得（以下统称生产、经营所得）的，向其中一处实际经营所在地主管税务机关申报。

（4）在中国境内无任职、无受雇单位，年所得项目中无生产、无经营所得的，向户籍所在地主管税务机关申报。在中国境内有户籍，但户籍所在地与中国境内经常居住地不一致的，选择并固定向其中一地主管税务机关申报。在中国境内没有户籍的，向中国境内经常居住地主管税务机关申报。

（5）其他所得的纳税人，纳税申报地点分别为：

① 个体工商户向实际经营所在地主管税务机关申报。

② 个人独资、合伙企业投资者兴办两个或两个以上企业的，区分不同情形确定纳税申报地点：兴办的企业全部是个人独资性质的，分别向各企业的实际经营管理所在地主管税务机关申报；兴办的企业中含有合伙性质的，向经常居住地主管税务机关申报；兴办的企业中含有合伙性质，个人投资者经常居住地与其兴办企业的经营管理所在地不一致的，选择并固定向其参与兴办的某一合伙企业的经营管理所在地主管税务机关申报；除以上情

形外，纳税人应当向取得所得所在地主管税务机关申报。纳税人不得随意变更纳税申报地点，因特殊情况变更纳税申报地点的，须报原主管税务机关备案。

二、代扣代缴纳税

代扣代缴，是指按照税法规定负有扣缴税款义务的单位或者个人，在向个人支付应纳税所得时，应计算应纳税额，从其所得中扣除并缴入国库，同时向税务机关报送扣缴个人所得税报告表。这种方法有利于控制税源、防止漏税和逃税。

（一）扣缴义务人

凡支付个人应纳税所得的企业（公司）、事业单位、机关、社团组织、军队、驻华机构、个体工商户等单位或者个人，为个人所得税的扣缴义务人。这里所说的驻华机构，不包括外国驻华使领馆和联合国及其他依法享有外交特权和豁免的国际组织驻华机构。

（二）代扣代缴期限

扣缴义务人每月所扣的税款，应当在次月 15 日内缴入国库，并向主管税务机关报送扣缴个人所得税报告表、代扣代收税款凭证和包括每一纳税人姓名、单位、职务、收入、税款等内容的支付个人收入明细表以及税务机关要求报送的其他有关资料。

扣缴义务人违反上述规定不报送或者报送虚假纳税资料的，一经查实，其未在支付个人收入明细表中反映的向个人支付的款项，在计算扣缴义务人应纳税所得额时不得作为成本费用扣除。

扣缴义务人因有特殊困难不能按期报送扣缴个人所得税报告表及其他有关资料的，经县级税务机关批准，可以延期申报。

三、填列纳税申报表

申报缴纳个人所得税，应根据不同情况填写不同申报表格，相关的表格有"个人所得税基础信息表（A 表、B 表）""个人所得税扣缴申报表""个人所得税自行纳税申报表""个人所得税年度自行纳税申报表""个人所得税经营所得纳税申报表（A 表、B 表、C 表）""合伙制创业投资企业单——投资基金核算方式备案表""单一投资基金核算的合伙制创业投资企业个人所得税扣缴申报表"等。

拓展阅读　个人所得税纳税申报相关表格适用范围

不同的纳税人应根据自身情况选择不同的纳税申报表。现以代扣代缴纳税申报表说明个人所得税纳税申报表的填列方法。

扣缴义务人个人所得税扣缴申报时，应填写"个人所得税基础信息表（A 表）""个人所得税扣缴申报表"，以山东新华科技有限责任公司扣缴个人所得税为例，应填写的表格如表 5-7、表 5-8 所示。

表5-7 个人所得税基础信息表（A表）
（适用于扣缴义务人填报）

扣缴义务人名称：山东新华科技有限责任公司
扣缴义务人纳税人识别号（统一社会信用代码）：91302010347832166M

序号	纳税人识别号	纳税人基本信息（带*必填）					任职受雇从业信息					联系方式					银行账户		投资信息		其他信息		华侨、港澳台、外籍个人信息（带*必填）					备注
		*纳税人姓名	*身份证件类型	*身份证件号码	*出生日期	*国籍（地区）	类型	职务	学历	任职受雇从业日期	离职日期	手机号码	户籍所在地	经常居住地	联系地址	电子邮箱	开户银行	银行账号	投资额（元）	投资比例	是否残疾/孤老/烈属	是否残疾/烈属证号	*出生地	*性别	*首次入境时间	*预计离境时间	*涉税事由	
1	2	3	4	5	6	7	8	9	10	11	12	13	14	15	16	17	18	19	20	21	22	23	24	25	26	27	28	29
1		李凯	居民身份证	370203198601310070	19860131	中华人民共和国																						
2		徐金华	居民身份证	370302197905310325	19790531	中华人民共和国																						
3		刘清华	居民身份证	370203198805010075	19880501	中华人民共和国																						
4		张振华	居民身份证	370302198003010301	19800301	中华人民共和国																						
5		江擎苍	居民身份证	370203198601310563	19860131	中华人民共和国																						

续表

序号	纳税人基本信息（带*必填）						任职受雇从业信息					联系方式					银行账户		投资信息		其他信息		华侨、港澳台、外籍个人信息（带*必填）					备注
	纳税人识别号	*纳税人姓名	*身份证件类型	*身份证件号码	*出生日期	*国籍（地区）	类型	职务	学历	任职受雇从业日期	离职日期	手机号码	户籍所在地	经营居住地	联系地址	电子邮箱	开户银行	银行账号	投资额（元）	投资比例	是否残疾／孤老／烈属	残疾／烈属证号	*出生地	*性别	*首次入境时间	*预计离境时间	*涉税事由	
1	2	3	4	5	6	7	8	9	10	11	12	13	14	15	16	17	18	19	20	21	22	23	24	25	26	27	28	29
6		李铭	居民身份证	370203198905280432	19890528	中华人民共和国																						
7		林瑾瑜	居民身份证	370203198702134673	19870213	中华人民共和国																						
8		杨浩宇	居民身份证	370203198604159678	19860415	中华人民共和国																						

谨声明：本表是根据国家税收法律法规及相关规定填报的，是真实的、可靠的、完整的。

扣缴义务人（签章）：

年　月　日

受理人：

受理税务机关（章）：

受理日期：　年　月　日

经办人签字：

经办人身份证件号码：

代理机构签章：

代理机构统一社会信用代码：

表5-8　个人所得税扣缴申报表

税款所属期：202×年01月01日至202×年01月31日

扣缴义务人名称：山东新华华科技有限责任公司

扣缴义务人纳税人识别号（统一社会信用代码）：91302010347832166M

金额单位：人民币元（列至角分）

序号(1)	姓名(2)	身份证件类型(3)	身份证件号码(4)	纳税人识别号(5)	是否为非居民个人(6)	所得项目(7)	收入(8)	费用(9)	免税收入(10)	减除费用(11)	基本养老保险费(12)	基本医疗保险费(13)	失业保险费(14)	住房公积金(15)	年金(16)	商业健康保险(17)	税延养老保险(18)	财产原值(19)	允许扣除的税费(20)	其他(21)	累计收入额(22)	累计减除费用(23)	累计专项扣除(24)	子女教育(25)	赡养老人(26)	住房贷款利息(27)	住房租金(28)	继续教育(29)	累计其他扣除(30)	准予扣除的捐赠额(31-32)	应纳税所得额(33)	税率（预扣率）(34)	速算扣除数(35)	应纳税额(36)	减免税额(37)	已缴税额(38)	应补（退）税额(39)	备注(40)
1	李凯	居民身份证	370203198601310070	370203198601310070	否	工资、薪金所得	69000.00			5000.00	5520.00	1380.00	207.00	5520.00							69000.00	5000.00	12627.00	1000.00	2000.00	1000.00	0.00	400.00	4400.00		46973.00	10%	2520	2177.3			2177.3	
2	徐金华	居民身份证	370302197905310325	370302197905310325	否	工资、薪金所得	20700.00			5000.00	1656.00	414.00	62.10	1656.00							20700.00	5000.00	3788.10	1000.00	1000.00	1000.00	0.00	0.00	3000.00		8911.90	3%	0.00	267.36			267.36	
3	刘清华	居民身份证	370203198805010075	370203198805010075	否	工资、薪金所得	16100.00			5000.00	1288.00	322.00	48.30	1288.00							16100.00	5000.00	2946.30	1000.00	0.00	0.00	0.00	0.00	1000.00		7153.70	3%	0.00	214.61			214.61	
4	张振华	居民身份证	370302198003010301	370302198003010301	否	工资、薪金所得	11500.00			5000.00	920.00	230.00	34.50	920.00							11500.00	5000.00	2104.50	1000.00	1000.00	1000.00	0.00	400.00	2400.00		1995.5	3%	0.00	59.87			59.87	
5	江攀香	居民身份证	370203198601310563	370203198601310563	否	工资、薪金所得	10350.00			5000.00	828.00	207.00	31.05	828.00							10350.00	5000.00	1894.05	500.00	1000.00	0.00	0.00	0.00	1500.00		1955.95	3%	0.00	58.68			58.68	
6	李铭	居民身份证	370203198905280432	370203198905280432	否	工资、薪金所得	9200.00			5000.00	736.00	184.00	27.60	736.00							9200.00	5000.00	1683.60	0.00	0.00	0.00	0.00	400.00	400.00		2116.4	3%	0.00	63.49			63.49	

续表

序号	姓名	身份证件类型	身份证件号码	纳税人识别号	是否为非居民个人	所得项目	收入额 收入	免税收入	费用	减除费用	专项扣除 基本养老保险费	基本医疗保险费	失业保险费	住房公积金	其他扣除 年金	商业健康保险	税延养老保险	财产原值	允许扣除的税费	其他	累计收入额	累计减除费用	累计专项扣除	累计专项附加扣除 子女教育	赡养老人	住房贷款利息	住房租金	继续教育	累计其他扣除	减按计税比例	准予扣除的捐赠额	应纳税所得额	税率/预扣率	速算扣除数	税款计算 应纳税额	减免税额	已缴税额	应补/退税额	备注
1	2	3	4	5	6	7	8	9	10	11	12	13	14	15	16	17	18	19	20	21	22	23	24	25	26	27	28	29	30	31	32	33	34	35	36	37	38	39	40
7	林璀瑜	居民身份证	370203198702134673	370203198702134673	否	工资、薪金所得	5 290.00			5 000.00	423.20	105.80	15.87	423.20							5 290.00	5 000.00	968.07	1 000.00	0.00	0.00	0.00	0.00	1 000.00			0.00	3%	0.00	0.00			0.00	
8	杨浩宇	居民身份证	370203198604159678	370203198604159678	否	工资、薪金所得	4 600.00			5 000.00	368.00	92.00	13.80	368.00							4 600.00	5 000.00	841.80	0.00	0.00	0.00	0.00	1 200.00	1 200.00			0.00	3%	0.00	0.00			0.00	
	会计合计						146 740.00			40 000.00	11 739.20	2 934.80	440.22	11 739.20							146 740.00	40 000.00	26 853.42	4 500.00	5 000.00	3 000.00	1 200.00		13 700.00						2 841.31			2 841.31	

谨声明：本表是根据国家税收法律法规及相关规定填报的，是真实的、可靠的、完整的。

经办人签字：

经办人身份证件号码：

代理机构签章：

代理机构统一社会信用代码：

扣缴义务人（签章）：　　　　　　　　年　月　日

受理人：

受理税务机关（章）：　　　　　年　月　日

受理日期：　　　年　月　日

国家税务总局监制

197

四、报送纳税申报表

按照规定的格式填写的个人所得税扣缴申报表应在规定的时间内报送主管税务局，目前主要的报送方式是直接报送和网上申报。网上申报是目前广泛采用的经济、快捷的报送方式，具体操作方法参照个人所得税网上申报办法。

扣缴义务人均应按主管税务机关核定的纳税期限填报个人所得税扣缴申报表，并于次月 15 日内缴入国库，并向税务机关报送个人所得税扣缴申报表。

📝 项目小结

个人所得税是以个人（自然人）取得的各项应税所得为征税对象所征收的一种直接税，是政府利用税收对个人收入进行调节的手段，体现了国家与个人之间的分配关系。

个人所得税的计税依据是个人的净所得，因而计税时以纳税人的收入或报酬扣除相关费用以后的余额为计税依据。相关费用包括维持纳税人自身及家庭生活、教育及医疗等需要的费用，以及与获取收入和报酬有关的经营费用。

📋 思维导图

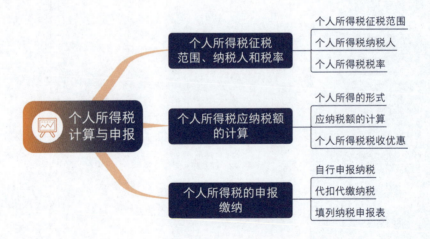

✏️ 项目练习

一、单选题

1. 以下所得中，应按"工资、薪金所得"缴纳个人所得税的是（　　）。

A. 个人提供担保取得的收入

B. 个人兼职取得的收入

C. 个人对其任职公司投资取得的股息

D. 出租汽车经营单位对出租车驾驶员采取单车承包或承租方式运营，驾驶员从事客货营运取得的收入

2. 某画家于 202× 年 9 月将其精选的书画作品交由某出版社出版，从出版社取得报酬 10 万元。该笔报酬在缴纳个人所得税时适用的税目是（   ）。

A. 工资薪金所得 B. 劳务报酬所得

C. 稿酬所得 D. 特许权使用费所得

3. 下列各项中，不属于个人所得税中利息、股息、红利所得的是（   ）。

A. 个人拥有的债权利息所得 B. 个人拥有的股权股息所得

C. 取得的劳动分红所得 D. 取得的红利所得

4. 根据个人所得税法律制度的规定，下列个人所得中，免征个人所得税的是（   ）。

A. 劳动分红 B. 出版科普读物的稿酬所得

C. 年终奖金 D. 保险赔款

5. 根据个人所得税法律制度的规定，下列所得中，应缴纳个人所得税的是（   ）。

A. 加班工资 B. 独生子女补贴

C. 差旅费津贴 D. 国债利息收入

6. 202× 年 10 月，李某在某大学讲学，取得劳务报酬所得 80 000 元，在计算李某个人所得税时，劳务报酬的收入额应为（   ）元。

A. 64 000 B. 80 000

C. 56 000 D. 44 800

7. 根据个人所得税法律制度的规定，下列从事非雇佣劳动取得的收入中，应按"稿酬所得"税目缴纳个人所得税的是（   ）。

A. 审稿收入 B. 翻译收入

C. 题字收入 D. 出版作品收入

8. 根据个人所得税法律制度的规定，下列说法不正确的是（   ）。

A. 在中国境内有住所，或者无住所而一个纳税年度内在中国境内居住累计满 183 天的个人，为居民个人

B. 居民个人的综合所得，以每一纳税年度的收入额减除费用 60 000 元以及专项扣除、专项附加扣除和依法确定的其他扣除后的余额，为应纳税所得额

C. 劳务报酬所得一次收入畸高，是指个人一次取得的劳务报酬收入额超过 20 000 元

D. 非居民个人的工资、薪金所得，以每月收入额减除费用 5 000 元后的余额为应纳税所得额；劳务报酬所得、稿酬所得、特许权使用费所得以每次收入额为应纳税所得额

二、多选题

1. 张某于 202× 年将其一套房产以 100 万元的价格转让给谢某，从中获利 20 万元，根据我国税收法律制度的规定，张某出售房产的行为应缴纳的税种有（   ）。

A. 个人所得税
B. 增值税

C. 契税
D. 土地增值税

2. 根据个人所得税法律制度的规定，下列情形中，纳税人应当自行申报缴纳个人所得税的有（   ）。

A. 取得经营所得的

B. 取得应税所得，扣缴义务人未扣缴税款的

C. 居民个人从中国境外取得所得的

D. 取得综合所得并需要办理汇算清缴的

3. 根据个人所得税法律制度的规定，下列所得中，免予缴纳个人所得税的有（   ）。

A. 保险赔偿
B. 劳动分红

C. 离休费
D. 军人退役金

4. 根据个人所得税法律制度的规定，下列个人所得中，免征个人所得税的有（   ）。

A. 军人领取的复员费
B. 教师工资所得

C. 作家拍卖手稿所得
D. 工人取得的保险赔款

5. 以下有关个人所得税的所得来源说法正确的有（   ）。

A. 财产租赁所得，以租赁财产的转让地作为所得来源地

B. 生产经营所得，以生产、经营所得实现地作为所得来源地

C. 特许权使用费所得，以特许权的使用地作为所得来源地

D. 不动产转让所得，以不动产坐落地为所得来源地

6. 下列居民个人所得中，适用 20% 比例税率的有（   ）。

A. 劳务报酬所得
B. 特许权使用费所得

C. 利息、股息、红利所得
D. 财产转让所得

7. 根据个人所得税法律制度的规定，下列个人所得中，应按"劳务报酬所得"税目征收个人所得税的有（   ）。

A. 某大学教授从甲企业取得的咨询费

B. 某公司高管从乙大学取得的讲课费

C. 某设计院设计师从丙公司取得的设计费

D. 某编剧从丁电视剧制作单位取得的剧本使用费

8. 根据我国个人所得税法律制度规定，下列说法中正确的有（　　　　　）。

A. 提供非专利技术的使用权取得的所得属于特许权使用费所得

B. 对于作者将自己的文字作品手稿原件或复印件公开拍卖（竞价）取得的所得，属于提供著作权的使用所得，故应按特许权使用费所得项目征收个人所得税

C. 个人取得特许权的经济赔偿收入，应按"特许权使用费所得"项目缴纳个人所得税，税款由支付赔偿的单位或个人代扣代缴

D. 编剧从电视剧的制作单位取得的剧本使用费，不再区分剧本的使用方是否为其任职单位，统一按劳务报酬所得项目征收个人所得税

三、判断题

1. 对职工个人以股份形式取得的仅作为分红依据，不拥有所有权的企业量化资产，按照工资薪金所得征收个人所得税。（　　　）

2. 李某在一次有奖购物抽奖中，抽中特别大奖 1 000 元。李某应缴纳个人所得税税额为 200 元。（　　　）

3. 机关、企事业单位对未达到法定退休年龄、正式办理提前退休手续的个人，按照统一标准向提前退休工作人员支付一次性补贴，不属于免税的离退休工资收入，应按"劳务报酬"项目征收个人所得税。（　　　）

4. 在中国境内有住所，或者无住所而在境内居住满 1 年的个人，属于我国个人所得税居民纳税人。（　　　）

5. 个人退职后 6 个月内又再次任职的，对个人已经缴纳个人所得税的退职费收入，不再与再次任职取得的工资薪金所得合并计算补缴个人所得税。（　　　）

6. 居民纳税人，应就其来源于中国境内和境外的所得，依照个人所得税法律制度的规定向中国政府履行全面纳税义务，缴纳个人所得税。（　　　）

7. 个人取得单张有奖发票奖金所得不超过 800 元（含 800 元）的，暂免征收个人所得税；超过 800 元的，只就超过部分按照"偶然所得"项目征收个人所得税。（　　　）

8. 对个人独资企业投资者取得的生产经营所得应征收企业所得税，不征收个人所得税。（　　　）

项目六　资源税计算与申报

 **学习目标**

知识目标	● 熟悉资源税的征税税目、纳税人和税率
	● 掌握资源税税收优惠政策
	● 掌握资源税纳税时间、纳税地点
技能目标	● 能正确计算资源税应纳税额
	● 能进行资源税纳税申报
素养目标	● 熟悉我国资源税征税相关法律法规
	● 了解资源对一个国家的重要性，树立资源保护观念

项目引例

山东福兴煤矿股份有限公司资源税的纳税申报

小李是山东福兴煤矿股份有限公司（简称山东福兴煤矿公司）的会计。该公司的经营范围是开采、加工、销售煤矿且选择以一个月为一期纳税，统一社会信用代码为：91330220790432832T，企业法定代表人是孙铭，公司地址位于枣庄市市中区文化路21号，联系电话是0632-3380796。该公司的开户行是工行枣庄市文化支行，账号为6222024311900866533。202×年11月2日，小李要申报缴纳10月份的资源税，小李整理了10月份公司发生的相关业务，具体如下：

（1）10月9日，公司申报并缴纳202×年9月应纳资源税共计3 500元。

（2）10月10日，领用本公司开采的原煤200吨作为福利发放给职工使用，该原煤不含增值税售价为600元/吨，结转成本450元/吨，该煤矿所开采原煤的资源税税率为8%。

（3）10月15日，销售给山东新能源股份有限公司原煤25 000吨，开具增值税专用发票注明价款15 000 000元，税款1 950 000元，款项已收到。

（4）10月20日，使用本单位开采的原煤加工成洗选煤6 000吨，并对外销售给山东十里泉发电有限公司，该洗选煤不含增值税售价为850元/吨（洗选煤资源税税率为4.8%）。

（5）11月10日，该公司申报并缴纳资源税。

模块一　资源税的征税税目、纳税人和税率

资源税是对在中华人民共和国领域和中华人民共和国管辖的其他海域开发应税资源的单位和个人课征的一种税，属于对自然资源占用课税的范畴。

一、资源税的征税税目

目前我国资源税的具体应税范围，由2020年9月1日起施行的《中华人民共和国资源税法》所附的"资源税税目税率表"确定。包括以下五种类别的资源，且每个税目下面又设有若干子目，具体规定见表6-1。

（1）能源矿产。

（2）金属矿产。

（3）非金属矿产。

（4）水气矿产。

（5）盐。

表6-1　资源税税目税率表

税目			征税对象	税率幅度
能源矿产	原油		原矿	6%
	天然气、页岩气、天然气水合物		原矿	6%
	煤		原矿或者选矿	2%～10%
	煤成（层）气		原矿	1%～2%
	铀、钍		原矿	4%
	油页岩、油沙、天然沥青、石煤		原矿或选矿	1%～4%
	地热		原矿	1%～20%或者每立方米1～30元
金属矿产	黑色金属	铁、锰、铬、钒、钛	原矿或选矿	1%～9%
	有色金属	铜、铅、锌、锡、锑、镁、钴、铋、汞	原矿或选矿	2%～10%
		铝土矿	原矿或选矿	2%～9%

续表

税目			征税对象	税率幅度
金属矿产	有色金属	钨	选矿	6.5%
		钼	选矿	8%
		金、银	原矿或选矿	2%～6%
		铂、钯、钌、锇、铱、铑	原矿或选矿	5%～10%
		轻稀土	选矿	7%～12%
		中重稀土	选矿	20%
		铍、锂、锆、锶、铷、铯、铌、钽、锗、镓、铟、铊、铪、铼、镉、硒、碲	原矿或选矿	2%～10%
非金属矿产	矿物类	高岭土	原矿或选矿	1%～6%
		石灰岩	原矿或选矿	1%～6% 或者每吨（或者每立方米）1～10 元
		磷	原矿或选矿	3%～8%
		石墨	原矿或选矿	3%～12%
		萤石、硫铁矿、自然硫	原矿或选矿	1%～8%
		天然石英砂、脉石英、粉石英、水晶、工业用金刚石、冰洲石、蓝晶石、硅线石、（矽线石）、长石、滑石、刚玉、菱镁矿、颜料矿物、天然碱、芒硝、钠硝石、明矾石、砷、硼、碘、溴、膨润土、硅藻土、陶瓷土、耐火粘土、铁钒土、凹凸棒石粘土、海泡石粘土、伊利石粘土、累托石粘土	原矿或选矿	1%～12%
		叶蜡石、硅灰石、透辉石、珍珠岩、云母、沸石、重晶石、毒重石、方解石、蛭石、透闪石、工业用电器石、白垩、石棉、蓝石棉、红柱石、石榴子石、石膏	原矿或选矿	2%～5% 或者每吨（或者每立方米）0.1～5 元
		其他粘土（铸型类粘土、砖瓦类粘土、陶粒用粘土、水泥配料用红土、水泥配料用黄土、水泥配料用泥岩、保温材料用粘土）	原矿或选矿	1%～5% 或者每吨（或者每立方米）0.1～5 元
	岩石类	大理石、花岗岩、白云岩、石英岩、砂岩、辉绿岩、安山岩、闪长岩、板岩、玄武岩、片麻岩、角闪岩、页岩、浮石、凝灰岩、黑曜岩、霞石正长岩、蛇纹岩、麦饭石、泥灰石、含钾岩石、含钾砂页岩、天然油石、橄榄岩、松脂岩、粗面岩、辉长岩、辉石岩、正长岩、火山灰、火山渣、泥炭	原矿或选矿	1%～10%

续表

税目			征税对象	税率幅度
非金属矿产	岩石类	砂石	原矿或选矿	1%~5% 或者每吨（或者每立方米）0.1~5 元
	宝玉石类	宝石、玉石、宝石级金刚石、玛瑙、黄玉、碧玺	原矿或选矿	4%~20%
水气矿产	二氧化碳气、硫化氢气、氦气、氡气		原矿	2%~5%
	矿泉水		原矿	1%~20% 或者每立方米 1~30 元
盐	钠盐、钾盐、镁盐、锂盐		选矿	3%~15%
	天然卤水		原矿	3%~15% 者每吨（或者每立方米）1~10 元
	海盐			2%~5%

【项目引例分析】

山东福兴煤矿公司 10 月份发生的相关业务中：

① 10 月 10 日，领用本公司开采的原煤 200 吨作为福利发放给职工使用，符合视同销售条件，要缴纳资源税。

② 10 月 15 日，销售给山东新能源股份有限公司原煤 25 000 吨，应缴纳资源税。

③ 10 月 20 日，使用本单位开采的原煤加工成洗选煤 6 000 吨，并对外销售给山东十里泉发电有限公司，应缴纳资源税。

二、资源税的纳税义务人

在中华人民共和国领域和中华人民共和国管辖的其他海域开发应税资源的单位和个人，为资源税的纳税人。上述单位是指企业、行政单位、事业单位、军事单位、社会团体及其他单位，个人指个体经营者和其他个人。

纳税人以应税产品用于非货币性资产交换、捐赠、偿债、赞助、集资、投资、广告、样品、职工福利、利润分配或者连续生产非应税产品等，应按规定缴纳资源税。

【项目引例分析】

山东福兴煤矿公司开采应税矿产品煤矿，为资源税的纳税人。其中，10 月 10 日，领用本公司开采的原煤 200 吨作为福利发放给职工使用，应视同销售，应按规定缴纳资源税。

三、资源税税率

资源税采取从价定率或者从量定额的办法计征，实施"级差调节"的原则。运用资源税对因资源贮存状况、开采条件、资源优劣、地理位置等客观存在的差别而产生的资源级差收入，通过实施差别税率或差别税额标准进行调节。

国务院根据国民经济和社会发展需要，对取用地表水或者地下水的单位和个人试点征收水资源税。征收水资源税的，停止征收水资源费。

水资源税根据当地水资源状况、取用水类型和经济发展等情况实行差别税率。

模块二 资源税应纳税额的计算

一、计税依据

资源税的计税依据为应税产品的销售额或销售量。

资源税应纳税
额的计算

（一）从价定率征收的计税依据

实行从价定率征收资源税的销售额，按照纳税人销售应税产品向购买方收取的全部价款确定，不包括增值税税款。

计入销售额中的相关运杂费用，凡取得增值税发票或者其他合法有效凭据的，准予从销售额中扣除。相关运杂费用是指应税产品从坑口或者洗选（加工）地到车站、码头或者购买方指定地点的运输费用、建设基金以及随运销产生的装卸、仓储、港杂费用。

从价定率征收资源税的销售额不包括与销售额分别核算的运杂费用，凡未取得相应凭据或不能与销售额分别核算的，应当一并计征资源税。

一般销售方式，资源税计税依据的包含因素如表 6-2 所示。

表 6-2 资源税计税依据的包含因素

资源税计税依据包含的因素	计税依据不包含的因素
（1）向购买方收取的全部价款 （2）价外向购买方收取的手续费、补贴、基金、集资费、返还利润、奖励费、违约金、滞纳金、延期付款利息、赔偿金、代收款项、代垫款项、包装费、包装物租金、储备费、优质费以及其他各种性质的价外收费	（1）单独核算收取的运杂费 （2）符合条件的代垫运输费 （3）代收的政府性基金或者行政事业性收费 （4）增值税销项税额

纳税人以人民币以外的货币结算销售额的，应当折合成人民币计算。其销售额的人民币折合率可以选择销售额发生的当天或者当月 1 日的人民币汇率中间价。纳税人应事先确定采用何种折合率计算方法，确定后 1 年内不得变更。

纳税人开采应税产品由其关联单位对外销售的，按其关联单位的销售额征收资源税。纳税人既有对外销售应税产品，又有将应税产品用于除连续生产应税产品以外的其他方面的，则自用的这部分应税产品按纳税人对外销售应税产品的平均价格计算销售额征收资源税。

纳税人将其开采的应税产品直接出口的，按其离岸价格（不含增值税）计算销售额征收资源税。

纳税人申报的应税产品销售额明显偏低且无正当理由的，或者有自用应税产品行为而无销售额的，主管税务机关可以按下列方法和顺序确定其应税产品销售额：

（1）按纳税人最近时期同类产品的平均销售价格确定。

（2）按其他纳税人最近时期同类产品的平均销售价格确定。

（3）按后续加工非应税产品销售价格，减去后续加工环节的成本利润后确定。

（4）按应税产品组成计税价格确定。

$$组成计税价格 = 成本 \times (1 + 成本利润率) \div (1 - 资源税税率)$$

上述公式中的成本利润率由省、自治区、直辖市税务机关确定。

（5）按其他合理方法确定。

（二）从量定额征收的计税依据

应税产品的销售数量，包括纳税人开采或者生产应税产品的实际销售数量和自用于应当缴纳资源税情形的应税产品数量。

课税数量确定的几种基本情况如表 6-3 所示。

表 6-3　课税数量确定的基本情况

具体情况	课税数量的确定
各种应税产品，凡直接对外销售的	以实际销售数量为课税数量
各种应税产品，凡自产自用的 （包括用于非生产项目和生产非应税产品）	以视同销售的自用数量为课税数量
纳税人不能准确提供应税产品销售数量或移送使用数量的	以应税产品的产量或主管税务机关确定的折算比，换算成的数量为课税数量

二、应纳税额的计算

（一）计算公式

1. 从价定率应纳税额的计算

$$应纳税额 = 销售额 \times 适用税率$$

2. 从量定额应纳税额的计算

$$应纳税额 = 课税数量 \times 适用的单位税额$$

（二）资源税的基本计税规定

纳税人以外购原矿与自采原矿混合为原矿销售，或者以外购选矿产品与自产选矿产品混合为选矿产品销售的，在计算应税产品销售额或者销售数量时，直接扣减外购原矿或者外购选矿产品的购进金额或者购进数量。当期不足扣减的，可结转下期扣减。纳税人应当准确核算外购应税产品的购进金额或者购进数量，未准确核算的，一并计算缴纳资源税。

纳税人以外购原矿与自采原矿混合洗选加工为选矿产品销售的，在计算应税产品销售额或者销售数量时，按照下列方法进行扣减：

准予扣减的外购应税产品购进金额（数量）＝外购原矿购进金额（数量）×（本地区原矿适用税率÷本地区选矿产品适用税率）

纳税人核算并扣减当期外购应税产品购进金额、购进数量，应当依据外购应税产品的增值税发票、海关进口增值税专用缴款书或者其他合法有效凭据。

【例题 6.1】

某煤炭企业将外购 200 万元的原煤与自采 300 万元的原煤混合洗选加工为选煤销售，选煤销售额为 540 万元。当地原煤税率为 3%，选煤税率为 2%。

分析：在计算应税产品销售额时，准予扣减的外购应税产品购进金额＝200×（3%÷2%）＝300（万元）。

纳税人开采或者生产同一税目下适用不同税率应税产品的，应当分别核算不同税率应税产品的销售额或者销售数量；未分别核算或者不能准确提供不同税率应税产品的销售额或者销售数量的，从高适用税率。

纳税人以自采原矿（经过采矿过程采出后未进行选矿或者加工的矿石）直接销售，或者自用于应当缴纳资源税情形的，按照原矿计征资源税。

纳税人以自采原矿洗选加工为选矿产品（通过破碎、切割、洗选、筛分、磨矿、分级、提纯、脱水、干燥等过程形成的产品，包括富集的精矿和研磨成粉、粒级成型、切割成型的原矿加工品）销售，或者将选矿产品自用于应当缴纳资源税情形的，按照选矿产品计征资源税，在原矿移送环节不缴纳资源税。对于无法区分原生岩石矿种的粒级成型砂石颗粒，按照砂石税目征收资源税。

纳税人开采或者生产同一应税产品，其中既有享受减免税政策的，又有不享受减免税政策的，按照免税、减税项目的产量占比等方法分别核算确定免税、减税项目的销售额或者销售数量。

纳税人开采或者生产同一应税产品同时符合两项或者两项以上减征资源税优惠政策的，除另有规定外，只能选择其中一项执行。

三、资源税的税收优惠

（1）有下列情形之一的，免征资源税：

① 开采原油以及在油田范围内运输原油过程中用于加热的原油、天然气；

② 煤炭开采企业因安全生产需要抽采的煤成（层）气。

（2）有下列情形之一的，减征资源税：

① 从低丰度油气田开采的原油、天然气，减征 20% 资源税；

② 高含硫天然气、三次采油和从深水油气田开采的原油、天然气，减征 30% 资源税；

③ 稠油、高凝油减征 40% 资源税；

④ 从衰竭期矿山开采的矿产品，减征 30% 资源税。

根据国民经济和社会发展需要，国务院对有利于促进资源节约集约利用、保护环境等情形可以规定免征或者减征资源税，报全国人民代表大会常务委员会备案。

（3）有下列情形之一的，省、自治区、直辖市可以决定免征或者减征资源税：

① 纳税人开采或者生产应税产品过程中，因意外事故或者自然灾害等原因遭受重大损失；

② 纳税人开采共伴生矿、低品位矿、尾矿。

此处规定的免征或者减征资源税的具体办法，由省、自治区、直辖市人民政府提出，报同级人民代表大会常务委员会决定，并报全国人民代表大会常务委员会和国务院备案。

纳税人的免税、减税项目，应当单独核算销售额或者销售数量；未单独核算或者不能准确提供销售额或者销售数量的，不予免税或者减税。

【项目引例分析】

① 10 月 10 日，发放原煤 200 吨作为职工福利，应视同销售，原煤不含增值税售价为 600 元 / 吨，资源税税率为 8%。应缴纳的资源税税额 = 200 × 600 × 8% = 9600（元）。

② 10 月 15 日，销售原煤 25 000 吨，价款 15 000 000 元。该笔业务应缴纳的资源税税额 = 15 000 000 × 8% = 1 200 000（元）。

③ 10 月 20 日，销售洗选煤 6 000 吨，不含增值税售价为 850 元 / 吨（洗选煤资源税税率为 4.8%）。应缴纳的资源税税额＝6 000×850×4.8%＝244 800（元）。

10 月份应缴纳资源税合计＝9 600＋1 200 000＋244 800＝1 454 400（元）。

模块三　资源税的申报缴纳

一、纳税义务发生时间

（1）纳税人采用分期收款结算方式的，为销售合同规定的收款日期的当天。

（2）纳税人采取预收货款结算方式的，为发出应税产品的当天。

（3）纳税人采取其他结算方式的，为收讫销售款或者取得索取销售款凭据的当天。

（4）纳税人自产自用应税产品的纳税义务发生时间，为移送使用应税产品的当天。

二、纳税期限

资源税按月或者按季申报缴纳；不能按固定期限计算缴纳的，可以按次申报缴纳。

纳税人按月或者按季申报缴纳的，应当自月度或者季度终了之日起十五日内，向税务机关办理纳税申报并缴纳税款；按次申报缴纳的，应当自纳税义务发生之日起十五日内，向税务机关办理纳税申报并缴纳税款。

三、纳税地点

纳税人应当向应税产品开采地或者生产地的税务机关申报缴纳资源税。

海上开采的原油和天然气资源税由海洋石油税务管理机构征收管理。

四、资源税纳税申报

纳税人申报资源税，应填写"资源税纳税申报表""资源税纳税申报表附表"，以山东福兴煤矿股份有限公司 10 月份业务为例，"资源税纳税申报表""资源税纳税申报表附表"如表 6-4、表 6-5 所示。

表6-4 资源税纳税申报表

纳税人识别号（统一社会信用代码）：91330220790432832T

纳税人名称：山东福兴煤矿"股份有限公司

税款所属时间：自202×年10月01日至202×年10月31日

本期是否适用增值税小规模纳税人减征政策　是□　否☑
（减免性质代码：06049901）

金额单位：人民币元（列至角分）

税目	子目	计量单位	计税销售量	计税销售额	适用税率	本期应纳税额		减征比例 /% 本期减免税额	本期增值税小规模纳税人减征额	本期已缴税额	本期应补（退）税额
1	2	3	4	5	6	⑦①=4×6	⑦②=5×6	8	9=(7-8)×征比例	10	11=7-8-9-10
煤	原矿	吨	25 200.00	15 120 000.00	8%	1 209 600.00		0.00	0.00	0.00	1 209 600.00
煤	选矿	吨	6 000.00	5 100 000.00	4.8%		244 800.00	0.00	0.00	0.00	244 800.00
合计	—	—	31 200.00	20 220 000.00	—	1 454 400.00		0.00	0.00	0.00	1 454 400.00

谨声明：本纳税申报表是根据国家税收法律法规及相关规定填报的，是真实的、可靠的、完整的。

纳税人（签章）：

年　月　日

经办人：
经办人身份证号：
代理机构签章：
代理机构统一社会信用代码：

受理人：
受理税务机关（章）：
受理日期：　年　月　日

纳税人识别号（统一社会信用机构代码）：9133022079043283ZT

纳税人名称：山东福兴煤矿股份有限公司（公章）

表6-5 资源税纳税申报表附表

（申报和减免税计算明细）

金额单位：人民币元（列至角分）

申报计算明细

序号	税目	子目	计量单位	销售数量	准予扣减的外购应税产品购进数量	计税销售数量	销售额	准予扣除的运杂费	准予扣减的外购应税产品购进金额	计税销售额
	1	2	3	4	5	6=4-5	7	8	9	10=7-8-9
1	煤	原矿	吨	25 200.00	0.00		15 120 000.00	0.00	0.00	15 120 000.00
2	煤	选矿	吨	6 000.00	0.00		5 100 000.00	0.00	0.00	5 100 000.00
3										
合计				31 200.00	0.00		20 220 000.00	0.00	0.00	20 220 000.00

减免税计算明细

序号	税目	减免项目名称	计量单位	减免税销售量	减免税销售额	适用税率	减免性质代码	减征比例	本期减免税额
	1	2	3	4	5	6	7	8	9
									10①=5×7×9
									10②=6×7×9
1									
2									
3									

📝 项目小结

  资源税是对在中华人民共和国领域和中华人民共和国管辖的其他海域开发应税资源的单位和个人课征的一种税。我国资源税主要对能源矿产、金属矿产、非金属矿产、水气矿产、盐五类资源征税。资源税采取从价定率或者从量定额的方法计征。征收资源税的目的是增加国家财政收入，促使企业平等竞争，杜绝和限制自然资源严重浪费的现象。

📋 思维导图

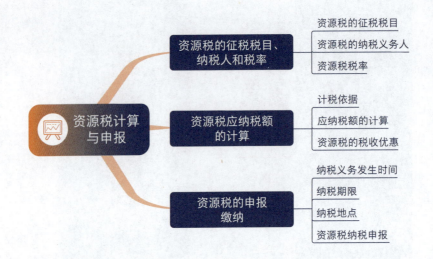

✏️ 项目练习

一、单选题

1. 下列单位出售的矿产品中，不缴纳资源税的是（　　　）。

A. 开采单位销售自行开采的煤矿   B. 油田出售自行开采的天然气

C. 盐场销售自行开采的井矿盐   D. 油田销售的人造石油

2. 纳税人开采或生产应税产品并销售的，其资源税的征税数量为（　　　）。

A. 开采数量   B. 实际产量

C. 计划产量   D. 销售数量

3. 资源税纳税环节应是（　　　）。

A. 生产销售环节   B. 批发环节

C. 运输环节   D. 最终消费环节

4. 根据资源税相关规定，纳税人既有对外销售应税产品，又有将应税产品自用于除连续生产应税产品以外的其他方面的，对自用应税产品，移送时应纳资源税的销售额是该产品的（　　　）。

A. 成本价
B. 最低价

C. 最高价
D. 平均价

5. 某原油开采企业为增值税一般纳税人，202×年3月开采原油10万吨，当月销售6万吨，取得不含税收入24 000万元，3万吨用于继续加工为成品油，1万吨用于加热、修井。该企业当月应纳资源税（　　　）万元（原油资源税税率为6%）。

A. 1 440
B. 2 400

C. 2 160
D. 1 000

二、多选题

1. 下列各项中，符合资源税纳税义务发生时间规定的有（　　　）。

A. 采取分期收款结算方式的，为销售合同规定的收款日期的当天

B. 自产自用应税产品的，为移送使用应税产品的当天

C. 采取预收货款结算方式的，为收到预收款的当天

D. 扣缴义务人代扣代缴税款的，为全部支付价款的当天

2. 下列纳税人中，不缴纳资源税的有（　　　）。

A. 采掘应税资源产品的外商投资企业和外国企业

B. 进口应税资源产品的国有企业

C. 进口应税资源产品的个人

D. 采掘应税资源产品的私营企业

3. 下列资源中，为应税资源的有（　　　）。

A. 人造石油
B. 天然矿泉水

C. 锰矿石原矿
D. 与原油同时开采的天然气

4. 资源税的纳税义务人包括（　　　）。

A. 在中国境内开采并销售煤炭的个人

B. 在中国境内生产销售天然气的国有企业

C. 在中国境内生产自用应税资源的个人

D. 进口应税资源的国有企业

5. 下列关于资源税纳税地点的说法中，正确的有（　　　）。

A. 煤矿资源税在销售地缴纳

B. 煤矿资源税在开采地缴纳

C. 煤矿资源税在消费地缴纳

D. 海洋原油资源税向国家税务总局海洋石油税务管理机构缴纳

三、判断题

1. 企业将开采的煤炭出口销售的，免纳资源税。（　　）

2. 凡在我国境内开采原油、天然气的单位，都要依照《中华人民共和国资源税暂行条例》缴纳资源税。（　　）

3. 中外合作油（气）田，以及中国海洋石油总公司海上自营油田开采的原油、天然气暂不征收资源税。（　　）

4. 将开采的原煤直接对外销售的，以原煤的销售价格作为资源税的计税依据。（　　）

5. 火力发电贯流式冷却取用水，不缴纳水资源税。（　　）

项目七　土地增值税计算与申报

学习目标

知识目标
- 熟悉土地增值税的征税范围、纳税人和税率
- 掌握土地增值税税收优惠政策
- 掌握土地增值税纳税时间、纳税地点

技能目标
- 能准确计算土地增值税应纳税额
- 能进行土地增值税纳税申报

素养目标
- 了解土地资源的稀缺性，树立热爱祖国、珍惜资源的观念
- 熟悉我国土地增值税相关法律法规

项目引例

成都立信房地产开发公司的土地增值税纳税申报

成都立信房地产开发公司（地址：成都市成华区青龙场致祥路40号；社会统一信用代码：915101087949138201；主管部门：成都市建设局；开户银行：中国建设银行成都致祥路支行；银行账号：436742897654090072；电话：028-875682493）进行普通标准住宅项目开发，项目名称为立信一号，地址为成都市成华区建设路10号。已知支付的土地出让金为2 780万元，缴纳相关税费220万元；住宅开发成本2 500万元，其中土地征用及拆迁补偿费400万元，前期工程费200万元，建筑安装工程费1 000万元，基础设施费300万元，公共配套设施费300万元，开发间接费用300万元；房地产开发费用中的利息支出为200万元（不能提供金融机构证明），其他开发费用合计400万元；当年住宅于202×年1月全部销售完毕，取得不含税销售收入共计9 500万元；缴纳城市维护建设税和教育费附加25万元；缴纳印花税3.8万元。已知：该企业所在省人民政府规定的房地产开发费用的计算扣除比例为10%，房地产开发加计扣除比率为20%。

现新华会计师事务所会计小李受托进行该公司当年土地增值税纳税申报。

217

模块一　土地增值税的征税范围、纳税人和税率

　　土地增值税，是对转让国有土地使用权、地上建筑物及其附着物并取得收入的单位和个人，就其转让房地产所取得的增值额征收的一种税。

一、土地增值税征税范围

　　土地增值税征税的基本范围包括：转让国有土地使用权、转让地上建筑物及其他附着物产权，对出让国有土地使用权或转让非国有土地使用权的行为不征税。在实际情况中判断是否属于征税范围，应结合两个核心问题：其一为该行为是否转移不动产所有权，其二为转让方是否取得收入。

（一）应征土地增值税的情形

（1）对企业、单位和个人转让国有土地使用权。

（2）转让地上建筑物及其他附着物产权。

（3）单位之间交换房地产。

（4）合作建房后转让产权。

（5）房地产抵押期满后，以房抵债而发生的房地产权属转让。

（6）企业改制重组中房地产的转移方或接受方为房地产开发企业。

拓展阅读　改制重组中暂不征收土地增值税的四种情形

（二）不征或暂不征收土地增值税的情形

（1）房地产出租。

（2）房地产重新评估增值。

（3）在房地产抵押期内，未发生以房抵债情形的。

（4）房地产的代建行为。

（5）以继承、赠与等方式无偿转让的房地产（仅限赠与直系亲属、承担直接赡养义务人或社会福利、公益事业）。

（6）企业改制重组中房地产的转移方或接受方均非房地产开发企业。

（三）免征土地增值税的情形

（1）个人互换自有居住用房地产，经当地税务机关核实的。

（2）纳税人建造普通标准住宅出售，增值额未超过扣除项目金额20%的。

（3）因国家建设需要依法征用、收回的房地产。

（4）企事业单位、社会团体以及其他组织转让旧房作为公共租赁住房房源且增值额未超过扣除项目金额20%的。

（5）居民个人转让住房。

【项目引例分析】

成都立信房地产开发公司销售立信一号项目并取得收入，属于土地增值税的征税范围。

二、土地增值税纳税人

土地增值税的纳税人是指转让国有土地使用权及地上建筑物和其他附着物产权、并取得收入的单位和个人。单位，包括各类企业、事业单位、国家机关、社会团体和其他组织。个人，包括个体经营者。土地增值税也适用于外商投资企业、外国企业和外国个人。

【项目引例分析】

成都立信房地产开发公司销售立信一号项目并取得收入，是土地增值税的纳税人。

三、土地增值税税率

土地增值税按照四级超率累进税率进行征收（见表7-1）。对比超额累进税率可知，超额累进税率累进的依据是数额差，超率累进税率累进的依据是数额比，本税种累进依据的数额比是增值额与扣除项目金额的比率。

表7-1　土地增值税税率表

级数	增值额与扣除项目金额的比率	适用税率	速算扣除率
1	未超过 50% 的部分	30%	0
2	超过 50% 未超过 100% 的部分	40%	5%
3	超过 100% 未超过 200% 的部分	50%	15%
4	超过 200% 的部分	60%	35%

模块二 土地增值税应纳税额的计算

一、计税依据

土地增值税是以转让房地产取得的收入，减除法定扣除项目金额后的增值额作为计税依据，即：

$$增值额 = 收入 - 扣除项目金额$$

（一）应税收入的确定

纳税人转让房地产取得的应税收入，包括转让房地产取得的全部价款及其他有关的经济利益。此处收入为不含增值税收入。

从收入形式上看，包括货币收入、实物收入和其他收入。非货币收入按照公允价值或评估价值确定应税收入。

转让土地使用权和出售新建房应纳税额的计算

（二）扣除项目及金额的确定

（1）取得土地使用权所支付的金额，包括纳税人为取得土地使用权所支付的价款和取得土地使用权按国家统一规定缴纳的费用和税金。

（2）开发土地和新建房及配套设施的成本（以下简称房地产开发成本）。包括土地征用及拆迁补偿费、前期工程费、建筑安装工程费、基础设施费、公共设施配套费、开发间接费用。这些成本允许按实际发生额扣除。

土地征用及拆迁补偿费，包括土地征用费、耕地占用税、劳动力安置费及有关地上、地下附着物拆迁补偿的净支出、安置动迁用房支出等。

前期工程费，包括规划、设计、项目可行性研究和水文、地质、勘察、测绘、"三通一平"等支出。

建筑安装工程费，是指以出包方式支付给承包单位的建筑安装工程费，以自营方式发生的建筑安装工程费。

基础设施费，包括开发小区内道路、供水、供电、供气、排污、排洪、通讯、照明、环卫、绿化等工程发生的支出。

公共配套设施费，包括不能有偿转让的开发小区内公共配套设施发生的支出。

开发间接费用，是指直接组织、管理开发项目发生的费用，包括工资、职工福利费、折旧费、修理费、办公费、水电费、劳动保护费、周转房摊销等。

（3）开发土地和新建房及配套设施的费用（以下简称房地产开发费用），是指与房地产开发有关的销售费用、管理费用、财务费用。根据新会计制度规定，与房地产开发有关的费用按照实际发生额计入当年损益，不按房地产项目进行归集或分摊。

根据新会计制度规定，与房地产开发有关的费用按照实际发生额直接计入当年损益，不按房地产项目进行归集或分摊。其中，财务费用中的利息支出是否单列，取决于利息支出是否能够按转让房地产项目计算分摊，并提供金融机构证明。

① 利息支出满足上述条件的，允许据实扣除，但最高不能超过按商业银行同类同期贷款利率计算的金额，其他房地产开发费用按取得土地使用权所支付的金额及房地产开发成本之和的 5% 以内的予以扣除。

② 利息支出不能提供金融机构证明的，利息不单独扣除，房地产开发费用的扣除按取得土地使用权所支付的金额及房地产开发成本的 10% 以内计算扣除。

上述计算扣除的具体比例，由各省、自治区、直辖市人民政府规定。

（4）与转让房地产有关的税金，是指在转让房地产时缴纳的城市维护建设税、印花税。因转让房地产缴纳的教育费附加，也可视同税金予以扣除。这里印花税是否单独扣除，目前是取决于纳税人是否属于房地产开发企业。实务中，房地产开发企业转让房地产时缴纳的印花税列入管理费用中，故不再单独扣除印花税。非房地产开发企业缴纳的印花税允许在此处单独扣除。

拓展阅读　印花税的会计处理

（5）加计扣除。对从事房地产开发的纳税人，可按取得土地使用权所支付的金额与房地产开发成本之和加计 20% 扣除。

（6）旧房及建筑物的评估价格，是指在转让已使用的房屋及建筑物时，由政府批准设立的房地产评估机构评定的重置成本价乘以成新度折扣率后的价格，并由当地税务机关参考评估机构的评估而确认的价格。

出售旧房应纳税额的计算

（三）计税依据的特殊规定

（1）在下列情况下，按照房地产评估价格征收土地增值税：

① 隐瞒、虚报房地产成交价格的。

② 提供扣除项目金额不实的。

③ 转让房地产的成交价格低于房地产评估价格，又无正当理由的。

④ 非直接销售和自用房地产收入。

（2）房地产开发企业将开发产品用于职工福利、奖励、对外投资、分配给股东或投资人、抵偿债务、换取其他单位和个人的非货币性资产等，发生所有权转移时应视同销售房地产，其收入按下列方法和顺序确认：

① 按本企业在同一地区、同一年度销售的同类房地产的平均价格确定。

② 由主管税务机关参照当地当年、同类房地产的市场价格或评估价值确定。

二、土地增值税应纳税额的计算

（一）应纳税额的计算公式

$$应纳土地增值税税额 = 增值额 \times 税率 - 速算扣除数$$

（二）应纳税额的计算步骤

（1）确定转让房地产取得的收入。

（2）确定扣除项目合计金额。注意在确定扣除项目合计金额时，需判断该项目是转让新建房产，还是转让存量房产。如果是前者，还要判断纳税人是房地产开发企业，还是非房地产开发企业。不同情况下扣除项目的范围是不同的。

（3）计算增值额。

$$增值额 = 转让房地产取得的收入 - 扣除项目合计金额$$

（4）计算增值率，并根据增值率确定适用税率和速算扣除系数。

$$增值率 = 增值额 \div 扣除项目金额$$

（5）计算应纳税额。

$$应纳税额 = 增值额 \times 适用税率 - 扣除项目金额 \times 速算扣除系数$$

【项目引例分析】

（1）本例中成都立信房地产开发公司的应税收入为 9 500 万元。

（2）扣除项目：

① 取得土地使用权所支付的金额 = 2 780 + 220 = 3 000（万元）。

② 房地产开发成本：土地征用及拆迁补偿费 + 前期工程费 + 建筑安装工程费 + 基础设施费 + 公共配套设施费 + 开发间接费用 = 400 + 200 + 1 000 + 300 + 300 + 300 = 2 500（万元）。

③ 房屋开发费用：利息支出 + 其他开发费用 = 200 + 400 = 600（万元），因利息支出不能提供金融机构证明，故不能单列。扣除限额为（3 000 + 2 500）× 10% = 550（万元），按 550 万元扣除。

④ 与转让房地产有关的税金：城市维护建设税和教育费附加 = 25（万元）。

⑤ 加计扣除（本公司为房地产开发企业）:（3 000 + 2 500）× 20% = 1 100（万元）。

⑥ 扣除项目合计金额 = 3 000 + 2 500 + 550 + 25 + 1 100 = 7 175（万元）。

（3）增值额 = 9 500 - 7 175 = 2 325（万元）。

（4）增值率 = 2 325 ÷ 7 175 ≈ 32.4%，对照土地增值税税率表可知，适用第一级税率 30%，速算扣除率为 0。

（5）应纳税额 = 2 325 × 30% = 697.5（万元）。

三、土地增值税的税收优惠

（1）纳税人建造普通标准住宅出售，增值额未超过扣除项目金额 20% 的，予以免税；超过 20% 的，应按全部增值额缴纳土地增值税。

普通标准住宅，是指按所在地一般民用住宅标准建造的居住用住宅。高级公寓、别墅、度假村等不属于普通标准住宅。2005 年 6 月 1 日起，同时满足以下条件的为普通住宅：住宅小区建筑容积率在 1.0 以上；单套建筑面积在 120 平方米以下；实际成交价格低于同级别土地上住房平均交易价格 1.2 倍以下。各省、自治区、直辖市要根据实际情况，制定本地区享受优惠政策普通住房的具体标准。允许单套建筑面积和价格标准适当浮动，但向上浮动的比例不得超过上述标准的 20%。

对于纳税人既建造普通标准住宅又从事其他房地产开发的，应分别核算增值额。不分别核算增值额或者不能准确核算增值额的，其建造的普通标准住宅不能适用这一免税规定。

（2）国家建设需要依法征用、收回的房地产，免征土地增值税。

（3）企事业单位、社会团体以及其他组织转让旧房作为廉租住房、经济适用住房房源且增值额未超过扣除项目金额 20% 的，免征土地增值税。

（4）自 2008 年 11 月 1 日起，对居民个人转让住房一律免征土地增值税。

模块三　土地增值税的申报缴纳

一、纳税申报时间

土地增值税的纳税人应在转让房地产合同签订后的 7 日内，到房地产所在地主管税务机关办理纳税申报，并向税务机关提交房屋及建筑物产权、土地使用权证书，土地使用权转让、房产买卖合同，房地产评估报告及其他与转让房地产有关的资料。

二、纳税申报地点

土地增值税的纳税人应向房地产所在地主管税务机关办理纳税申报，并在税务机关核定的期限内缴纳。"房地产所在地"是指房地产的坐落地。纳税人转让的房地产坐落在两个或以上地区的，应按房地产所在地分别申报纳税。

（1）纳税人是法人时：转让房地产坐落地与其机构所在地或经营所在地一致的，应在办理税务登记的原管辖税务机关申报纳税；如果不一致的，则应在房地产坐落地所管辖的税务机关申报纳税。

（2）纳税人是自然人时：转让房地产坐落地与其居住所在地一致的，应在住所所在地税务机关申报纳税；如果不一致的，则应在办理过户手续所在地的税务机关申报纳税。

三、申报缴纳流程

纳税人在项目全部竣工结算前转让房地产取得的收入，由于涉及成本确定或其他原因，而无法据以计算土地增值税的，可以预征土地增值税，待该项目全部竣工、办理结算后再进行清算，多退少补。在我国，因房地产开发周期长，从事该项业务的企业多采用预售方式，因此一般其应缴纳的土地增值税采取平时预征、竣工结算后汇算清缴的方法。

（一）预征

预征是按预售收入乘以预征率计算，预征率由各省、自治区、直辖市税务局根据当地情况核定。假定某房产开发企业计划开发住宅楼 5 栋，2021 年年底竣工交付使用，2020年一季度取得预售收入 10 000 万元，当地核定的土地增值税预征率为 2%，则应预缴的土地增值税为 200 万元（10 000×2%）。

（二）纳税清算

土地增值税纳税清算，是指纳税人在符合土地增值税清算条件后，依照税收法律、法规及土地增值税有关政策规定，计算房地产开发项目应缴纳的土地增值税税额，结清该房地产项目应缴纳土地增值税税款的行为。土地增值税清算需要填写"土地增值税清算申报表"，向主管税务机关提供有关资料，办理土地增值税清算手续。

1. 清算条件

（1）纳税人符合下列条件之一的，应进行土地增值税的清算。

① 房地产开发项目全部竣工、完成销售的；

② 转让未竣工决算房地产开发项目的；

③ 直接转让土地使用权的。

（2）符合以下条件之一的，主管税务机关可要求纳税人进行土地增值税清算。

① 已竣工验收的房地产开发项目，已转让的房地产建筑面积占整个项目可售建筑面积的比例在 85% 以上，或该比例虽未超过 85%，但剩余的可售建筑面积已经出租或自用的；

② 取得销售（预售）许可证满三年仍未销售完毕的；

③ 纳税人申请注销税务登记但未办理土地增值税清算手续的；

④ 省（自治区、直辖市、计划单列市）税务机关规定的其他情况。

对前款所列第③项情形，应在办理注销登记前进行土地增值税清算。

2. 清算流程

对于符合清算条件，应进行土地增值税清算的项目，纳税人应当在满足条件之日起90 日内到主管税务机关办理清算手续。

对于符合第二种清算条件，主管税务机关可要求纳税人进行土地增值税清算；对于确定需要进行清算的项目，由主管税务机关下达清算通知，纳税人应当在收到清算通知之日起 90 日内办理清算手续。

纳税人清算土地增值税时应提供的清算资料：

（1）土地增值税清算表及其附表。

（2）房地产开发项目清算说明，主要内容应包括房地产开发项目立项、用地、开发、销售、关联方交易、融资、税款缴纳等基本情况及主管税务机关需要了解的其他情况。

（3）项目竣工决算报表、取得土地使用权所支付的地价款凭证、国有土地使用权出让合同、银行贷款利息结算通知单、项目工程合同结算单、商品房购销合同统计表、销售明细表、预售许可证等与转让房地产的收入、成本和费用有关的证明资料。主管税务机关需要相应项目记账凭证的，纳税人还应提供记账凭证复印件。

（4）纳税人委托税务中介机构审核鉴证的清算项目，还应报送中介机构出具的"土地增值税清算税款鉴证报告"。

【项目引例分析】

根据引例内容，成都立信房地产开发公司进行土地增值税清算适用的申报表如表 7-2 所示。

表 7-2 土地增值税纳税申报表（二）

（从事房地产开发的纳税人清算适用）

税款所属时间：202×年1月1日至202×年1月31日　　填表日期：202×年2月20日　　金额单位：元至角分　　面积单位：平方米

纳税人识别号	9 1 5 1 0 1 0 8 7 9 4 9 1 3 8 2 0 1			
纳税人名称	成都立信房地产开发公司	项目名称	立信一号	项目地址	成都市成华区建设路10号
所属行业	房地产开发企业	登记注册类型	股份有限公司	纳税人地址	成都市成华区青龙场致祥路40号	邮政编码	610000
开户银行	中国建设银行成都致祥路支行	银行账号	43674289765409072	主管部门	成都市建设局	电话	028-87682493

总可售面积		其中：普通住宅已售面积		自用和出租面积	
已售面积		其中：非普通住宅已售面积		其中：其他类型房地产已售面积	

项目	行次	金额		
		普通住宅	非普通住宅	其他类型房地产	合计
一、转让房地产收入总额 1=2+3+4	1	95 000 000			95 000 000
其中 货币收入	2	95 000 000			95 000 000
实物收入	3				
其他收入	4				
二、扣除项目金额合计 5=6+7+14+17+21	5	71 750 000			71 750 000
1. 取得土地使用权所支付的金额	6	30 000 000			30 000 000

续表

项目	行次	金额			合计
		普通住宅	非普通住宅	其他类型房地产	
2. 房地产开发成本　7 = 8 + 9 + 10 + 11 + 12 + 13	7	25 000 000			25 000 000
其中 　土地征用及拆迁补偿费	8	4 000 000			4 000 000
前期工程费	9	2 000 000			2 000 000
建筑安装工程费	10	10 000 000			10 000 000
基础设施费	11	3 000 000			3 000 000
公共配套设施费	12	3 000 000			3 000 000
开发间接费用	13	3 000 000			3 000 000
3. 房地产开发费用　14 = 15 + 16	14	5 500 000			5 500 000
其中 　利息支出	15				
其他房地产开发费用	16	5 500 000			5 500 000
4. 与转让房地产有关的税金等　17 = 18 + 19 + 20	17	250 000			250 000
其中 　营业税	18				
城市维护建设税	19	175 000			175 000
教育费附加	20	75 000			75 000
5. 财政部规定的其他扣除项目	21	1 100 000			1 100 000
三、增值额　22 = 1 − 5	22	23 250 000			23 250 000
四、增值额与扣除项目金额之比（%）　23 = 22 ÷ 5	23	32.4%			32.4%

227

续表

项目		行次	金额			合计
			普通住宅	非普通住宅	其他类型房地产	
五、适用税率（%）		24	30%			30%
六、速算扣除系数（%）		25	0			0
七、应缴土地增值税额 26＝22×24－5×25		26	6 975 000			6 975 000
八、减免税额 27＝29＋31＋33		27				
其中	减免税（1） 减免性质代码	28				
	减免税额	29				
	减免税（2） 减免性质代码	30				
	减免税额	31				
	减免税（3） 减免性质代码	32				
	减免额	33				
九、已缴土地增值税额		34	1 575 000			1 575 000
十、应补（退）土地增值税税额 35＝26－27－34		35	5 400 000			5 400 000

纳税人声明：此纳税申报表是根据《中华人民共和国土地增值税暂行条例》及其实施细则的规定填报的，是真实的、可靠的、完整的。

声明人签字：_____

授权代理人：（如果你已委托代理申报人，请填写下列资料）

为代理一切税务事宜，现授权_____（地址）为本纳税人的代理申报人，任何与本报表有关的来往文件都可寄给此人。

授权人签字：_____

纳税人公 章	法人代表 签 章	代理人 签 章	经办人员 签章	备 注

续表

（以下部分由主管税务机关负责填写）

主管税务机关收到日期		接收人		审核日期		税务审核人员签章	
审核记录						主管税务机关盖章	

说明：财会〔2016〕22 号财政部关于印发《增值税会计处理规定》的通知，企业发生的印花税通过"税金及附加"账户核算，不再通过管理费用核算，即房地产开发企业的印花税也是要单独扣除的，此处申报表未更新，只能将印花税金额加入开发费用中扣除。

📝 **项目小结** ▮--▮

　　土地增值税，是对转让国有土地使用权、地上建筑物及其附着物并取得收入的单位和个人，就其转让房地产所取得的增值额征收的一种税。土地增值税适用四级超率累进税率，计税依据为转让所取得的增值额，增值额的确定又根据不同的转让情形有不同的规定。因为房地产开发的周期较长，土地增值税一般采取平时预征、竣工结算后汇算清缴的方法。

📊 **思维导图** ▮--▮

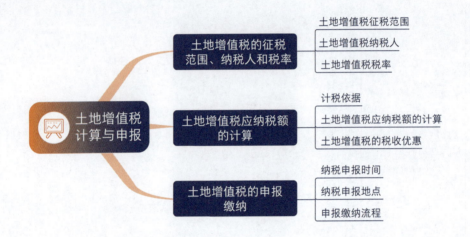

🖊 **项目练习** ▮--▮

一、单选题

1. 纳税人建造普通标准住宅出售，土地增值额未超过扣除项目金额（　　　）的免税。

A. 10%　　　　　　　　　　　　　　　B. 20%

C. 30%　　　　　　　　　　　　　　　D. 40%

2. 对从事房地产开发的土地增值税纳税人可按取得土地使用权所支付金额和房地产开发成本之和，加计（　　　）的费用扣除。

A. 5%　　　　　　　　　　　　　　　　B. 10%

C. 20%　　　　　　　　　　　　　　　D. 30%

3. 根据土地增值税法律制度的规定，下列行为中，应缴纳土地增值税的是（　　　）。

A. 甲企业将自有厂房出租给乙企业

B. 丙企业转让国有土地使用权给戊企业

C. 某市政府出让国有土地使用权给丁房地产开发商

D. 戊软件开发公司将闲置房屋通过民政局捐赠给养老院

4. 根据土地增值税法律制度的规定，下列行为中，属于土地增值税征税范围的是（　　）。

A. 出租房屋 　　　　　　　　　　　B. 代建房屋

C. 企业之间交换房屋 　　　　　　　D. 评估房屋

5. 某企业销售房产取得售价 5 000 万元，扣除项目金额合计为 3 000 万元，已知适用的土地增值税税率为 40%，速算扣除系数为 5%。则该企业应缴纳土地增值税（　　）万元。

A. 650 　　　　　　　　　　　　　B. 700

C. 1 850 　　　　　　　　　　　　D. 1 900

二、多选题

1. 土地增值税扣除项目金额包括（　　　　）。

A. 取得土地使用权所支付的金额 　　B. 开发土地的成本

C. 房地产开发费用 　　　　　　　　D. 与转让房地产有关的税金

2. 非房地产开发企业在计算土地增值税时，允许扣除的税金有（　　　　）。

A. 契税 　　　　　　　　　　　　　B. 印花税

C. 城建税 　　　　　　　　　　　　D. 增值税

3. 纳税人转让旧房，在计算土地增值额时，允许扣除的项目有（　　　　）。

A. 转让环节缴纳给国家的各项税费

B. 经税务机关确认的房屋及建筑物的评估价格

C. 当期发生的管理费用、财务费用和销售费用

D. 取得土地使用权所支付的价款和按国家规定缴纳的有关税费

4. 根据土地增值税法律制度的规定，下列情形中，免于缴纳土地增值税的有（　　　　）。

A. 因城市实施规划、国家建设的需要而搬迁，由纳税人自行转让原房地产

B. 纳税人建造高级公寓出售，增值额未超过扣除项目金额 20%

C. 企事业单位转让旧房作为经济适用住房房源，且增值额未超过扣除项目金额 20%

D. 因国家建设需要依法征用、收回的房地产

5. 根据土地增值税法律制度的规定，下列各项中，属于房地产开发成本的有（　　　　）。

A. 土地征用费 　　　　　　　　　　B. 前期工程费

C. 公共配套设施费 　　　　　　　　D. 基础设施费

三、判断题

1. 出租住房属于土地增值税的征税范围。（   ）

2. 超过贷款期限的利息部分和加罚的利息在计算土地增值税计税依据时不允许扣除。（   ）

3. 对居民个人转让住房一律免征土地增值税。（   ）

4. 对所有纳税人，都可按取得土地使用权所支付的金额与房地产开发成本之和加计20% 扣除。（   ）

5. 利息支出不能提供金融机构证明的，利息不单独扣除，房地产开发费用的扣除按取得土地使用权所支付的金额及房地产开发成本的 5% 以内计算扣除。（   ）

项目八　城镇土地使用税计算与申报

学习目标

知识目标
- 熟悉城镇土地使用税征税范围、纳税人和税率
- 掌握城镇土地使用税税收优惠政策
- 掌握城镇土地使用税纳税时间、纳税地点
- 了解耕地占用税

技能目标
- 能准确计算城镇土地使用税应纳税额
- 能进行城镇土地使用税的纳税申报

素养目标
- 熟悉我国城镇土地使用税相关法律法规
- 了解我国城镇土地使用税实行有差别的幅度定额税率的意义

项目引例

广州耀欣服装有限责任公司的纳税申报

广州耀欣服装有限责任公司（简称广州耀欣公司），地址为广州市天河区华夏路26号，社会统一信用代码为785239014592368715，主要从事服装批发零售业务，202×年该公司穗地证字第98561号《国有土地使用证》上记载占用土地的面积为3 500平方米且属一级地段；该公司有一座位于广州市天河区新塘街25号的仓库，土地使用证号为穗地证字第92145号，属四级地段，占地面积为2 000平方米。另外，该公司在广州市海珠区新港路225号还自办了一家幼儿园，占地面积为2 500平方米，土地使用证号为穗地证字第98561号，属三级地段，该幼儿园用地能与企业其他用地明确区分。

202×年9月20日，又到每年一度的城镇土地使用税缴纳税款的最后时限，广州耀欣公司会计张新成找出公司相关的土地使用证，计算公司202×年应纳城镇土地使用税税额。

模块一　城镇土地使用税的纳税人、征税范围和税率

城镇土地使用税是指国家在城市、县城、建制镇和工矿区范围内，对使用土地的单位和个人，以其实际占用的土地面积为计税依据，按照规定的税额计算征收的一种税。

一、城镇土地使用税的征税范围

城镇土地使用税的征税范围包括在城市、县城、建制镇和工矿区内的国家所有和集体所有的土地。具体的规定如下：

（1）城市是指经国务院批准设立的城市，城市的征税范围为市区和郊区。

（2）县城是指县人民政府所在地，县城的征税范围为县人民政府所在的城镇。

（3）建制镇是指经省、自治区、直辖市人民政府批准设立的建制镇，建制镇的征税范围为镇人民政府所在地。

（4）工矿区是指工商业比较发达，人口比较集中，符合国务院规定的建制镇标准，但尚未设立建制镇的大中型工矿企业所在地，工矿区须经省、自治区、直辖市人民政府批准。

【项目引例分析】

广州耀欣公司在市区、郊区均拥有土地，按规定属于城镇土地使用税的征税对象。具体如下：

① 位于广州市天河区华夏路 26 号的经营店，属于征税范围。

② 位于广州市天河区新塘街 25 号的仓库，属于征税范围。

③ 位于广州市海珠区新港路 225 号自办的幼儿园，由于其用地能与企业其他用地明确区分，免征城镇土地使用税。

二、城镇土地使用税的纳税人

凡在城市、县城、建制镇和工矿区范围内使用土地的单位和个人，均是城镇土地使用税的纳税人。根据现实经济生活中用地者的不同情况，具体包括以下几项。

（1）拥有土地使用权的单位或个人。

（2）拥有土地使用权的单位和个人不在土地所在地的，其土地的实际使用人和代管人为纳税人。

（3）土地使用权未确定或权属纠纷未解决的，其实际使用人纳税。

（4）土地使用权共有的，共有各方都是纳税人，由共有各方分别纳税。

（5）纳税单位无偿使用免税单位的土地，由纳税单位照章纳税。

所称单位，包括国有企业、集体企业、私营企业、股份制企业、外商投资企业、外国企业以及其他企业和事业单位、社会团体、国家机关、军队以及其他单位；所称个人，包括个体工商户以及其他个人。

【项目引例分析】

广州耀欣公司拥有城镇土地使用权，因此是城镇土地使用税的纳税人。

三、城镇土地使用税的适用税率

城镇土地使用税采用有差别的幅度定额税率，即采用有幅度的差别税额，按大、中、小城市和县城、建制镇、工矿区分别规定每平方米土地年应纳税额。《中华人民共和国城镇土地使用税暂行条例》规定定额幅度，但具体的实施办法由省、自治区、直辖市人民政府制定。

城镇土地使用税税率如表8-1所示。

表8-1　城镇土地使用税税率

级别	人口（人）	每年每平方米税额（元）
大城市	50万以上	1.5～30
中等城市	20万～50万	1.2～24
小城市	20万以下	0.9～18
县城、建制镇、工矿区		0.6～12

各省、自治区、直辖市人民政府可根据市政建设情况和经济繁荣程度在规定税额幅度内，确定所辖地区的适用税额幅度。经济落后地区，城镇土地使用税的适用税额标准可适当降低，但降低额不得超过上述规定最低税额的30%。经济发达地区的适用税额标准可以适当提高，但须报财政部批准。

城镇土地使用税规定幅度税额主要考虑到我国各地区存在着悬殊的土地级差收益，同一地区内不同地段的市政建设情况和经济繁荣程度也有较大的差别，把城镇土地使用税税额定为幅度税额，拉开档次，而且每个幅度税额的差距规定为20倍。这样，各地政府在划分本辖区不同地段的等级，确定适用税额时，有选择余地，便于具体操作。幅度税额还可以调节不同地区、不同地段之间的土地级差收益，尽可能地平衡税负。

【项目引例分析】

广州耀欣公司在不同的地方拥有城镇土地使用权，按广州市的标准，它不同的办公地方适用不同的标准税额：

① 经营店占地适用税率为每年每平方米 15 元。

② 仓库占地适用税率为每年每平方米 6 元。

③ 幼儿园占地免征城镇土地使用税。

模块二　城镇土地使用税应纳税额的计算

一、计税依据

城镇土地使用税是以纳税人实际占用的土地面积为计税依据，土地面积计量标准为每平方米。即税务机关根据纳税人实际占用的土地面积，按照规定的税额计算应纳税额，向纳税人征收城镇土地使用税。

城镇土地使用税应纳税额的计算

纳税人实际占用的土地面积按下列办法确定：

（1）纳税人实际占用的土地面积，是指由省、自治区、直辖市人民政府确定的单位组织测定的土地面积。

（2）尚未组织测量，但纳税人持有政府部门核发的土地使用证书的，以证书确认的土地面积为准。

（3）尚未核发土地使用证书的，应由纳税人据实申报土地面积。

（4）在城镇土地使用税征税范围内单独建造的地下建筑用地，按规定征收城镇土地使用税。其中，已取得地下土地使用权证的，按土地使用权证确认的土地面积计算应征税款；未取得地下土地使用权证或地下土地使用权证上未标明土地面积的，按地下建筑垂直投影面积计算应征税款。

对上述地下建筑用地暂按应征税款的 50% 征收城镇土地使用税。

二、应纳税额的计算

城镇土地使用税的应纳税额可以通过纳税人实际占用的土地面积乘以该土地所在地段的适用税额求得。其计算公式为：

年应纳税额 = 实际占用的应税土地面积（平方米）× 适用税额

【项目引例分析】

广州耀欣公司 202× 年应纳城镇土地使用税税额：

① 经营店占地应纳税额 = 3 500 × 15 = 52 500（元）。

② 仓库占地应纳税额 = 2 000 × 6 = 12 000（元）。

③ 该公司自办幼儿园免税。

④ 该公司 202× 年应纳税额 = 52 500 + 12 000 = 64 500（元）。

三、城镇土地使用税的税收优惠

（1）一些用于特殊用途的土地可以免征城镇土地使用税，包括：

① 国家机关、人民团体、军队自用的土地。但如果是对外出租、经营用则还是要交土地使用税。

② 由国家财政部门拨付事业经费的单位自用的土地。

③ 宗教寺庙、公园、名胜古迹自用的土地。经营用地则不免。

④ 市政街道、广场、绿化地带等公共用地。

⑤ 直接用于农、林、牧、渔业的生产用地。

⑥ 经批准开山填海整治的土地和改造的废弃土地，从使用的月份起免缴城镇土地使用税 5 年至 10 年。

⑦ 企业办的学校、医院、托儿所、幼儿园，其用地能与企业其他用地明确区分的，免征城镇土地使用税。

⑧ 由财政部另行规定免税的能源、交通、水利设施用地和其他用地。

（2）纳税人缴纳土地使用税确有困难需要定期减免的，由县以上税务机关批准。

模块三　城镇土地使用税的申报缴纳

一、纳税时间和地点

（一）纳税期限

城镇土地使用税实行按年计算、分期缴纳的征收方法，具体纳税期限由省、自治区、直辖市人民政府确定。

（二）纳税义务发生时间

（1）纳税人购置新建商品房，自房屋交付使用之次月起，缴纳城镇土地使用税。

（2）纳税人购置存量房，自办理房屋权属转移、变更登记手续，房地产权属登记机关签发房屋权属证书之次月起，缴纳城镇土地使用税。

（3）纳税人出租、出借房产，自交付出租、出借房产之次月起，缴纳城镇土地使用税。

（4）以出让或转让方式有偿取得土地使用权的，应由受让方从合同约定交付土地时间的次月起缴纳城镇土地税；合同未约定交付土地时间的，由受让方从合同签订的次月起缴纳城镇土地使用税。

（5）纳税人新征用的耕地，自批准征用之日起满一年时开始缴纳城镇土地使用税。

（6）纳税人新征用的非耕地，自批准征用次月起缴纳城镇土地使用税。

（7）自 2009 年 1 月 1 日起，纳税人因土地的权利状态发生变化而依法终止城镇土地使用税纳税义务的，其应纳税款的计算应截止到土地的权利状态发生变化的当月末。

（三）纳税地点

城镇土地使用税在土地所在地缴纳。拥有多处土地的纳税人应分别向土地所在地辖区的地税机关办理纳税申报和税款缴纳。纳税人使用的土地不属于同一省、自治区、直辖市管辖的，由纳税人分别向土地所在地的税务机关缴纳城镇土地使用税；在同一省、自治区、直辖市管辖范围内，纳税人跨地区使用的土地，其纳税地点由各省、自治区、直辖市地方税务局确定。

二、填列纳税申报表

申报城镇土地使用税应填制"城镇土地使用税纳税申报表"。以广州耀欣公司为例，城镇土地使用税纳税申报表如表 8-2 所示。

表 8-2　城镇土地使用税纳税申报表

税款所属期：自 2020 年 1 月 1 日至 2020 年 12 月 31 日

纳税人识别号（统一社会信用代码）：7 8 5 2 3 9 0 1 4 5 9 2 3 6 8 7 1 5

纳税人名称：广州耀欣服装有限责任公司

金额单位：元　面积单位：平方米

一、城镇土地使用税

本期是否适用增值税小规模纳税人减征政策（减免性质代码10049901）　□是　□否

本期适用增值税小规模纳税人减征政策起始时间　　年　月

本期适用增值税小规模纳税人减征政策终止时间　　年　月

序号	土地编号	宗地号	土地等级	税额标准	土地总面积	所属期起	所属期止	本期应纳税额	本期减免税额	本期增值税小规模纳税人减征额	减征比例（%）	本期已缴税额	本期应补（退）税额
1	*	穗地证字第98561号	一级土地	15	3 500	2020.01	2020.12	52 500		0	0	0	52 500
2	*	穗地证字第92145号	四级土地	6	2 000	2020.01	2020.12	12 000		0	0	0	12 000
3	*	穗地证字第98561号	三级土地	9	2 500	2020.01	2020.12	22 500	22 500	0	0	0	0
合计	*	*	*	*	8 000	*	*	87 000	22 500	0	0	0	64 500

二、房产税

本期是否适用增值税小规模纳税人减征政策（减免性质代码08049901）　□是　□否

本期适用增值税小规模纳税人减征政策起始时间　　年　月

本期适用增值税小规模纳税人减征政策终止时间　　年　月

减征比例（%）

续表

（一）从价计征房产税

序号	房产编号	房产原值	其中：出租房产原值	计税比例	税率	所属期起	所属期止	本期应纳税额	本期减免税额	本期增值税小规模纳税人减征额	本期已缴税额	本期应补（退）税额
1	*											
2	*											
3	*											
合计	*	*	*	*	*	*	*					

（二）从租计征房产税

序号	本期申报租金收入	税率	本期应纳税额	本期减免税额	本期增值税小规模纳税人减征额	本期已缴税额	本期应补（退）税额
1							
2							
3							
合计	*	*					

声明：此表是根据国家税收法律法规及相关规定填写的，本人（单位）对填报内容（及附带资料）的真实性、可靠性、完整性负责。

经办人：
经办人身份证号：
代理机构签章：
代理机构统一社会信用代码：

纳税人（签章）：
　　　　　年　月　日

受理人：
受理税务机关（章）：
受理日期：　年　月　日

项目小结

城镇土地使用税是单位和个人因在城市、县城、建制镇和工矿区范围内使用土地而以其实际占用的土地面积为计税依据计算税款的一种税。城镇土地使用税采用有差别的幅度定额税率，按大、中、小城市和县城、建制镇、工矿区分别规定每平方米土地年应纳税额。

拓展阅读　耕地占用税

城镇土地使用税实行按年计算、分期缴纳的征收方法，并填制"城镇土地使用税纳税申报表"。

思维导图

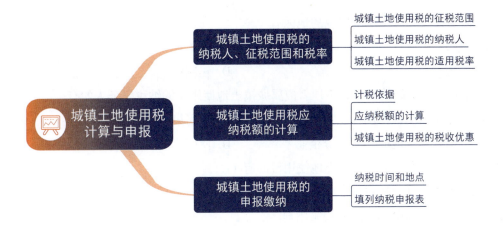

项目练习

一、单选题

1. 城镇土地使用税的纳税人以（　　　）的土地面积为计税依据。

A. 拥有 　　　　　　　　　　　　　B. 被税务部门认定

C. 自用 　　　　　　　　　　　　　D. 实际占用

2. 城镇土地使用税的计税依据应为（　　　）。

A. 纳税人使用土地而支付的使用费金额　　B. 纳税人实际占用的土地面积

C. 纳税人转让土地使用权的转让收入　　　D. 纳税人租用土地而每年支付的租金

3. 城镇土地使用税采用（　　　）税率。

A. 全区统一的定额 　　　　　　　　B. 有幅度差别的比例

C. 全省统一的定额 　　　　　　　　D. 有幅度差别的定额

4. 城镇土地使用税的缴纳期限为（　　　）。

A. 按年计算，分期缴纳　　　　　　B. 按年计算，分季缴纳

C. 按年征收，分期缴纳　　　　　　D. 按年计征，分季缴纳

5. 某公司实际占地面积共计 6 000 平方米，其中 500 平方米为厂区外的绿化区，600 平方米为厂区以内的绿化用地，企业创办的学校和医院共占地 2 000 平方米。以上土地均适用每平方米 4 元的城镇土地使用税税率，该公司应缴纳的城镇土地使用税为（　　　）元。

A. 24 000　　　　　　　　　　　B. 14 000

C. 22 000　　　　　　　　　　　D. 11 600

二、多选题

1. 需要征收城镇土地使用税的地区有（　　　　　　）。

A. 城市　　　　　　　　　　　　B. 工矿区

C. 县城　　　　　　　　　　　　D. 建制镇

2. 下列在开征区使用城镇土地者应属城镇土地使用税的纳税义务人的有（　　　　　　）。

A. 使用国有土地的国营企业　　　B. 使用集体土地的国营企业

C. 使用国有土地的外商投资企业　D. 使用集体土地的集体企业

3. 下列各项中，免征城镇土地使用税的有（　　　　　　）。

A. 国家财政部门拨付事业经费的单位的食堂用地

B. 名胜古迹场所设立的照相馆用地

C. 公园内设立的影剧院用地

D. 政府投资兴办的老年服务机构自用的土地

三、判断题

1. 城镇土地使用税的征税范围是市区、县政府所在城镇的土地，不包括市郊、农村土地。（　　　）

2. 企业的绿化用地暂免征收土地使用税。（　　　）

3. 我国城镇土地使用税采用地区差别幅度的比例税率。（　　　）

4. 城镇土地使用税按月征收。（　　　）

5. 纳税人新征用的耕地，自批准征用之日起满 1 年时开始缴纳城镇土地使用税。（　　　）

项目九 房产税计算与申报

学习目标

知识目标
- 熟悉房产税的征税范围、纳税人和税率
- 掌握房产税的计税方法
- 熟悉房产税税收优惠政策
- 熟悉房产税纳税时间、纳税地点

技能目标
- 能准确计算房产税应纳税额
- 能进行房产税纳税申报

素养目标
- 了解国家征收房产税的必要性，树立依法纳税意识
- 熟悉我国房产税征税相关法律法规

项目引例

滇南科技股份有限公司房产税的纳税申报

滇南科技股份有限公司（简称滇南科技公司），社会统一信用代码：915101156721658688，2019 年度自有房屋 10 栋，其中 8 栋用于自用生产经营，房产原值 1 000 万元，不包括冷暖通风设备 60 万元；将原值 250 万元的其余 2 栋房屋租给某商场作为仓库使用，年租金收入 60 万元（不含增值税）。当地规定房产税计算余值的扣除比例为 20%，房产税按季进行纳税申报。该公司于 2020 年 1 月 8 日对其 2019 年第四季度房产税进行纳税申报。

模块一 房产税的征税范围、纳税人和税率

房产税是以房屋为征税对象，以房屋的计税余值或租金收入为计税依据，向房屋产权所有人或经营管理人征收的一种财产税。

一、房产税的征税范围

拓展阅读 房产税的特点

房产税的征税范围为城市、县城、建制镇和工矿区的房产。房产是以房屋形态存在的财产，包括房屋和与房屋不可分割的配套设施和附属设备，即有屋面和围护结构（有墙或两边有柱），能够遮风避雨，可供人们在其中生产、学习、工作、娱乐、居住或贮藏物资的场所。但独立于房屋之外的建筑物，如围墙、水塔、烟囱、室外游泳池等，不属于房产。

（1）城市是指经国务院批准设立的市，其征税范围为市区、郊区和市辖县城。

（2）县城是指未设立建制镇的县人民政府所在地的地区。

（3）建制镇是指经省、自治区、直辖市人民政府批准设立的建制镇，其征税范围为镇人民政府所在地，不包括所辖的行政村。

（4）工矿区是指工商业比较发达，人口比较集中，符合国务院规定的建制镇标准，但尚未设立镇建制的大中型工矿企业所在地。开征房产税的工矿区须经省、自治区、直辖市人民政府批准。

为减轻农民负担，有利于农业发展，现行房产税的征税范围不包括农村。

【项目引例分析】

滇南科技公司有生产经营的房产及出租的房产，均应缴纳房产税。

二、房产税的纳税人

拓展阅读 产权出典与租典纠纷

在我国城市、县城、建制镇和工矿区拥有房屋产权的单位和个人，为房产税的纳税人。具体包括产权所有人、经营管理单位、承典人、房产代管人或者使用人。

（1）产权属于国家所有的，由经营管理单位纳税。

（2）产权属集体单位和个人所有的，集体单位和个人为纳税人。

（3）产权出典的，由承典人依照房产余值缴纳房产税。

（4）产权所有人、承典人不在房产所在地的，或者产权未确定及租典（租赁、出典）纠纷未解决的，由房产代管人或者使用人缴纳。

（5）纳税单位和个人无租使用房产管理部门、免税单位及纳税单位的房产，应由使用人依照房产余值代缴房产税。

（6）融资租赁的房产，由承租人缴纳房产税。

以人民币以外的货币为记账本位币的外资企业及外籍个人在缴纳房产税时，均应将其根据记账本位币计算的税款按照缴款上月最后一日的人民币汇率中间价折合成人民币。

三、房产税的适用税率

我国现行房产税采用比例税率，依据房产的用途是自用还是出租，分为从价计征和从租计征，设置不同的税率。

（1）从价计征的，税率为 1.2%。

（2）从租计征的，税率为 12%。对个人按市场价格出租的居民住房，用于居住的，可暂减按 4% 的税率征收房产税。对企事业单位、社会团体以及其他组织按市场价格向个人出租用于居住的住房，减按 4% 的税率征收房产税。

【项目引例分析】

滇南科技公司自有房屋 10 栋，其中 8 栋自用，属于从价计征，适用 1.2% 的税率；2 栋房屋出租，属于从租计征，适用 12% 的税率。

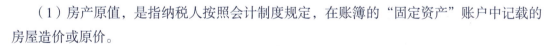

模块二　房产税应纳税额的计算

一、计税依据

房产税以房产的计税价值或房产的租金收入为计税依据。按房产计税价值征税的，称从价计征；按房产租金收入征税的，称为从租计征。

（一）从价计征房产税的计税依据

从价计征是对纳税人自用房产的计征办法，以房产余值为计税依据。按照房产原值减除 10%~30% 后的余值计算缴纳。具体扣除比例由各省、自治区、直辖市人民政府确定。

（1）房产原值，是指纳税人按照会计制度规定，在账簿的"固定资产"账户中记载的房屋造价或原价。

（2）房产余值，是房产原值减除规定比例后的剩余价值。

（3）房屋附属设备和配套设施的计税规定。

房产原值应包括与房屋不可分割的各种附属设备以及一般不单独计算价值的配套设施，如通风、照明、卫生、煤气及中央空调等设备；蒸汽、供水、排水等管道以及电信、电缆导线；过道、晒台、电梯、升降机等。

纳税人对原有房屋改建、扩建，要相应增加其房屋的原值。对更换房屋附属设备和配套设施的，在将其价值计入房产原值时，可扣减原来相应设备和设

房产税应纳税额的计算

拓展阅读 投资联营与融资租赁房产税规定

施的价值；对附属设备和配套设施中易损坏、需要经常更换的零配件，更新后不再计入房产原值。

（二）从租计征房产税的计税依据

从租计征是对纳税人出租房产的计征办法，以房屋出租取得的租金收入为计税依据。房产税的租金收入不含增值税。但如果出租的房产属免征增值税的，确定计税依据时，租金收入不扣减增值税税额。

房产的租金收入，是指房屋产权所有人出租房产使用权所取得的报酬，包括货币收入和实物收入。对以劳务或其他形式为报酬抵付房租收入的，应根据当地同类房产的租金水平，确定一个标准租金计征房产税。

如出租房产，约定有免收租金期限的，在免收租金期间由产权所有人按照房产余值缴纳房产税。

【项目引例分析】

滇南科技公司自有房屋10栋，其中8栋自用，属于从价计征，以房产余值为计税依据=（1 000+60）×（1−20%）=848（万元）；2栋房屋出租，属于从租计征，以房屋租金收入为计税依据=60（万元）。

二、房产税应纳税额的计算

（一）从价计征的房产税应纳税额的计算

从价计征是按房产的原值减除一定比例后的余值计征，其计算公式为：

$$应纳税额 = 应税房产原值 ×（1 – 扣除比例）× 1.2\%$$

公式中，扣除比例幅度为10%~30%，具体扣除比例幅度由省、自治区、直辖市人民政府规定。

（二）从租计征的房产税应纳税额的计算

从租计征是按房产的租金收入计征，其计算公式为：

$$应纳税额 = 租金收入 × 12\%（或 4\%）$$

【项目引例分析】

滇南科技公司2019年应纳的房产税及2019年第四季度应纳的房产税为：

① 自用房产应纳税额=[（1 000+60）×（1−20%）]×1.2%=10.176（万元）；

② 租金收入应纳税额=60×12%=7.2（万元）；

③ 全年应纳房产税额=10.176+7.2=17.376（万元）；

④ 第四季度应纳房产税额=10.176÷12×3+7.2÷12×3=2.544+1.8=4.344（万元）。

三、房产税的税收优惠

（一）减免税基本规定

下列房产免征房产税：

（1）国家机关、人民团体、军队自用的房产免税。

（2）由国家财政部门拨付事业经费的单位自用的房产免税。

（3）宗教寺庙、公园、名胜古迹自用的房产免税。

（4）个人拥有的非营业用房产免税。

（二）减免税特殊规定

经财政部和国家税务总局批准，下列房产免征房产税：

（1）企业办的各类学校、医院、托儿所、幼儿园自用的房产，免征房产税。

（2）经有关部门鉴定，对毁损不堪居住的房屋和危险房屋，在停止使用后，可免征房产税。

（3）对军队空余房产租赁收入暂免征收房产税。

（4）凡在基建工地为基建服务的各种工棚、材料棚、休息棚和办公室、食堂、茶炉房等临时房屋，不论是施工企业自行建造或基建单位投资建造，在施工期间，免征房产税。但是在基建工程结束后，施工单位将这种临时性房屋交还或估价转让给基建单位的，应当从基建单位接收的次月起，依照规定征收房产税。

（5）因房屋大修导致连续停用在半年以上的，在大修期间免征房产税。

（6）纳税单位与免税单位共同使用的房屋，按各自使用的部分划分，分别征收或免征房产税。

（7）房地产开发企业建造的商品房，在出售前，不征收房产税；但对出售前房地产开发企业已使用或出租、出借的商品房应按规定征收房产税。

（8）2011年1月1日至2020年12月31日，对天然林资源保护工程的房产继续免征房产税。

（9）对经营公租房所取得的租金收入，免征房产税。公租房租金收入与其他住房经营收入应单独核算，未单独核算的，不得享受免征优惠。

模块三　房产税的申报缴纳

一、征收管理

（一）纳税时间

（1）纳税人将原有房产用于生产经营，从生产经营之月起，缴纳房产税。

（2）纳税人自行新建房屋，用于生产经营，从建成至次月起，缴纳房产税。

（3）纳税人委托施工企业建设的房屋，从办理验收手续的次月起，缴纳房产税。

（4）纳税人购置新建商品房，自房屋交付使用的次月起，缴纳房产税。

（5）纳税人购置存量房，自办理房屋权属转移、变更登记手续，房地产权属登记机关签发房屋权属证书的次月起，缴纳房产税。

（6）纳税人出租、出借房产，自交付出租、出借房产的次月起，缴纳房产税。

（7）房地产开发企业自用、出租、出借本企业建造的商品房，自房屋使用或交付的次月起，缴纳房产税。

（8）自 2009 年 1 月 1 日起，纳税人因房产税的实物或权利状态发生变化而依法终止房产税纳税义务的，其应纳税款的计算应截止到房产的实物或权利状态发生变化的当月末。

（二）纳税期限

房产税实行按年计算、分期缴纳的征收办法。具体纳税期限由省、自治区、直辖市人民政府规定。各地一般可采取按季或半年缴纳，按季缴纳的可在 1 月、4 月、7 月、10 月缴纳；按半年缴纳的可在 1 月、7 月缴纳；税额比较大的，可按月缴纳；个人出租房产的可按次缴纳。

（三）纳税地点

房产税在房产所在地缴纳。对房产不在同一地方的纳税人，应按房产的坐落地点分别向房产所在地的税务机关申报纳税。

二、纳税申报

房产税的纳税申报，是房屋产权所有人或纳税人缴纳房产税必须履行的法定手续。纳税义务人应根据税法要求，将现有房屋的坐落地点、结构、面积、原值、出租收入等情况，据实向当地税务机关办理纳税申报，并按规定纳税。如果纳税人住址发生变更、产权发生转移，以及出现新建、改建、扩建、拆除房屋等情况，而引起房产原值发生变化或者租金收入变化的，都要按规定及时向税务机关办理变更登记。

纳税人对房产税进行纳税申报时，应填报"城镇土地使用税　房产税纳税申报表"（见表 9-1）、"从价计征房产税税源明细表"（略）、"从租计征房产税税源明细表"（略）。

【项目引例分析】

当地规定房产税按季进行纳税申报，滇南公司于 2020 年 1 月 8 日对其 2019 年第四季度房产税进行纳税申报，填写房产税纳税申报表。

表 9-1　城镇土地使用税　房产税纳税申报表

税款所属期：自 2019 年 10 月 01 日至 2019 年 12 月 31 日

纳税人识别号（统一社会信用代码）：91510115672165 8688

纳税人名称：滇南科技股份有限公司　　金额单位：人民币元（列至角分）　　面积单位：平方米

一、城镇土地使用税

本期是否适用增值税小规模纳税人减征政策（减免性质代码 10049901）　□是　□否

本期适用增值税小规模纳税人减征政策起始时间　　年　月

本期适用增值税小规模纳税人减征政策终止时间　　年　月

序号	土地编号	宗地号	土地等级	税额标准	土地总面积	所属期起	所属期止	本期应纳税额	本期减免税额	本期增值税小规模纳税人减征额	减征比例（%）	本期已缴税额	本期应补（退）税额
1	*												
2	*												
3	*												
合计	*	*	*	*			*						

二、房产税

（一）从价计征房产税

本期是否适用增值税小规模纳税人减征政策（减免性质代码 08049901）　□是　☑否

本期适用增值税小规模纳税人减征政策起始时间　　年　月

本期适用增值税小规模纳税人减征政策终止时间　　年　月

序号	房产编号	房产原值	其中：出租房产原值	计税比例	税率	所属期起	所属期止	本期应纳税额	本期减免税额	本期增值税小规模纳税人减征额	减征比例（%）	本期已缴税额	本期应补（退）税额
1	*	13 100 000.00	2 500 000.00	80%	1.2%	2019 年 10 月 1 日	2019 年 12 月 31 日	25 440.00	0.00	0.00		0.00	25 440.00

续表

序号	房产编号	房产原值	其中：出租房产原值	计税比例	税率	所属期起	所属期止	本期应纳税额	本期减免税额	本期增值税小规模纳税人减征额	本期已缴税额	本期应补（退）税额
2	*	*		*	*							
3	*	*		*	*							
合计	*	*	*	*	*	*	*	25 440.00	0.00	0.00	0.00	25 440.00

（二）从租计征房产税

序号	本期申报租金收入	税率	本期应纳税额	本期减免税额	本期增值税小规模纳税人减征额	本期已缴税额	本期应补（退）税额
1	150 000.00	12%	18 000.00	0.00	0.00	0.00	18 000.00
2							
3							
合计	*	*	18 000.00	0.00	0.00	0.00	18 000.00

声明：此表是根据国家税收法律法规及相关规定填写的，本人（单位）对填报内容（及附带资料）的真实性、可靠性、完整性负责。

纳税人（签章）：李四　　　　　　　　　日期：2020 年 1 月 8 日

经办人：
经办人身份证号：
代理机构签章：
代理机构统一社会信用代码：

受理人：
受理税务机关（章）：
受理日期：　　年　月　日

本表一式两份，一份纳税人留存，一份税务机关留存。

项目小结

房产税是以房屋为征税对象,以房屋的计税余值或租金收入为计税依据,向房屋产权所有人或经营管理人征收的一种财产税。

房产税的征税范围为城市、县城、建制镇和工矿区的房产。在我国城市、县城、建制镇和工矿区拥有房屋产权的单位和个人为房产税的纳税人。我国现行房产税采用比例税率,其中,从价计征的税率为1.2%,从租计征的税率为12%(对个人按市场价格出租的居民住房,用于居住的,可暂减按4%的税率征收房产税)。从价计征的房产税应纳税额=应税房产原值×(1-扣除比例)×1.2%,从租计征的房产税应纳税额=租金收入×12%(或4%)。房产税实行按年计算、分期缴纳的征收办法。

思维导图

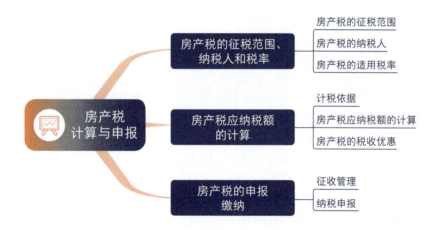

项目练习

一、单选题

1. 下列各项中,属于房产税的征税范围的是( )。
A. 围墙 B. 水塔
C. 室外游泳池 D. 办公楼

2. 下列范围中的房产不属于房产税的征税范围的是( )。
A. 工矿区 B. 县城
C. 建制镇 D. 农村

3. 下列关于房产税计税依据的表述不正确的是( )。

A. 纳税人对原有房屋进行改建、扩建的，要相应增加房屋的原值

B. 以劳务为报酬抵付房租收入的，根据当地同类劳务的平均价格折算为房租收入，计征房产税

C. 凡以房屋为载体，不可随意移动的附属设备和配套设施，无论在会计核算中是否单独记账与核算，都应计入房产原值，计征房产税

D. 对按照房产原值计税的房产，无论会计上如何核算，房产原值均应包含地价

4. 某公司 2019 年购进一处房产，202×年 5 月 1 日用于投资联营（收取固定收入，不承担联营风险），投资期 3 年，当年取得固定收入 60 万元（不含增值税）。该房产原值 3 000 万元，当地政府规定计算房产余值的减除幅度为 30%，该公司 202×年应缴纳的房产税为（　　　）万元。

A. 5.6　　　　　　　　　　　　　B. 15.6

C. 7.2　　　　　　　　　　　　　D. 16.8

5. 下列关于房产税的申报与缴纳的说法中，正确的有（　　　）。

A. 房产税实行按年征收，一次性缴纳

B. 纳税人对原有房产进行扩建引起房产原值发生变化的，应及时向税务机关办理注销登记

C. 房产税在房产所在地缴纳

D. 房产不在同一地方的纳税人，应该在纳税人所在地计算缴纳房产税

二、多选题

1. 下列各项中，应当征收房产税的有（　　　　　）。

A. 房地产开发企业待售的商品房

B. 房地产开发企业自用的房产

C. 房地产开发企业对外出租的房产

D. 房地产开发企业无偿使用免税单位的房产

2. 下列关于房产税纳税人的说法正确的有（　　　　　）。

A. 产权属于国家所有的，由经营管理单位纳税

B. 产权属于集体和个人所有的，由经营管理单位纳税

C. 产权出典的，由出典人纳税

D. 产权未确定及租典纠纷未解决的，由房产代管人或者使用人纳税

3. 下列关于房产税计税依据的表述正确的有（　　　　　）。

A. 经营租赁的房产，以租金收入为计税依据缴纳房产税

B. 融资租赁的房产，以租金收入为计税依据缴纳房产税

C. 投资联营的房产，投资者参与投资利润分红、共担风险的，以房产余值为计税依据缴纳房产税

D. 投资联营的房产，投资者收取固定收入，不承担联营风险的，以房产余值为计税依据缴纳房产税

4. 下列房产免征房产税的有（　　　　　）。

A. 军队自用的房产 　　　　　　　　B. 宗教寺庙中宗教人员的生活用房

C. 公园内茶社的用房 　　　　　　　　D. 个人用于出租的住房

5. 下列关于房产税纳税义务发生时间的说法正确的有（　　　　　）。

A. 将原有房产用于生产经营的，从生产经营次月起，计征房产税

B. 自建的房屋用于生产经营的，从建成之日的次月起计征房产税

C. 购置新建商品房，自房屋交付使用之月起计征房产税

D. 出租的房产，自交付出租房产的次月起计征房产税

三、判断题

1. 房产税是以房屋为征税对象，按房屋的计税余值或租金收入来计算税，向产权所有人征收的一种财产税。（　　　）

2. 采用从租计征房产税时，房屋的租金收入指的是不含增值税的收入。（　　　）

3. 房产税以租金收入为计税依据的，年税率为 1.2%。（　　　）

4. 个人拥有的非营业用房产免征房产税。（　　　）

5. 房产不在同一个地方的纳税人，应按房产的坐落地点，分别向房产所在地的税务机关缴纳房产税。（　　　）

项目十　车船税计算与申报

学习目标

知识目标 ● 熟悉车船税的征税范围、纳税人和税率

　　　　　　● 掌握车船税税收优惠政策

　　　　　　● 掌握车船税纳税时间、纳税地点

技能目标 ● 能准确计算车船税应纳税额

　　　　　　● 能进行车船税纳税申报

素养目标 ● 了解车船税的立法目的和意义，树立节俭、不盲目攀比的正确消费观

　　　　　　● 熟悉我国关于车船税的相关法律法规

项目引例

广州四维贸易有限公司的车船税纳税申报

　　广州四维贸易有限公司（简称广州四维公司），社会统一信用代码为91440101190474694E，公司地址为广州市荔湾区人民南路100号。该公司于202×年拥有2辆乘用汽车，发动机气缸容量均为1.5升，载客人数均为4人，车辆识别代码分别为ABCD12345678900101，ABCD12345678900376；新能源汽车一辆，车辆识别代码为ABCW12345678900323。拥有非机动驳船2艘，每艘净吨位180吨，船舶登记号分别为070308000671，070308000672；机动船舶2艘，每艘净吨位250吨，船舶登记号分别为070308000673，070308000674。现公司会计小李需要对本年度公司车船税进行申报。

模块一　车船税征税范围、纳税人和税率

　　车船税是对在中华人民共和国境内应税的车辆、船舶（简称车船）的所有人或者管理

人征收的一种税。

一、车船税的征税范围

车船税的征收范围，是指依法应当在我国车船管理部门登记的车辆和船舶，以及依法不需要在车船登记管理部门登记的在单位内部场所行驶或者作业的机动车辆和船舶。具体包括：

（一）车辆

车辆，包括乘用车、商用车、挂车、摩托车和其他车辆（不包括拖拉机）。

（1）乘用车，是指在设计和技术特性上主要用于载运乘客及随身行李，核定载客人数包括驾驶员在内不超过9人的汽车。纯电动乘用车和燃料电池乘用车不属于车船税征税范围，对其不征车船税。

（2）商用车，是指除乘用车外，在设计和技术特性上用于载运乘客、货物的汽车，划分为客车（包括电车）和货车（包括半挂牵引车、三轮汽车和低速载货汽车等）。

（3）挂车，是指就其设计和技术特性需由汽车或者拖拉机牵引，才能正常使用的一种无动力的道路车辆。

（4）摩托车，是指无论采用何种驱动方式，最高设计车速大于每小时50千米，或者使用内燃机，其排量大于50毫升的两轮或者三轮车辆。

（5）其他车辆，包括专用作业车和轮式专用机械车。专用作业车，是指在其设计和技术特性上用于特殊工作的车辆；轮式专用机械车，是指有特殊结构和专门功能，装有橡胶车轮可以自行行驶，最高设计车速大于每小时20千米的轮式工程机械车。

（二）船舶

船舶，包括机动船舶拖船、非机动船舶和游艇。船舶，是指各类机动、非机动船舶以及其他水上移动装置，但是船舶上装备的救生艇筏和长度小于5米的艇筏除外。

（1）机动船舶是指用机器推进的船舶；拖船是指专门用于拖（推）动运输船舶的专业作业船舶；非机动驳船是指在船舶登记管理部门登记为驳船的非机动船舶。

（2）游艇，是指具备内置机械推进动力装置，长度在90米以下，主要用于游览观光、休闲娱乐、水上体育运动等活动，并应当具有船舶检验证书和适航证书的船舶。

【项目引例分析】

广州四维公司于202×年拥有的2辆乘用汽车、2艘非机动驳船、2艘机动船舶都属于车船税的征税范围。但其拥有的新能源汽车为免税车辆，不需要缴纳车船税。

256

二、车船税的纳税人

车辆、船舶的所有人或者管理人，为车船税的纳税人。从事机动车交通事故责任强制保险业务的保险机构为机动车车船税的扣缴义务人。

三、车船税的税率

我国车船税实行有幅度的定额税率，即对各类车船分别规定一个最低到最高限度的年基准税额，适用税额按照"车船税税目税额表"（如表 10-1 所示）执行。

表 10-1　车船税税目税额表

税目		计税单位	年基准税额	备注
乘用车〔按发动机汽缸容量（排气量）分档〕	1.0 升（含）以下的	每辆	60 元至 360 元	核定载客人数 9 人（含）以下
	1.0 升以上至 1.6 升（含）的		300 元至 540 元	
	1.6 升以上至 2.0 升（含）的		360 元至 660 元	
	2.0 升以上至 2.5 升（含）的		660 元至 1 200 元	
	2.5 升以上至 3.0 升（含）的		1 200 元至 2 400 元	
	3.0 升以上至 4.0 升（含）的		2 400 元至 3 600 元	
	4.0 升以上的		3 600 元至 5 400 元	
商用车	客车	每辆	480 元至 1 440 元	核定载客人数 9 人以上，包括电车
	货车	整备质量每吨	16 元至 120 元	包括半挂牵引车、三轮汽车和低速载货汽车等
挂车		整备质量每吨	按照货车税额的 50% 计算	
摩托车		每辆	36 元至 180 元	
其他车辆	专用作业车	整备质量每吨	16 元至 120 元	不包括拖拉机
	轮式专用机械车		16 元至 120 元	
船舶	机动船舶	净吨位每吨	3 元至 6 元	拖船、非机动驳船分别按照机动船舶税额的 50% 计算
	游艇	艇身长度每米	600 元至 2 000 元	

（1）税法所涉及的排气量、整备质量、核定载客人数、净吨位、千瓦、艇身长度，以车船登记管理部门核发的车船登记证书或者行驶证所载数据为准。

（2）依法不需要办理登记的车船和依法应当登记而未办理登记或者不能提供车船登记证书、行驶证的车船，以车船出厂合格证明或者进口凭证标注的技术参数、数据为准；不能提供车船出厂合格证明或者进口凭证的，由主管税务机关参照国家相关标准核定，没有国家相关标准的，参照同类车船核定。

（3）车船税法及其实施条例涉及的整备质量、净吨位、船身长度等计税单位，有尾数的一律按照含尾数的计税单位据实计算车船税应纳税额。计算得出的应纳税额小数点后超过两位的可四舍五入保留两位小数。拖船按照发动机功率每1千瓦折合净吨位0.67吨计算征收车船税。

车辆的具体适用税额由省、自治区、直辖市人民政府按照税目税率表规定的税额幅度和国务院的规定确定，并报国务院备案。例如，根据2017年10月广东省人民政府发布的粤府〔2017〕103号《广东省人民政府关于调整车辆车船税具体适用税额的通知》，发动机气缸容量为1.0升以上至1.6升（含），载客人数9人（含）以下的乘用车适用的车船税税额为每年每辆300元，船舶净吨位小于或者等于200吨的，适用的车船税税额为每年每吨3元；净吨位201~2 000吨的，适用的车船税税额为每年每吨4元。

【项目引例分析】

广州四维公司拥有的车船适用的车船税税额如下：

① 乘用汽车2辆，发动机气缸容量均为1.5升，载客人数均为4人，适用的车船税税额为每年每辆300元。

② 非机动驳船2艘，每艘净吨位180吨，适用的车船税税额为每年每吨3元。

③ 机动船舶2艘，每艘净吨位250吨，适用的车船税税额为每年每吨4元。

模块二　车船税应纳税额的计算

一、车船税的计税依据

车船税应纳税额的计算

车船税以车辆的计税单位数量为计税依据，按照车船的种类和性能进行区分，具体规定如下：

（1）乘用车、商用客车和摩托车，以辆数为计税依据。

（2）商用货车、专用作业车和轮式专用机械车，以整备质量吨位数为计税依据。

（3）机动船舶、非机动船舶、拖船，以净吨位数为计税依据。

（4）游艇以艇身长度为计税依据。

二、车船税应纳税额的计算

各类车辆应纳税额的计算公式如下：

乘用车、客车和摩托车的应纳税额＝辆数×适用年基准税额

货车、专用作业车和轮式专用机械车的应纳税额＝整备质量吨位数×适用年基准税额

机动船舶的应纳税额＝净吨位数×适用年基准税额

拖船和非机动驳船的应纳税额＝净吨位数×适用年基准税额×50%

游艇的应纳税额＝艇身长度×适用年基准税额

三、车船税的税收优惠

（一）免税车船

（1）捕捞、养殖渔船免税。

（2）军队、武装警察部队专用的车船免税。

（3）警用车船免税。

（4）依照法律规定应当予以免税的外国驻华使领馆、国际组织驻华代表机构及其有关人员的车船免税。

（5）对使用新能源的车船，免征车船税。

（二）减征或免征车船

（1）对公共交通车船，农村居民拥有并主要在农村地区使用的摩托车、三轮汽车和低速载货汽车定期减征或者免征车船税。

（2）对节约能源的车船，减半征收车船税；

（3）对受严重自然灾害影响纳税困难以及有其他特殊原因确需减税、免税的，可以在一定期限内减征或者免征车船税。

【项目引例分析】

因新能源汽车免税，非机动驳船按机动船舶税额的50%计算车船税，广州四维公司应纳车船税税额＝$2 \times 180 \times 3 \times 50\% + 2 \times 250 \times 4 + 300 \times 2 = 3\ 140$（元）。

模块三　车船税的申报缴纳

一、车船税的纳税义务发生时间

车船税纳税义务发生时间为取得车船所有权或者管理权的当月。购置的新机动车，购置当年的应纳税款从购买日期的当月起至该年度终了按月计算。对于在国内购买的机动车，购买日期以"机动车销售统一发票"所载日期为准；对于进口机动车，购买日期以"海关关税专用缴款书"所载日期为准。

二、纳税期限

车船税按年申报，分月计算，一次性缴纳。纳税年度为公历 1 月 1 日至 12 月 31 日。具体申报纳税期限由省、自治区、直辖市人民政府规定。

三、特殊情形

在一个纳税年度内，已完税的车船被盗抢、报废、灭失的，纳税人可以凭有关管理机关出具的证明和完税凭证，向纳税所在地的主管税务机关申请退还被自盗抢、报废、灭失月份起至该纳税年度终了期间的税款。

四、车船税的纳税申报

纳税人对车船税进行纳税申报时，应填报"车船税纳税申报表"，一般情况下，纳税人在购买"交强险"时，由扣缴义务人代收代缴车船税，为进行案例示范，假设广州四维公司为自行申报缴纳车船税。公司所填写的车船税纳税申报表如表 10-2。

表10-2　车船税纳税申报表

税款所属期限：自 202×年1月1日至 202×年12月31日　　填表日期：202×年1月15日　　　　　　　　　　　　　金额单位：元至角分

纳税人识别号	9 1 4 4 0 1 1 9 0 4 7 4 6 9 4 E
纳税人名称	广州四维贸易有限公司
纳税人身份证照类型	身份证
纳税人身份证照号码	44011197206095542
联系人	王波
联系方式	
居住（单位）地址	广州市荔湾区人民南路 100 号
身份证	1883589906

序号	（车辆）号牌号码/（船舶）登记号码 1	车船识别代码（车架号/船舶识别号）2	征收品目 3	计税单位 4	计税单位的数量 5	单位税额 6	年应缴税额 7=5*6	本年减免税额 8	减免性质代码 9	减免税证明编号 10	当年应缴税额 11=7-8	本年已缴税额 12	本期年应补（退）税额 13=11-12
1		ABCD1234567890101	1.0升以上至1.6升（含）的乘用车	辆	1	300	300				300		300
2		ABCD1234567890376	1.0升以上至1.6升（含）的乘用车	辆	1	300	300				300		300
3		07030800671	净吨位小于或者等于200吨的机动船舶	净吨位 每吨	180	3	540	270	12061002		270		270
4		07030800672	净吨位小于或者等于200吨的机动船舶	净吨位 每吨	180	3	540	270	12061002		270		270
5		07030800673	净吨位201—2000吨的机动船舶	净吨位 每吨	250	4	1 000				1 000		1 000
6		07030800674	净吨位201—2000吨的机动船舶	净吨位 每吨	250	4	1 000				1 000		1 000
合计		—	—	—	—	—	3 680	540	—	—	3 140		3 140

续表

申报车辆总数（辆）	2	申报船舶总数（艘）	4

以下由申报人填写：

纳税人声明	此纳税申报表是根据《中华人民共和国车船税法》和国家有关税收征收规定填报的，是真实的、可靠的、完整的。		
纳税人签章	周晓红	代理人签章	王波
		代理人身份证号	440111197206095542

以下由税务机关填写：

受理人		受理日期	受理税务机关（签章）

本表一式两份，一份纳税人留存，一份税务机关留存。

项目小结

车船税是以车船为征税对象，向车辆、船舶的所有人或者管理人征收的一种税。车船税的纳税人为车船税法律规定的车辆、船舶的所有人和管理人，扣缴义务人为从事机动车第三者责任强制保险业务的保险机构。车船税的税目有乘用车、商用车、挂车、摩托车、其他车辆和船舶 6 大类。我国车船税实行有幅度的定额税率，并以车辆的计税单位数量为计税依据。车船税按年申报，分月计算，一次性缴纳。

拓展阅读　车辆购置税

思维导图

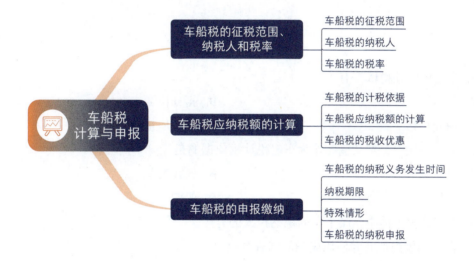

车船税计算与申报
- 车船税的征税范围、纳税人和税率
  - 车船税的征税范围
  - 车船税的纳税人
  - 车船税的税率
- 车船税应纳税额的计算
  - 车船税的计税依据
  - 车船税应纳税额的计算
  - 车船税的税收优惠
- 车船税的申报缴纳
  - 车船税的纳税义务发生时间
  - 纳税期限
  - 特殊情形
  - 车船税的纳税申报

项目练习

一、单选题

1. 根据车船税法律制度的规定，下列各项中，免予缴纳车船税的是（　　　）。

A. 载客汽车　　　　　　　　　　B. 银行运钞车

C. 机关公务车　　　　　　　　　D. 养殖渔船

2. 根据车船税法律制度的规定，下列各项中，属于载货汽车计税依据的是（　　　）。

A. 排气量　　　　　　　　　　　B. 整备质量吨位数

C. 净吨位　　　　　　　　　　　D. 车身长度

3. 张某 202× 年 4 月 12 日购买 1 辆发动机气缸容量为 1.6 升的乘用车，已知适用年基准税额 480 元，则张某 202× 年应缴纳车船税税额为（　　　）元。

A. 0 B. 320

C. 360 D. 480

4. 下列车辆计算车船税时，应按照货车税额的 50% 计算的是（   ）。

A. 半挂牵引车 B. 挂车

C. 客货两用车 D. 低速载货车

5. 运输公司 202× 年拥有载货汽车 10 辆，挂车 5 辆，整备质量均为 20 吨；拥有客车 5 辆。该公司所在省规定载货汽车年基准税额每吨 40 元，载客汽车单位税额为每年每辆 360 元。该公司当年应缴纳的车船税为（   ）元。

A. 9 800 B. 13 800

C. 2 400 D. 11 800

二、多选题

1. 车船税的计税依据有（   ）。

A. 辆数 B. 艇身长度

C. 净吨位数 D. 整备质量吨位数

2. 下列各项中，按"辆"作为车船税计税依据的是（   ）。

A. 载货汽车 B. 载客汽车

C. 摩托车 D. 船舶

3. 下列纳税主体中，属于车船税纳税人的有（   ）。

A. 在中国境内拥有并使用船舶的国有企业

B. 在中国境内拥有并使用车辆的外籍个人

C. 在中国境内拥有并使用船舶的内地居民

D. 在中国境内拥有并使用车辆的外国企业

4. 根据车船税法律制度的规定，下列车辆中，不得免征车船税的是（   ）。

A. 出租车 B. 人民法院警务用车

C. 运输公司管理部门用车 D. 物流公司货车

5. 根据车船税法律制度的规定，下列使用的车船中，应纳车船税的有（   ）。

A. 私人拥有的汽车 B. 中外合资企业拥有的汽车

C. 国有运输企业拥有的货船 D. 旅游公司拥有的客船

三、判断题

1. 车船税的纳税人为境内拥有或管理车船的单位和个人。（   ）

2. 非机动车辆不缴纳车船税。( )

3. 某中外合作经营企业拥有的一辆乘用车，该车辆不用缴纳车船税。( )

4. 某工厂依法不需要在车船登记管理部门登记的在单位内部场所行驶的机动车辆，属于车船税的征税范围。( )

5. 在一个纳税年度内，已完税的车船被盗抢、报废、灭失的，纳税人仍需要缴纳全年车船税。( )

项目十一　契税计算与申报

 **学习目标**

知识目标 ● 熟悉契税征税范围、纳税人、适用税率

　　　　　 ● 了解土地使用权出让与转让的区别

　　　　　 ● 掌握契税税收优惠政策

　　　　　 ● 掌握契税纳税时间、纳税地点

技能目标 ● 能正确计算契税应纳税额

　　　　　 ● 能进行契税纳税申报

素养目标 ● 熟悉国家契税相关法律法规

　　　　　 ● 了解契税在保护合法产权中的作用

项目引例

广州细蕊公司契税的纳税申报

广州细蕊有限责任公司（简称广州细蕊公司）主要从事商品批发零售业务，统一社会信用代码为913880104446673868。202×年有如下涉及契税的业务。

（1）7月10日购买办公大楼一栋，总金额为3 000万元，分两期支付，当地政府规定适用5%的契税税率，7月12日，向税务局申报缴纳契税，收到电子缴税回单一份。

（2）7月20日购入土地一块，支付1 000万元，当地政府规定适用5%的契税税率，同日开出支票，向税务局申报缴纳契税。

模块一　契税的征税范围、纳税人和税率

契税是以在中华人民共和国境内转移土地、房屋权属为征税对象，向产权承受人征收

的一种财产税。其中，土地、房屋权属，是指土地使用权，房屋所有权；承受，是指以受让、购买、受赠、交换等方式取得土地、房屋权属的行为。征收契税有利于增加地方财政收入，有利于保护合法产权，避免产权纠纷。

一、契税的征税范围

契税的征税范围为境内转移的土地使用权和房屋所有权。具体包括以下几项内容：

（一）国有土地使用权出让

国有土地使用权出让，是指土地使用者向国家交付土地使用权出让费用，国家将国有土地使用权在一定年限内让予土地使用者的行为。这种行为使得土地使用权发生了转移，因此属于契税的征税范围。

国有土地使用权出让，受让者应向国家缴纳出让金，以出让金为依据计算缴纳契税。不得因减免土地出让金而减免契税。

（二）土地使用权转让

土地使用权转让，是指土地使用者以出售、赠与、交换或者其他方式将土地使用权转移给其他单位和个人的行为。不包括土地承包经营权和土地经营权的转移。

土地使用权出售，是指土地使用者以土地使用权作为交易条件，取得货币、实物、无形资产或者其他经济利益的行为。

土地使用权赠与，是指土地使用者将其土地使用权无偿转让给受赠者的行为。

土地使用权交换，是指土地使用者之间相互交换土地使用权的行为。

（三）房屋买卖、赠与、交换

房屋买卖，是指房屋所有者将其房屋出售，由承受者交付货币、实物、无形资产或者其他经济利益的行为。

房屋赠与，是指房屋所有者将其房屋无偿转让给受赠者的行为。单位、个人因突出贡献或者参加社会活动（如抽奖等）而获得奖励的土地、房屋，属于无偿转移，视同土地使用权或房屋赠与征收契税。非法定继承人根据遗嘱承受死者生前的土地、房屋权属，属于赠与行为，应缴纳契税。

房屋交换，是指房屋所有者之间相互交换房屋的行为。如果交换的房屋价值不等，一方需支付差价，则支付差价方需按差价缴纳契税；当房屋价值相等，差额为零，交换双方均免契税。

（四）视同销售行为

土地、房屋权属以下列方式转移的，视同土地使用权转让、房屋买卖或者房屋赠与征税：

（1）以土地、房屋权属作价投资（入股）；

（2）以土地、房屋权属抵债；

（3）以划转、获奖方式承受土地、房屋权属；

（4）以预购方式或者预付集资建房款方式承受土地、房屋权属。

房屋的附属设施，涉及所有权或土地使用权的（包括停车位、车库、阁楼、储藏室等），征收契税。不涉及所有权或土地使用权的免征契税（电梯、下水道等）。

【项目引例分析】

广州细蕊公司买进办公楼，买进土地，属于在我国境内承受土地、房屋权属的行为，应缴纳契税。

二、契税的纳税人

在中华人民共和国境内转移土地、房屋权属，承受的单位和个人为契税的纳税人。即契税的纳税人应是土地使用权和房屋所有权的受让方、购买方、受赠方等。这里的单位是指企业单位、事业单位、国家机关、军事单位和社会团体以及其他组织；个人是指个体经营者及其他个人，包括中国公民和外籍人员。

三、契税的税率

契税实行 3%~5% 的幅度税率。实行幅度税率是考虑到我国经济发展的不平衡，各地经济差别较大的实际情况。契税的具体适用税率，由省、自治区、直辖市人民政府在 3%~5% 的税率幅度内提出，报同级人民代表大会常务委员会决定，并报全国人民代表大会常务委员会和国务院备案。省、自治区、直辖市可以依照前面规定的程序对不同主体、不同地区、不同类型的住房的权属转移确定差别税率。

【项目引例分析】

广州细蕊公司购进房屋、土地，契税征税对象的承受人，所在地政府规定适用 5% 的契税税率。

模块二　契税应纳税额的计算

一、契税的计税依据

契税的计税依据为土地和房屋的价格，但不含增值税。土地、房屋权属的转移方式不同，确定计税依据的方法也不同，主要有如下几种：

（一）按成交价格计税

以成交价格作为契税的计税依据，主要适用于国有土地使用权出让、出售、房屋买卖。成交价格是指土地、房屋权属转移合同确定的价格。包括承受者应交付的货币、实物、无形资产或者其他经济利益对应的价款。

（二）按市场价格计税

土地、房屋的价格不是一成不变的，会随着经济的发展而变动。赠与土地使用权、房屋所有权以及其他没有价格的转移土地、房屋权属行为，由征收机关参照土地使用权出售、房屋买卖的市场价格核定，而不是原值作为契税的计税依据。

（三）按交换差价计税

土地使用权交换、房屋交换，计税依据为所交换的土地使用权、房屋的价格差额。也就是说，交换价格相等时，交易双方都不需要缴纳契税；交换价格不等时，由支付差价的一方缴纳契税。

（四）按土地收益计税

以划拨方式取得土地使用权，经批准转让房地产时，由房地产转让者补缴契税。计税依据为补缴的土地使用权出让费用或者土地收益。

此外，采取分期付款方式购买房屋附属设施土地使用权、房屋所有权的，应按合同规定的总价款计算缴纳契税。承受的房屋附属设施权属如果为单独计价的，按照当地确定的适用税率缴纳契税，如果与房屋统一计价的，适用与房屋相同的契税税率。

纳税人申报的成交价格、互换价格差额明显偏低且无正当理由的，由税务机关依照《中华人民共和国税收征收管理法》的规定核定。

二、契税应纳税额的计算

契税的计算公式为：

应纳税额 ＝ 计税依据 × 税率

应纳税额以人民币计算。转移土地、房屋权属以外汇结算的，按照纳税义务发生之日中国人民银行公布的人民币市场汇率中间价折合成人民币计算。

【项目引例分析】

广州细蕊公司购进房屋、土地，应纳契税税额计算过程如下：

业务（1）应纳税额＝30 000 000×5%＝1 500 000（元）

业务（2）应纳税额＝10 000 000×5%＝500 000（元）

契税应纳税额的计算，比较简单，只要确定计税依据和税率，便能确定应纳税额，但是，计税依据和税率的确定方面，还是需要注意特殊情况。

【例题11.1】

居民宋毅因拖欠居民刘浩田180万元款项无力偿还，202×年6月经当地有关部门调解，以一套市场价格200万元房产抵偿该笔债务，居民刘浩田因此取得该房产的产权并支付给居民宋毅差价款20万元（价格均不含增值税）。当地省政府规定的契税税率为3%。

分析：承受人刘浩田应该缴纳契税，以房产抵债，按房产折价款缴纳契税，房产折价款＝180＋20＝200（万元），应纳契税＝200×3%＝6（万元）。

【例题11.2】

广州红叶公司以出让方式取得一块土地的使用权，因政府扶持享受减免了500万的土地出让金后实际支付土地出让金6 000万元。当地契税税率为4%。

分析：对承受国有土地使用权应支付的土地出让金应征收契税，不得因减免出让金而减免契税。该公司应缴纳的契税＝（6 000＋500）×4%＝260（万元）。

三、契税的税收优惠

（一）免征契税

（1）国家机关、事业单位、社会团体、军事单位承受土地、房屋用于办公、教学、医疗、科研和军事设施的，免征契税。

（2）非营利性的学校、医疗机构、社会福利机构承受土地、房屋权属用于办公、教学、医疗、科研、养老、救助，免征契税。

（3）承受荒山、荒地、荒滩土地使用权用于农、林、牧、渔业生产，免征契税。

（4）婚姻关系存续期间夫妻之间变更土地、房屋权属，免征契税。

（5）法定继承人（包括配偶、子女、父母、兄弟姐妹、祖父母、外祖父母）通过继承承受土地、房屋权属，免征契税。但非法定继承人根据遗嘱承受死者生前的土地、房屋权属，属于赠与行为，应征收契税。

（6）依照法律规定应当予以免税的外国驻华使馆、领事馆和国际组织驻华代表机构承受土地、房屋权属，免征契税。

（二）减征或免征

（1）根据国民经济和社会发展的需要，国务院对居民住房需求保障、企业改制重组、灾后重建等情形可以规定免征或者减征契税，报全国人民代表大会常务委员会备案。

（2）纳税人改变有关土地、房屋的用途，或者有其他不再属于本法规定的免征、减征契税情形的，应当缴纳已经免征、减征的税款。

模块三　契税的申报缴纳

一、征收管理

（一）纳税义务发生时间

契税的纳税义务发生时间，为纳税人签订土地、房屋权属转移合同的当日，或者纳税人取得其他具有土地、房屋权属转移合同性质凭证的当日。

（二）纳税期限

纳税人应当在依法办理土地、房屋权属登记手续前申报缴纳契税。纳税人办理纳税事宜后，税务机关应当开具契税完税凭证。纳税人办理土地、房屋权属登记，不动产登记机构应当查验契税完税、减免税凭证或者有关信息。未按照规定缴纳契税的，不动产登记机构不予办理土地、房屋权属登记。

在依法办理土地、房屋权属登记前，权属转移合同、权属转移合同性质的凭证不生效、无效、被撤销或者被解除的，纳税人可以向税务机关申请退还已缴纳的税款，税务机关应当依法办理。

（三）纳税地点

契税在土地、房屋所在地的征收机关缴纳。

二、纳税申报表

纳税人申报契税，应填写"契税纳税申报表"，以广州细蕊公司7月10日购买办公大楼为例，契税纳税申报表如表11-1所示。

填表日期：202×年7月12日　　　　　　　　　　　　　　　　　金额单位：元至角分　　面积单位：平方米

纳税人识别号：9 1 3 8 8 0 1 0 4 4 6 7 3 8 6 8

表11-1　契税纳税申报表

承受方信息	名　称	广州细蕊有限责任公司		☑单位　□个人
	登记注册类型	有限责任公司	所属行业	商业
	身份证件类型	身份证☑　护照□　其他□	身份证件号码	44022319800080213
	联系人	李敏	联系方式	020-83349932

转让方信息	名　称	广州南粤集团公司		☑单位　□个人
	纳税人识别号	911200000057684123	登记注册类型	有限责任公司	所属行业	制造业
	身份证件类型	身份证	身份证件号码	4206231993030211	联系方式	020-83347822

土地房屋权属转移信息	合同签订日期	202×.7.10	土地房屋坐落地址	广州番禺区大北路123号	权属转移对象	非住房
	权属转移方式	房屋买卖	用途	办公	家庭唯一普通住房	□90平方米以上　□90平方米及以下
	权属转移面积	3 000 平方米	成交价格	30 000 000	成交单价	10 000 元
	评估价格	30 000 000	计税价格	30 000 000	税率	5%

税款征收信息	计征税额	1 500 000	减免性质代码		减免税额		应纳税额	1 500 000

以下由纳税人填写：

纳税人声明	此纳税申报表是根据《中华人民共和国契税暂行条例》和国家有关税收规定填报的，是真实的、可靠的、完整的。		
纳税人签章		代理人签章		代理人身份证号

以下由税务机关填写：

受理人		受理日期	年　月　日	受理税务机关签章

本表一式两份，一份纳税人留存，一份税务机关留存。

273

✍ **项目小结** ┠--

　　契税是土地、房屋权属转移时向其承受者征收的一种税收，是指对契约征收的税，属于财产转移税，由财产承受人缴纳。契税中所涉及的契约，包括土地使用权转移，如国有土地使用权出让或转让；房屋所有权转移，也称为土地、房屋权属转移，如房屋买卖、赠送、交换等，除了买卖、赠送、交换外，房屋所有权转移的方式还有很多种。

📋 **思维导图** ┠--

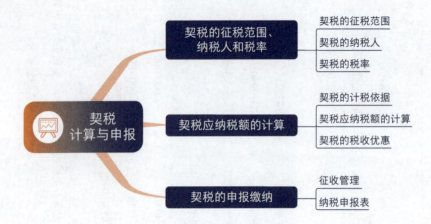

✏ **项目练习** ┠--

一、单选题

　　1. 甲公司拥有两套房产，202× 年将其一套房产以 200 万元的价格转让给乙公司。关于契税的纳税义务人和纳税期限，下列说法正确的是（　　）。

　　A. 甲，10 日

　　B. 乙，办理土地、房屋权属登记手续前

　　C. 甲，7 日

　　D. 乙，7 日

　　2. 下列有关契税的表述中，正确的是（　　）。

　　A. 个人购买家庭唯一住房，面积为 90 平方米及以下的，免征契税

　　B. 在广州，个人购买家庭第二套改善性住房，面积为 90 平方米及以下的，减按 1% 税率征收契税

　　C. 成交价格明显低于市场价格且无正当理由的，税务机关有权参照市场价格核定计税依据

　　D. 接受房屋赠与，承受方不需要缴纳契税

　　3. 下列行为中，应计算缴纳契税的是（　　）。

A. 法定继承人继承房产

B. 企业以自有房产投资于另一企业并取得相应的股权

C. 企业以自有房产等价交换另一企业的房产

D. 个人以自有房产投入本人独资经营的企业

4. 王某有两处住房，5月份将其中一套出售给张某，房屋的成交价格为 570 000 元，将另一处价值 600 000 元的三室两厅的住房与李某交换成两处两室住房，王某支付换房差价款 124 000 元，以上价格均不考虑增值税。已知当地政府规定的契税税率为 3%，王某上述行为应缴契税（　　　　）元。

A. 3 720
B. 18 000
C. 20 820
D. 21 720

5. 契税的纳税义务发生时间是（　　　　）。

A. 实际取得土地、房屋的当天

B. 办理土地、房屋权属转移的当天

C. 纳税人签订土地、房屋权属转移合同的当天

D. 实际付款的当天

二、多选题

1. 甲企业得到政府无偿划拨来的一宗土地使用权，开发建造完工后，经批准在补办了土地使用权出让手续、缴纳土地出让金后，甲企业将房产连同土地使用权转让给乙企业。下列说法正确的是（　　　　　　）。

A. 甲企业补办土地使用权出让手续、缴纳土地出让金时应缴纳契税

B. 甲企业将房产转让给乙企业应缴纳增值税、城市维护建设税

C. 甲企业将房产转让给乙企业应缴纳土地增值税

D. 乙企业取得甲企业转让的房产应缴纳契税

2. 下列关于契税的表述，正确的有（　　　　　　）。

A. 契税属于财产转移税

B. 契税由财产承受人纳税

C. 出租土地使用权的，应由承租方缴纳契税

D. 契税实行 3%～5% 的幅度税率

3. 下列各项中，不征或免征契税的有（　　　　　　）。

A. 国家出让国有土地使用权
B. 受赠人接受他人赠予的房产

C. 法定继承人继承土地、房屋权属
D. 承受荒山土地使用权用于林业生产

4. 下列属于契税的纳税义务人的有（　　　　　　）。

A. 销售房地产的企业　　　　　　　B. 购买别墅的外籍个人

C. 承租房地产的个体工商户　　　　D. 购进厂房用于生产经营的企业

5. 甲企业破产清算时，将价值 500 万元的房地产转让给债权人乙企业抵偿债务；另将价值 800 万元的房地产转让给非债权人丙企业，丙企业与甲企业 45% 的职工签订了服务年限为 5 年的劳动用工合同，适用的契税税率为 3%。则下列说法中正确的是（　　　　）。

A. 乙企业不缴纳契税　　　　　　　B. 乙企业应当缴纳契税 15 万元

C. 丙企业应当缴纳契税 12 万元　　D. 丙企业应当缴纳契税 24 万元

三、判断题

1. 王某向李某借款 100 万元，到期王某无力偿还，王某以一套价值 100 万元的房产抵偿所欠李某的债务，则李某为契税的纳税人。（　　　　）

2. 企业通过租赁方式取得的办公场所，应该缴纳契税。（　　　　）

3. 运动员因成绩突出获得国家奖励的住房，免征契税。（　　　　）

4. 签订土地、房屋权属转移合同或合同性质凭证后，纳税人应当在依法办理土地、房屋权属登记手续前申报缴纳契税。（　　　　）

5. 纳税人签订土地、房屋权属转移合同的当天为纳税义务发生时间。（　　　　）

项目十二　印花税计算与申报

学习目标

知识目标 ● 熟悉印花税征税税目、纳税人、适用税率

　　　　 ● 了解印花税贴花及注销办法

　　　　 ● 掌握印花税税收优惠政策

　　　　 ● 掌握印花税纳税时间、纳税地点

技能目标 ● 能准确计算印花税应纳税额

　　　　 ● 能进行印花税的纳税申报

素养目标 ● 熟悉我国印花税征税相关法律法规

　　　　 ● 实时掌握印花税税收优惠政策，提升职业技能，培养工匠精神

项目引例

广州汇金有限公司印花税的纳税申报

广州汇金有限公司（简称汇金公司），统一社会信用代码为785237456100324949，202×年2月成立，领受工商营业执照、商标注册证、土地使用证各一本；此外，启用其他账簿3本；公司的资金账簿中，实收资本账户载有资金200万。202×年5月，资金账簿中登记本年增加实收资本500万元、资本公积100万元。202×年6月与新鸿公司签订一份建筑工程承包合同，记载金额5 000万元，将其中的500万元转包给另一工程公司。同年8月与华信企业签订一份运输保管合同，记载金额共计700万元，其中货物价值600万元、运输费55万元、装卸费30万元、仓储保管费15万元。同年12月与荟管公司签订借款合同，记载金额500万；与广安企业签订仓储合同一份，货物金额为650万元，仓储保管费为20万元。以上计税价格为不含增值税价格。

模块一 印花税的征税税目、纳税人和税率

印花税是以经济活动和经济交往中，书立、领受应税凭证的行为为征税对象征收的一种税。

一、印花税的征税税目

印花税的征税对象是应纳税凭证，包括纳税人以电子形式签订的各类应税凭证。列入应纳税凭证的具体范围有五大类：

（一）各类经济技术合同

经济技术合同包括购销合同、加工承揽合同、建设工程勘察设计合同、建筑安装工程承包合同、财产租赁合同、货物运输合同、仓储保管合同、借款合同、财产保险合同、技术合同等及具有合同性质的凭证（包括具有合同效力的协议、契约、合约、单据、确认书及其他各种名称的凭证）。

对于企业集团内具有平等法律地位的主体之间自愿订立、明确双方购销关系、据以供货和结算、具有合同性质的凭证，应按规定征收印花税。对于企业集团内部执行计划使用的、不具有合同性质的凭证，不征收印花税。

【项目引例分析】

① 汇金公司与新鸿公司签订的建筑工程承包合同和转包合同应分别缴纳印花税。

② 签订的运输保管合同，应按所记载的运费金额计缴运输合同印花税；对仓储保管费应当按仓储保管合同计税。

③ 签订的借款合同，应按借款金额计缴印花税。

④ 签订的仓储合同，应按保管费计缴印花税。

（二）产权转移书据

产权转移书据是指单位和个人产权的买卖、继承、赠与、交换、分割等所立的书据，包括财产所有权和版权、商标专用权、专利权、专有技术使用权等转移书据。

对土地使用权出让合同、土地使用权转让合同，按产权转移书据征收印花税。对商品房销售合同，按照产权转移书据征收印花税。

（三）营业账簿

营业账簿是指单位或者个人记载生产经营活动的财务会计核算账簿。包括单位和个人从事生产经济活动所设立的各种账册、生产经营用账册、记载资金的账簿等。

【项目引例分析】

汇金公司启用的其他账簿免征印花税；在资金账簿中增加实收资本和资本公积，需要征收印花税。

（四）权利、许可证照

此处的权利、许可证照包括政府部门发给的房屋产权证、工商营业执照、商标注册证、专利证、土地使用证。

【项目引例分析】

汇金公司领受的工商营业执照、商标注册证、土地使用证，需要征收印花税。

（五）经财政部确定征税的其他凭证

为适应经济形势发展变化的需要，完善税制，目前，对纳税人以电子形式签订的各类应税凭证按规定征收印花税；对发电厂与电网之间、电网与电网之间（国家电网公司系统、南方电网公司系统内部各级电网互供电量除外）签订的购售电合同按购销合同征收印花税。电网与用户之间签订的供用电合同不属于印花税列举征税的凭证，不征收印花税。

二、印花税的纳税人

在中华人民共和国境内书立、领受、使用《中华人民共和国印花税暂行条例》所列举凭证的单位和个人，都是印花税的纳税义务人，具体包括立合同人、立账簿人、立据人、领受人和使用人等。

所称单位和个人，是指国内各类企业、事业、机关、团体、部队以及中外合资企业、合作企业、外资企业、外国公司企业和其他经济组织及其在华机构等单位和个人。

如果一份合同或应税凭证，由两方或者两方以上当事人共同签订，应当由各方就其所持应税凭证全额贴花，这是印花税区别于其他税种的一个重要特点。也就是说，同一经济行为中，印花税的纳税人一定是两个或两个以上。

三、印花税的适用税率

印花税共有 13 个税目，并按应税凭证的类别，采用比例税率和定额税率两种形式。一般载有金额的凭证，如各类经济合同及具有合同性质的凭证，记载资金的账簿，产权转移书据等，采用比例税率；没有记载金额或不属于资金账簿的凭证，如其他营业账簿、权利许可证，采用定额税率。印花税税目税率表见表 12-1。

表 12-1　印花税税目税率表

序号	税目	范围	税率	纳税义务人	说明
1	购销合同	包括供应、预购、采购、购销结合及协作、调剂、补偿、易货等合同	按购销金额 0.3‰ 贴花	立合同人	
2	加工承揽合同	包括加工、定作、修缮、修理、印刷、广告、测绘、测试等合同	按加工或承揽收入 0.5‰贴花	立合同人	
3	建设工程勘察设计合同	包括勘察、设计合同	按收取费用 0.5‰ 贴花	立合同人	
4	建筑安装工程承包合同	包括建筑、安装工程承包合同	按承包金额 0.3‰ 贴花	立合同人	
5	财产租赁合同	包括租赁房屋、船舶、飞机、机动车辆、机械、器具、设备等合同	按租赁金额 1‰贴花。税额不足 1 元的按 1 元贴花	立合同人	
6	货物运输合同	包括民用航空、铁路运输、海上运输、内河运输、公路运输和联运合同	按运输费用 0.5‰ 贴花	立合同人	单据作为合同使用的，按合同贴花
7	仓储保管合同	包括仓储、保管合同	按仓储保管费用 1‰贴花	立合同人	仓单或栈单作为合同使用的，按合同贴花
8	借款合同	银行及其他金融组织和借款人（不包括银行同业拆借）所签订的借款合同	按借款金额 0.05‰ 贴花	立合同人	单据作为合同使用的，按合同贴花

序号	税目	范围	税率	纳税义务人	说明
9	财产保险合同	包括财产、责任、保证、信用等保险合同	按保险费收入1‰贴花	立合同人	单据作为合同使用的，按合同贴花
10	技术合同	包括技术开发、转让、咨询、服务等合同	按所载金额0.3‰贴花	立合同人	
11	产权转移书据	包括财产所有权和版权、商标专用权、专利权、专有技术使用权等转移书据	按所载金额0.5‰贴花	立据人	
12	营业账簿	生产、经营用账册	记载资金的账簿，按实收资本和资本公积的合计金额0.5‰贴花。其他账簿按件贴花5元	立账簿人	自2018年5月1日起，减半征收。按件贴花5元的其他账簿免征印花税
13	权利、许可证照	包括政府部门发给的房屋产权证、工商营业执照、商标注册证、专利证、土地使用证	按件贴花5元	领受人	

【项目引例分析】

① 汇金公司领受的工商营业执照、商标注册证、土地使用证，每本证定额税率为5元。

② 汇金公司启用其他账簿免征印花税；资金账簿中登记本年增加实收资本和资本公积，需按比例税率征收印花税；比例税率为0.5‰的50%。

③ 签订的建筑工程承包合同和转包合同印花税税率为0.3‰。

④ 签订的运输保管合同，所记载的运费金额按运输合同贴花，税率为0.5‰；对仓储保管费应当按仓储保管合同计税，税率为1‰。

⑤ 签订的借款合同，税率为0.05‰。

⑥ 签订的仓储合同，应按保管费计缴印花税，税率为1‰。

模块二　印花税应纳税额的计算

一、印花税的计税依据

（一）计税依据的一般规定

印花税应纳税额的计算

按照《中华人民共和国印花税暂行条例》的规定，印花税实行从价定率和从量定额两种征收方式。根据应税凭证种类，对计税依据分别规定如下：

（1）购销合同，计税依据为合同记载的购销金额。以物易物方式签订的购销合同，是包括购、销双重行为的合同，计税依据为合同所载的购、销金额合计数。

（2）加工承揽合同，计税依据为加工或承揽收入的金额。

① 由受托方提供原材料的，原材料金额与加工费在合同中分别列明的，原材料和辅料按购销合同计税，加工费按加工承揽合同计税，二者合计为应纳税额；原材料金额与加工费没有分别列明的，统一按加工承揽合同计税。

② 由委托方提供原材料的，按加工费和辅料金额依加工承揽合同计税，原材料不交印花税。

（3）建设工程勘察设计合同，计税依据为勘察、设计收取的费用。

（4）建筑安装工程承包合同，计税依据为承包金额，不得剔除任何费用。施工单位将自己承包的建设项目分包或转包给其他施工单位所签订的分包合同或转包合同，应以新的分包合同或转包合同所载金额为计税依据。

（5）财产租赁合同，计税依据为租赁金额。

（6）货物运输合同，计税依据为取得的运输费收入，不包括所运货物的金额、装卸费和保险费等。

（7）仓储保管合同，计税依据为仓储保管的费用。

（8）借款合同，计税依据为借款金额，即借款本金。特殊情况中应注意：

① 对银行及其他金融组织的融资租赁业务签订的融资租赁合同，应按合同所载租金总额，暂按借款合同计税。

② 抵押借款合同按借款合同贴花；在借款方无力偿还借款而将抵押财产转移给贷款方时，应再就双方书立的产权书据，按产权转移书据计税贴花。

（9）财产保险合同，计税依据为支付（收取）的保险费金额，不包括所保财产的金额。

（10）技术合同，计税依据为合同所载的价款、报酬或使用费。对技术开发合同，合同中所注明的研究开发经费可以从计税依据中扣除。

（11）产权转移数据，计税依据为书据中所载的金额。购买、继承、赠与所书立的股权转让书据，均以书立时证券市场当日实际成交价格为依据。

（12）记载资金的营业账簿，以实收资本和资本公积的两项合计金额为计税依据。凡"资金账簿"在次年度的实收资本和资本公积未增加的，对其不再计算贴花。

（13）权利、许可证照，计税依据为应税凭证件数。

$$权利、许可证照应纳印花税 = 件数 \times 5 元$$

（二）计税依据的特殊规定

（1）应税凭证以金额、收入、费用作为计税依据的，应当全额计税，不得作任何扣除。

（2）载有两个或者两个以上适用不同税目、税率经济事项的同一凭证，如果分别记载金额的，应分别计算应纳税额，相加后按合计税额贴花；如果未分别记载金额的，按税率高的计税贴花。

（3）应税凭证所载金额为外国货币的，按凭证书立当日国家外汇管理局公布的外汇牌价折合人民币，计算应纳税额。

（4）签订时没有确定金额的合同，如按商品销售额一定比例确定转让收入的商标权转让合同，可在签订时按件贴花，结算收入时再按实际金额贴花。

（5）应税合同不论是否兑现或是否按期兑现，均应贴花。

（6）已贴花的凭证，修改后所载金额增加的，其增加部分应当补贴印花税票。

二、印花税应纳税额的计算

纳税人的应纳税额，根据应税凭证的性质、分别按比例税率或定额税率计算，其计算公式为：

$$印花税应纳税额 = 应税凭证计税金额（或应税凭证证件数）\times 适用税率$$

【项目引例分析】

① 汇金公司领受权利、许可证照应纳税额 $= 3 \times 5 = 15$（元）。

② 汇金公司的其他账簿免征印花税；资金账簿应纳的比例税税额 $=（2\,000\,000 + 5\,000\,000 + 1\,000\,000）\times 0.5‰ \times 50\% = 2\,000$（元）。

营业账簿应纳税额 $= 0 + 2\,000 = 2\,000$（元）。

③ 汇金公司签订建筑工程承包合同应缴纳的印花税 $=（50\,000\,000 + 5\,000\,000）\times 0.3‰ = 16\,500$（元）。

④ 汇金公司签订运输保管合同应缴纳的印花税 $= 550\,000 \times 0.5‰ + 150\,000 \times$

$1‰ = 425$（元）。

⑤ 汇金公司签订借款合同应缴纳的印花税 $= 5\,000\,000 \times 0.05‰ = 250$（元）。

⑥ 汇金公司签订仓储合同应缴纳的印花税 $= 200\,000 \times 1‰ = 200$（元）。

三、印花税的税收优惠

下列凭证免纳印花税：

（1）已缴纳印花税的凭证的副本或者抄本。

（2）财产所有人将财产赠给政府、社会福利单位、学校所立的书据。

（3）经财政部批准免税的其他凭证：

① 国家指定的收购部门与村民委员会、农民个人书立的农副产品收购合同；

② 无息、贴息贷款合同；

③ 外国政府或者国际金融组织向我国政府及国家金融机构提供优惠贷款所书立的合同。

模块三　印花税的申报缴纳

一、印花税的征收管理

（一）纳税期限

印花税的纳税期限根据不同种类的凭证分别确定。经济合同和具有合同性质的凭证在合同正式签订时贴花；各种产权转移书据，在书据立具时贴花；各种营业账簿，在账簿正式启用时贴花；各种权利、许可证照，在证照领受时贴花。

（二）纳税办法

印花税按照应纳税额大小、纳税次数多少及税源控管的需要，分别采用以下三种纳税方法。

1. 自行贴花

自行贴花一般适用于应税凭证较少或者贴花次数较少的纳税人。纳税人在书立、领受应税凭证，发生纳税义务时，由纳税人按照凭证的性质、计税依据和适用税率自行计算出应纳税额，向税务机关购买印花税票，并将印花税票粘贴在应税凭证上，在每枚税票的骑缝处盖戳注销或者画销。即采用自行计算、自行购花、自行贴花、自行注销的"四自"纳税方法。

对已贴花的凭证，凡修改后所载金额有增加的，其增加部分应当补贴印花税票。凡多贴印花税票者，不得申请退税或者抵用。纳税人对已贴花的凭证，应按规定期限保管。

2. 汇贴或汇缴

对一份凭证应纳税数额较大（税额超过 500 元）时，纳税人可向税务机关申请，用填开缴款书或完税证的办法纳税，不再贴花。采用这种方法的纳税人，应将其中一联缴款书或完税证粘贴在凭证上，或者由税务机关在凭证上加注完税标记代替贴花。

同一类凭证需频繁贴花的，纳税人可以向税务机关提出申请，采取按期汇总纳税的办法。税务机关对核准汇总缴纳印花税的单位，发给汇总许可证，确定汇总期限。期限最长不得超过一个月。

3. 委托代征

凡通过国家有关部门发放、鉴证、公证或仲裁的应税凭证，可由税务机关委托这些部门代征。

（三）纳税环节

印花税应当在书立或领受时贴花。具体是指在合同签订时、账簿启用时和证照领受时贴花。如果合同是在国外签订，并且不便在国外贴花的，应在将合同带入境时办理贴花纳税手续。

二、填列纳税申报表

申报印花税应填制"印花税纳税申报（报告）表"。详细内容如表 12-2 所示（此处税款所属期限为一年，实际期限最多是一个月）。

表 12-2 印花税纳税申报（报告）表

税款所属期限：自 2020 年 1 月 1 日至 2020 年 12 月 31 日

纳税人识别号（统一社会信用代码）：

7	8	5	2	3	7	4	5	6	1	0	0	3	2	4	9	4	9

纳税人名称：广州汇金有限公司

本期是否适用增值税小规模纳税人减征政策（减免性质代码：09049901）：□是 ☑否

金额单位：人民币元（列至角分）

应税凭证	计税金额或件数	核定征收		适用税率	本期应纳税额	本期已缴税额	减征比例（%）			本期增值税小规模纳税人减征额	本期应补（退）税额
		核定依据	核定比例				本期减免税额				
							减免性质代码	减免税额			
	1	2	3	4	5=1×4+2×3×4	6	7	8		9	10=5-6-8-9
购销合同	0.00			0.3‰	0.00	0.00		0.00		0.00	0.00
加工承揽合同	0.00			0.5‰	0.00	0.00		0.00		0.00	0.00
建设工程勘察设计合同	0.00			0.5‰	0.00	0.00		0.00		0.00	0.00
建筑安装工程承包合同	55 000 000.00			0.3‰	16 500.00	0.00		0.00		0.00	16 500.00
财产租赁合同	0.00			1‰	0.00	0.00		0.00		0.00	0.00
货物运输合同	550 000.00			0.5‰	275.00	0.00		0.00		0.00	275.00
仓储保管合同	350 000.00			1‰	350.00	0.00		0.00		0.00	350.00
借款合同	5 000 000.00			0.05‰	250.00	0.00		0.00		0.00	250.00
财产保险合同	0.00			1‰	0.00	0.00		0.00		0.00	0.00

续表

本期是否适用增值税小规模纳税人减征政策（减免性质代码：09049901）　□是　☑否

应税凭证	计税金额或件数	核定征收		适用税率	本期应纳税额	本期已缴税额	减征比例（%）			本期应补（退）税额
		核定依据	核定比例				本期减免税额		本期增值税小规模纳税人减征额	
							减免性质代码	减免税额		
	1	2	3	4	5=1×4+2×3×4	6	7	8	9	10=5−6−8−9
技术合同	0.00			0.3‰	0.00	0.00		0.00		0.00
产权转移书据	0.00			0.5‰	0.00	0.00		0.00		0.00
营业账簿（记载资金的账簿）	8 000 000.00	—		0.5‰	4 000.00	0.00	09129999	2 000.00		2 000.00
营业账簿（其他账簿）	3	—		5	15.00	0.00	09129999	15.00		0.00
权利、许可证照	3	—		5	15.00	0.00		0.00		15.00
合计	—	—		—	21 405.00			2 015.00		19 390.00

谨声明：本纳税申报表是根据国家税收法律法规及相关规定填报的，是真实的、可靠的、完整的。

纳税人（签章）：　　　　　年　月　日

经办人：
经办人身份证号：
代理机构签章：
代理机构统一社会信用代码：

受理人：
受理税务机关（章）：
受理日期：　年　月　日

287

📝 **项目小结** ┃--

　　印花税是对单位和个人书立、领受的应税凭证征收的一种税。列入印花税应税凭证的具体范围有五大类，分别为各类经济技术合同，产权转移书据，营业账簿，权利、许可证照，经财政部确定征税的其他凭证。对应税凭证由两方或两方以上当事人共同书立的，其当事人各方都是印花税的纳税人。印花税实行从价计征和从量计征两种征收方式。印花税可分别采用自行贴花、汇贴或汇缴、委托代征三种纳税方法。

📋 **思维导图** ┃--

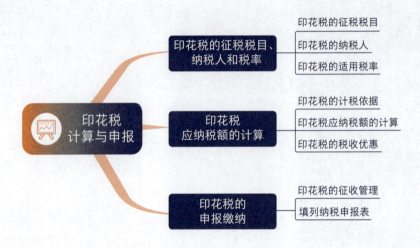

印花税计算与申报
- 印花税的征税税目、纳税人和税率
  - 印花税的征税税目
  - 印花税的纳税人
  - 印花税的适用税率
- 印花税应纳税额的计算
  - 印花税的计税依据
  - 印花税应纳税额的计算
  - 印花税的税收优惠
- 印花税的申报缴纳
  - 印花税的征收管理
  - 填列纳税申报表

✏️ **项目练习** ┃--

一、单选题

1. 下列应缴纳印花税的凭证是（　　　）。

A. 房屋产权证、工商营业执照、专利证、土地使用证

B. 卫生许可证、土地使用证、专利证、房屋产权证

C. 税务登记证、商标注册证、土地使用证、营运许可证

D. 商标注册证、营运许可证、工商营业执照、专利证

2. 下列各项属于印花税纳税义务人的是（　　　）。

A. 合同的保证人　　　　　　　　　B. 权利许可证照的发放人

C. 电子形式签订应税凭证的当事人　　D. 合同的鉴定人

3. 甲公司受托加工制作广告牌，双方签订的加工承揽合同中分别注明加工费 40 000 元，委托方提供价值 60 000 元的原材料，受托方提供价值 2 000 元的辅助材料。甲公司此

项合同应缴纳印花税（　　　）元。

A. 20　　　　　　　　　　　　　　B. 21

C. 38　　　　　　　　　　　　　　D. 39

4. 甲公司与乙公司签订技术开发合同，合同总金额为 100 万元，其中研究开发费 20 万元。甲公司应缴纳印花税（　　　）元。

A. 360　　　　　　　　　　　　　B. 600

C. 240　　　　　　　　　　　　　D. 300

5. 对同一类应税凭证贴花次数频繁的纳税人，适用印花税的纳税办法是（　　　）。

A. 自行贴花　　　　　　　　　　B. 汇贴纳税

C. 汇缴纳税　　　　　　　　　　D. 委托代征

二、多选题

1. 下列各项中，符合印花税规定的有（　　　　　）。

A. 借款合同，计税依据为借款金额，即借款本金

B. 印花税只对税目税率表中列举的凭证和经财政部确定征税的其他凭证征税

C. 汇总缴纳的期限为一个月

D. 财产租赁合同税额为 0.59 元，按照 0.59 元贴花

2. 下列应缴纳印花税的有（　　　　　）。

A. 货物运输合同　　　　　　　　B. 产权转移书据

C. 财产保险合同　　　　　　　　D. 购销合同

3. 下列各项中，适用印花税定额税率的有（　　　　　）。

A. 购销合同　　　　　　　　　　B. 土地使用证

C. 卫生许可证　　　　　　　　　D. 日记账账簿

4. 下列各项中，应按照"产权转移书据"缴纳印花税的有（　　　　　）。

A. 土地使用权出让合同　　　　　B. 土地使用权转让合同

C. 非专利技术转让合同　　　　　D. 商品房销售合同

E. 专利申请转让合同

三、判断题

1. 对应税凭证，凡由两方或两方以上当事人共同书立的，其当事人各方都是印花税的纳税人，各方应就其所持凭证的计税金额履行纳税义务。（　　）

2. 甲公司与乙公司签订了一份购销合同，甲公司向公司乙提供 65 万元货物，乙公司

向甲公司提供 23 万元货物，甲公司另向乙公司支付 42 万元货款。则甲应纳印花税的计税依据为 65 万元，乙应纳印花税的计税依据为 23 万元。（　　　）

3. 记载资金的营业账簿的印花税税率为 0.5‰。（　　　）

4. 立合同人，是指对合同直接负有权利义务关系的当事人。（　　　）

5. 货物运输合同的印花税计税依据为取得的运输费收入，包括所运货物的金额、装卸费等。（　　　）

项目十三　环境保护税计算与申报

学习目标

知识目标
- 熟悉环境保护税征税税目、纳税人、适用税率
- 掌握环境保护税税收优惠政策
- 掌握环境保护税纳税时间、纳税地点

技能目标
- 能正确计算环境保护税应纳税额
- 能进行环境保护税纳税申报

素养目标
- 了解征收环境保护税的意义
- 树立环境保护意识

项目引例

广州番禺石化有限公司的环境保护税纳税申报

广州番禺石化有限公司（简称广州番禺石化公司），统一社会信用代码为914401057330938432，法定代表人为刘强，会计主管为李兆允，公司地址为广州市番禺区化龙街866号。该公司于202×年9月向大气直接排放二氧化硫、氟化物各200千克，一氧化碳100千克，氯化氢80千克，当地大气污染物当量税额为1.2元。该企业只有一个排放口。

模块一　环境保护税的征税税目、纳税人和税率

为了保护和改善环境，减少污染物排放，推进生态文明建设，我国于2018年1月1日起正式施行《中华人民共和国环境保护税法》（以下简称《环境保护税法》）。

一、环境保护税的征税税目

在中华人民共和国领域和中华人民共和国管辖的其他海域，直接向环境排放应税污染物的企业事业单位和其他生产经营者为环境保护税的纳税人，其中污染物是指《环境保护税税目税额表》《应税污染物和当量值表》规定的大气污染物、水污染物、固体废物和噪声。所以，环境保护税的征税税目是直接向环境排放下列内容的应税污染物：

（一）大气污染物

大气污染物是指向大气排放，导致大气污染的物质，包括二氧化硫、氮氧化物、粉尘等。

（二）水污染物

水污染物是指直接或者间接向水体排放的，能导致水体污染的物质，包括重金属、悬浮物、动植物油等。

（三）固体废物

固体废物是指在生产、生活和其他活动中产生的丧失原有利用价值或者虽未丧失利用价值但被抛弃或者放弃的固态、半固态和置于容器中的气态的物品、物质以及法律行政法规规定纳入固体废物管理的物品、物质，包括煤矸石、尾矿等。

（四）噪声

噪声是指工业噪声，即在工业生产活动中使用固定的设备时产生的超过国家规定的环境噪声排放标准的、干扰周围生活环境的声音。

二、环境保护税的纳税人

如前所述，在中华人民共和国领域和中华人民共和国管辖的其他海域，直接向环境排放应税污染物的企业事业单位和其他生产经营者为环境保护税的纳税人。包括企业事业单位和其他生产经营者，不包括居民个人。

有下列情形之一的，不属于直接向环境排放污染物，不缴纳相应污染物的环境保护税：

（1）企业事业单位和其他生产经营者向依法设立的污水集中处理、生活垃圾集中处理场所排放应税污染物的。

（2）企业事业单位和其他生产经营者在符合国家和地方环境保护标准的设施、场所贮存或者处置固体废物的。

（3）达到省级人民政府确定的规模标准并且有污染物排放口的畜禽养殖场，应当依法缴纳环境保护税；但依法对畜禽养殖废弃物进行综合利用和无害化处理的，不属于直接向环境排放污染物，不缴纳环境保护税。

三、环境保护税的税率

环境保护税采取定额税率计算，主要有大气污染物、水污染物、固体废物和噪声污染四大税目。环境保护税税目税额表如表 13-1 所示。

表 13-1　环境保护税税目税额表

税目		计税单位		税额
大气污染物		每污染当量		1.2~12 元
水污染物		每污染当量		1.4~14 元
固体废物	危险废物	每吨		1 000 元
	煤矸石	每吨		5 元
	尾矿	每吨		15 元
	冶炼渣、粉煤灰、炉渣其他固体废物（含半固态、液态废物）	每吨		25 元
噪声	工业噪声	超标 1~3 分贝	每月 350 元	1. 一个单位边界上有多处噪声超标，根据最高一处超标声级计算应纳税额；当沿边界长度超过 100 米有两处以上噪声超标，按照两个单位计算应纳税额。 2. 一个单位有不同地点作业场所的，应当分别计算应纳税额，合并计征。 3. 昼、夜均超标的环境噪声，昼、夜分别计算应纳税额，累计计征。 4. 声源一个月内超标不足 15 天的，减半计算应纳税额。 5. 夜间频繁突发和夜间偶然突发厂界超标噪声，按等效声级和峰值噪声两种指标中超标分贝值高的一项计算应纳税额
		超标 4~6 分贝	每月 700 元	
		超标 7~9 分贝	每月 1 400 元	
		超标 10~12 分贝	每月 2 800 元	
		超标 13~15 分贝	每月 5 600 元	
		超标 16 分贝以上	每月 11 200 元	

模块二　环境保护税应纳税额的计算

一、环境保护税的计税依据

（一）计税依据

应税污染物的计税依据，按照下列方法确定：

（1）应税大气污染物按照污染物排放量折合的污染当量数确定；

（2）应税水污染物按照污染物排放量折合的污染当量数确定；

（3）应税固体废物按照固体废物的排放量确定；

（4）应税噪声按照超过国家规定标准的分贝数确定。

（二）计税依据确定的基本方法

1. 应税大气污染物、水污染物按照污染物排放量折合的污染当量数确定计税依据

污染当量数以该污染物的排放量除以该污染物的污染当量值计算，计算公式如下：

应税大气污染物、水污染物的污染当量数 = 该污染物的排放量 ÷ 该污染物的污染当量值

（1）每种应税大气污染物、水污染物的具体污染当量值，依照《环境保护税法》所附《应税污染物和当量值表》执行，如表13-2所示。

其中，污染当量数的确定可以按照以下两种方式处理。

① 应税大气污染物、水污染物的污染当量数，以该污染物的排放量除以该污染物的污染当量值计算；每种应税大气污染物、水污染物的具体污染当量值应参照《应税污染物和当量值表》。

② 每一排放口或者没有排放口的应税大气污染物，按照污染当量数从大到小排序，对前三项污染物征收环境保护税；每一排放口的应税水污染物，按照《应税污染物和当量值表》，区分第一类水污染物和其他类水污染物，按照污染当量数从大到小排序，对第一类水污染物按照前五项征收环境保护税，对其他类水污染物按照前三项征收环境保护税。

省、自治区、直辖市人民政府根据本地区污染物减排的特殊需要，可以增加同一排放口征收环境保护税的应税污染物项目数，报同级人民代表大会常务委员会决定，并报全国人民代表大会常务委员会和国务院备案。

（2）纳税人有下列情形之一的，以其当期应税大气污染物、水污染物的产生量作为污染物的排放量：

① 未依法安装使用污染物自动监测设备或者未将污染物自动监测设备与环境保护主管部门的监控设备联网；

② 损毁或者擅自移动、改变污染物自动监测设备；

③ 篡改、伪造污染物监测数据；

④ 通过暗管、渗井、渗坑、灌注或者稀释排放以及不正常运行防治污染设施等方式违法排放应税污染物；

⑤ 进行虚假纳税申报。

表13-2　应税污染物和当量值表

（一）第一类水污染物污染当量值

污染物	污染当量值（千克）
1. 总汞	0.000 5
2. 总镉	0.005
3. 总铬	0.04
4. 六价铬	0.02
5. 总砷	0.02
6. 总铅	0.025
7. 总镍	0.025
8. 苯并（a）芘	0.000 000 3
9. 总铍	0.01
10. 总银	0.02

（二）第二类水污染物污染当量值

污染物	污染当量值（千克）
11. 悬浮物（SS）	4
12. 生化需氧量（BOD5）	0.5
13. 化学需氧量（COD）	1
14. 总有机碳（TOC）	0.49
15. 石油类	0.1
16. 动植物油	0.16
17. 挥发酚	0.08
18. 总氰化物	0.05
19. 硫化物	0.125
20. 氨氮	0.8

污染物	污染当量值（千克）
21. 氟化物	0.5
22. 甲醛	0.125
23. 苯胺类	0.2
24. 硝基苯类	0.2
25. 阴离子表面活性剂（LAS）	0.2
26. 总铜	0.1
27. 总锌	0.2
28. 总锰	0.2
29. 彩色显影剂（CD-2）	0.2
30. 总磷	0.25
31. 元素磷（以 P 计）	0.05
32. 有机磷农药（以 P 计）	0.05
33. 乐果	0.05
34. 甲基对硫磷	0.05
35. 马拉硫磷	0.05
36. 对硫磷	0.05
37. 五氯酚及五氯酚钠（以五氯酚计）	0.25
38. 三氯甲烷	0.04
39. 可吸附有机卤化物（AOX）（以 Cl 计）	0.25
40. 四氯化碳	0.04
41. 三氯乙烯	0.04
42. 四氯乙烯	0.04
43. 苯	0.02
44. 甲苯	0.02
45. 乙苯	0.02
46. 邻—二甲苯	0.02
47. 对—二甲苯	0.02
48. 间—二甲苯	0.02

续表

污染物	污染当量值（千克）
49. 氯苯	0.02
50. 邻二氯苯	0.02
51. 对二氯苯	0.02
52. 对硝基氯苯	0.02
53. 2,4—二硝基氯苯	0.02
54. 苯酚	0.02
55. 间—甲酚	0.02
56. 2,4—二氯酚	0.02
57. 2,4,6—三氯酚	0.02
58. 邻苯二甲酸二丁酯	0.02
59. 邻苯二甲酸二辛酯	0.02
60. 丙烯腈	0.125
61. 总硒	0.02

说明：① 第一、二类污染物的分类依据为《污水综合排放标准》（GB 8978—1996）。

② 同一排放口中的化学需氧量（COD）、生化需氧量（BOD5）和总有机碳（TOC），只征收一项。

（三）pH 值、色度、大肠菌群数、余氯量污染当量值

污染物		污染当量值
1. pH 值	1. 0–1，13–14	0.06 吨污水
	2. 1–2，12–13	0.125 吨污水
	3. 2–3，11–12	0.25 吨污水
	4. 3–4，10–11	0.5 吨污水
	5. 4–5，9–10	1 吨污水
	6. 5–6	5 吨污水
2. 色度		5 吨水·倍
3. 大肠菌群数（超标）		3.3 吨污水
4. 余氯量（用氯消毒的医院废水）		3.3 吨污水

说明：① 大肠菌群数和余氯量只征收一项。

② pH5–6 指大于等于 5，小于 6；pH9–10 指大于 9，小于等于 10，其余类推。

（四）禽畜养殖业、小型企业和第三产业污染当量值

类型		污染当量值
禽畜养殖场	1. 牛	0.1 头
	2. 猪	1 头
	3. 鸡、鸭等家禽	30 羽
4. 小型企业		1.8 吨污水
5. 饮食娱乐服务业		0.5 吨污水
6. 医院	消毒	0.14 床
		2.8 吨污水
	不消毒	0.07 床
		1.4 吨污水

说明：① 本表仅适用于计算无法进行实际监测或物料衡算的禽畜养殖业、小型企业和第三产业等小型排污者的污染当量数。

② "禽畜养殖场"污染当量值仅对存栏规模大于50头牛、500头猪、5 000羽鸡、鸭等的禽畜养殖场征收。

③ 医院病床数大于20张的医院按本表计算污染当量。

（五）大气污染物污染当量值

污染物	污染当量值（千克）
1. 二氧化硫	0.95
2. 氮氧化物	0.95
3. 一氧化碳	16.7
4. 氯气	0.34
5. 氯化氢	10.75
6. 氟化物	0.87
7. 氰化氢	0.005
8. 硫酸雾	0.6
9. 铬酸雾	0.000 7
10. 汞及其化合物	0.000 1

续表

污染物	污染当量值（千克）
11. 一般性粉尘	4
12. 石棉尘	0.53
13. 玻璃棉尘	2.13
14. 碳黑尘	0.59
15. 铅及其化合物	0.02
16. 镉及其化合物	0.03
17. 铍及其化合物	0.000 4
18. 镍及其化合物	0.13
19. 锡及其化合物	0.27
20. 烟尘	2.18
21. 苯	0.05
22. 甲苯	0.18
23. 二甲苯	0.27
24. 苯并（a）芘	0.000 002
25. 甲醛	0.09
26. 乙醛	0.45
27. 丙烯醛	0.06
28. 甲醇	0.67
29. 酚类	0.35
30. 沥青烟	0.19
31. 苯胺类	0.21
32. 氯苯类	0.72
33. 硝基苯	0.17
34. 丙烯腈	0.22
35. 氯乙烯	0.55
36. 光气	0.04

污染物	污染当量值（千克）
37. 硫化氢	0.29
38. 氨	9.09
39. 三甲胺	0.32
40. 甲硫醇	0.04
41. 甲硫醚	0.28
42. 二甲二硫	0.28
43. 苯乙烯	25
44. 二硫化碳	20

2. 应税固体废物按照固体废物的排放量确定计税依据

固体废物的排放量为当期应税固体废物的产生量减去当期应税固体废物的贮存量、处置量、综合利用量的余额。其中，固体废物的贮存量、处置量，是指在符合国家和地方环境保护标准的设施、场所贮存或者处置的固体废物数量；固体废物的综合利用量，是指按照国务院发展改革、工业和信息化部门关于资源综合利用要求以及国家和地方环境保护标准进行综合利用的固体废物数量。

固体废物的排放量 = 当期固体废物的产生量 − 当期固体废物的综合利用量 −
当期固体废物的贮存量 − 当期固体废物的处置量

纳税人有下列情形之一的，以其当期应税固体废物的产生量作为固体废物的排放量：

（1）非法倾倒应税固体废物；

（2）进行虚假纳税申报。

3. 应税噪声按照超过国家规定标准的分贝数确定计税依据

工业噪声按超过国家规定标准的分贝数确定每月税额，超过国家规定标准的分贝数是指实际产生的工业噪声与国家规定的工业噪声排放标准限值之间的差值。

（三）应税大气污染物、水污染物、固体废物的排放量和噪声分贝数的确定方法

排放量和分贝数按照下列方法和顺序计算：

（1）纳税人安装使用符合国家规定和监测规范的污染物自动监测设备的，按照污染物自动监测数据计算；

（2）纳税人未安装使用污染物自动监测设备的，按照监测机构出具的符合国家有关规

定和监测规范的监测数据计算；

（3）因排放污染物种类多等原因不具备监测条件的，按照国务院环境保护主管部门规定的排污系数、物料衡算方法计算；

（4）不能按照以上方法计算的，按照省、自治区、直辖市人民政府环境保护主管部门规定的抽样测算的方法核定计算。

二、环境保护税应纳税额的计算

环境保护税采用从量定额计税方法，不同的污染物有不同的计税方法。

（一）大气污染物应纳税额的计算

$$大气污染物应纳环境保护税 = 污染当量数 \times 定额税率$$

【项目引例分析】

广州番禺石化公司直接排放大气污染物，应缴纳环境保护税，计算过程如下：

1. 计算各污染物的污染当量数

应税大气污染物、水污染物的污染当量数 = 该污染物的排放量 ÷ 该污染物的污染当量值

二氧化硫污染当量数 = $200 \div 0.95 \approx 210.53$

氟化物污染当量数 = $200 \div 0.87 \approx 229.89$

一氧化碳污染当量数 = $100 \div 16.7 \approx 5.99$

氯化氢污染当量数 = $80 \div 10.75 \approx 7.44$

2. 按污染当量数排序

氟化物污染当量数（229.89）> 二氧化硫污染当量数（210.53）> 氯化氢污染当量数（7.44）> 一氧化碳污染当量数（5.99）

该公司只有一个排放口，按照排序选取计税前三项污染物征收环境保护税，即为氟化物、二氧化硫、氯化氢。

3. 计算应纳税额

应纳税额 = $(229.89 + 210.53 + 7.44) \times 1.2 = 447.86 \times 1.2 \approx 537.43$（元）

（二）水污染物应纳税额的计算

$$水污染物应纳环境保护税 = 污染当量数 \times 定额税率$$

【例题13.1】

某公司是环境保护税纳税人，该公司仅有一个污水排放口且直接流向河流，排放污

水，已安装使用符合国家规定和监测规范的污染物自动监测设备。检测数据显示，该排放口202×年6月共排放污水8万吨（折合8万立方米），应税污染物为总银，浓度为总银0.5 mg/L。该公司所在省的水污染物税率为2.8元/污染当量，总银的污染当量值为0.02。

分析：

1. 计算污染当量数

总银污染当量数 = 排放总量 × 浓度值 ÷ 当量值

$$= 80\,000 × 1\,000 × 0.5 ÷ 1\,000\,000 ÷ 0.02 = 2\,000$$

2. 计算应纳税额

应纳税额 $= 2\,000 × 2.8 = 5\,600$（元）

（三）固体污染物应纳税额的计算

固体污染物应纳环境保护税 = 排放量 × 定额税率

$$= （当期固体废物的产生量 - 当期固体废物的综合利用量 -$$
$$当期固体废物的贮存量 - 当期固体废物的处置量）×$$
$$定额税率$$

【例题 13.2】

某企业202×年7月产生煤矸石2 000吨，其中综合利用的煤矸石300吨（符合国家规定），在符合国家和地方环境保护标准的设施贮存400吨，已知煤矸石适用的环境保护税定额税率为5元/吨。

分析：固体污染物应纳环境保护税 = 排放量 × 定额税率

$$= （2\,000 - 300 - 400）× 5$$
$$= 6\,500（元）$$

（四）噪声应纳税额的计算

噪声应纳环境保护税 = 排放月数 × 定额税率

【例题 13.3】

某工业企业只有一个生产场所，只在昼间生产，边界处声环境功能区类型为Ⅰ类，202×年7月生产时产生噪声为60分贝，《工业企业厂界环境噪声排放标准》规定Ⅰ类功能区昼间的噪声排放限值为55分贝，当月超标天数为20天。

分析：

超标分贝数 $= 60 - 55 = 5$（分贝）

超标分贝数在 4–6 分贝之间，且已经超出 15 天，按每月 700 元标准缴纳环境保护税。

三、环境保护税税收减免

（一）暂免征税项目

下列情形，暂予免征环境保护税：

（1）农业生产（不包括规模化养殖）排放应税污染物的；

（2）机动车、铁路机车、非道路移动机械、船舶和航空器等流动污染源排放应税污染物的；

（3）依法设立的城乡污水集中处理、生活垃圾集中处理场所排放相应应税污染物，不超过国家和地方规定排放标准的；

（4）纳税人综合利用的固体废物，符合国家和地方环境保护标准的；

（5）国务院批准免税的其他情形（由国务院报全国人民代表大会常务委员会备案）。

（二）减征税额项目

纳税人排放应税大气污染物或者水污染物的浓度值低于国家和地方规定的污染物排放标准 30% 的，减按 75% 征收环境保护税。纳税人排放应税大气污染物或者水污染物的浓度值低于国家和地方规定的污染物排放标准 50% 的，减按 50% 征收环境保护税。

应税大气污染物或者水污染物的浓度值，是指纳税人安装使用的污染物自动监测设备当月自动监测的应税大气污染物浓度值的小时平均值再平均所得数值或者应税水污染物浓度值的日平均值再平均所得数值，或者监测机构当月监测的应税大气污染物、水污染物浓度值的平均值。

依照规定减征环境保护税的，应税大气污染物浓度值的小时平均值或者应税水污染物浓度值的日平均值，以及监测机构当月每次监测的应税大气污染物、水污染物的浓度值，均不得超过国家和地方规定的污染物排放标准。

依照规定减征环境保护税的，应当对每一排放口排放的不同应税污染物分别计算征税。

模块三　环境保护税的申报缴纳

一、环境保护税的征收管理

环境保护税采用"企业申报、税务征收、环保协同、信息共享"的征管方式。纳税人应当依法如实办理纳税申报，对申报的真实性和完整性承担责任；税务机关依照《税收征管法》和《环境保护税法》的有关规定征收管理；环境保护主管部门依照《环境保护税法》和有关环境保护法律法规的规定对污染物监测管理；县级以上地方人民政府应当建立税务机关、环境保护主管部门和其他相关单位分工协作工作机制；环境保护主管部门和税务机关应当建立涉税信息共享平台和工作配合机制，定期交换有关纳税信息资料。

二、纳税时间

环境保护税纳税义务发生时间为纳税人排放应税污染物的当日。环境保护税按月计算，按季申报缴纳。不能按固定期限计算缴纳的，可以按次申报缴纳。纳税人按季申报缴纳的，应当自季度终了之日起十五日内，向税务机关办理纳税申报并缴纳税款。纳税人按次申报缴纳的，应当自纳税义务发生之日起十五日内，向税务机关办理纳税申报并缴纳税款。纳税人申报缴纳时，应当向税务机关报送所排放应税污染物的种类、数量，大气污染物、水污染物的浓度值，以及税务机关根据实际需要要求纳税人报送的其他纳税资料。

三、纳税地点

纳税人应当向应税污染物排放地的税务机关申报缴纳环境保护税。

纳税人跨区域排放应税污染物，税务机关对税收征收管辖有争议的，由争议各方按照有利于征收管理的原则协商解决。

纳税人从事海洋工程向中华人民共和国管辖海域排放应税大气污染物、水污染物或者固体废物，申报缴纳环境保护税的具体办法，由国务院税务主管部门会同国务院海洋主管部门规定。

四、环境保护税纳税申报表的填报

环境保护税的纳税申报表应当在规定的时间填制，在规定的期限内报送主管税务机关。由项目引例可填写环境保护税的纳税申报表，具体如表13-3、表13-4所示（7月、8月的计算表此处略去）。

表 13-3 环境保护税纳税申报表（A 类）

税款所属期：自 202×年 7 月 1 日至 202×年 9 月 30 日　　填表日期：202×年 10 月 8 日

金额单位：元至角分

* 纳税人名称　　广州番禺石化有限公司（公章）

* 统一社会信用代码（纳税人识别号）　91440105730938432

税源编号	* 排放口名称或噪声源名称	* 税目	* 污染物名称	* 计税依据或超标噪声综合系数	单位税额	* 本期应纳税额	本期减免税额	* 本期已缴税额	* 本期应补（退）税额
(1)	(2)	(3)	(4)	(5)	(6)	(7)=(5)×(6)	(8)	(9)	(10)=(7)-(8)-(9)
	废气排放口	大气污染物	二氧化硫等	1 343.58	1.2	1 612.30	0	0	1 612.30
合计	——	——	——	——	——	1 612.30	0	0	1 612.30

授权声明

如果你已委托代理人申报，请填写下列资料：
为代理一切税务事宜，现授权
　　　　　　　　　　　　（统一社会信用代码）
（地址）
为本纳税人的代理申报人，任何与本申报表有关的往来文件，都可寄予此人。

授权人签字：

申报人声明

本纳税申报表是根据国家税收法律法规及相关规定填写的，是真实的、可靠的、完整的。

* 申报人声明

声明人签字：　　　　　　　年　月　日

经办人：	主管税务机关：	受理人：
		受理日期：　　年　月　日

本表一式两份，一份纳税人留存，一份税务机关留存。

表13-4 环境保护税按月计算报表
（大气污染物适用）

税款所属期：自 202×年 7 月 1 日至 202×年 9 月 30 日

纳税人名称：广州番禺禹石化有限公司   统一社会信用代码（纳税人识别号）：91440105733093843 2

*月份	*税源编号	*排放口名称	*污染物名称	*污染物排放量计算方法	监测计算		排污系数计算				*污染物排放量（千克）	*污染当量值（千克）	*污染当量数
					废气排放量（万标立方米）	实测浓度值（毫克/标立方米）	计算基数	产污系数	排污系数	污染物单位	$(12)=(6)\times(7)\div100$ $(12)=(8)\times(9)\times N$ $(12)=(8)\times(10)\times N$		$(14)=(12)\div(13)$
(1)	(2)	(3)	(4)	(5)	(6)	(7)	(8)	(9)	(10)	(11)	(12)	(13)	(14)
9		废气排放口	二氧化硫				200	1	1	千克	200	0.95	210.53
9		废气排放口	氟化物				200	1	1	千克	200	0.87	229.89
9		废气排放口	氯化氢				80	1	1	千克	80	10.75	7.44

✏️ **项目小结**

环境保护税是对在中华人民共和国领域和中华人民共和国管辖的其他海域，直接向环境排放应税污染物的企业事业单位和其他生产经营者征收的税收。其纳税人包括企业事业单位和其他生产经营者，不包括居民个人。

应税污染物包括大气污染物、水污染物、固体废物和噪声，采取定额税率计算税额，其中，应税大气污染物按照污染物排放量折合的污染当量数确定计税依据；应税水污染物按照污染物排放量折合的污染当量数确定计税依据；应税固体废物按照固体废物的排放量确定计税依据；应税噪声按照超过国家规定标准的分贝数确定计税依据。

📋 **思维导图**

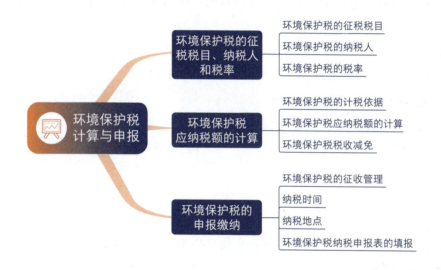

✏️ **项目练习**

一、单选题

1. 下列情形中，属于直接向环境排放污染物从而应缴纳环境保护税的是（ 　　 ）。

A. 企业在符合国家和地方环境保护标准的场所处置固体废物的

B. 事业单位向依法设立的生活垃圾集中处理场所排放应税污染物的

C. 企业向依法设立的污水集中处理场所排放应税污染物的

D. 依法设立的城乡污水集中处理场所超过国家和地方规定的排放标准排放应税污染物的

2. 下列情形应缴纳环境保护税的是（　　　）。

A. 农业生产者种植排放应税污染物

B. 存栏 300 头奶牛的养牛场排放应税污染物

C. 船舶行驶排放应税污染物

D. 企业直接向依法设立的生活垃圾集中处理中心运送应税污染物

3. 某纳税人直接向河流排放总铅 4 000 千克，已知总铅污染当量值为 0.025 千克，假定其所在省公布的水污染物环保税税额为每污染当量 5 元，则该纳税人应缴纳的环保税为（　　　）元。

A. 6 000

B. 24 000

C. 160 000

D. 800 0000

4. 某企业 202× 年 9 月连续 10 天发生的工业噪声分贝数超过国家标准 6 分贝。按照环保税科目税额表规定，噪声超标 4~6 分贝的，应纳税额每月 700 元。该企业当月应纳环保税（　　　）元。

A. 0

B. 350

C. 700

D. 42 000

5. 环境保护税的申报缴纳期限是（　　　）。

A. 15 日

B. 一个月

C. 一个季度

D. 一年

二、多选题

1.《环境保护税法》中所称的应税污染物是指（　　　）。

A. 大气污染物

B. 水污染物

C. 固体废物

D. 噪声

2. 下列污染物中，属于环境保护税征收范围的有（　　　）。

A. 建筑噪声

B. 二氧化硫

C. 煤矸石

D. 氮氧化物

3. 下列各项中，暂予免征环境保护税的有（　　　）。

A. 农业生产（不包括规模化养殖）排放应税污染物的

B. 机动车等流动污染源排放应税污染物的

C. 依法设立的城乡污水集中处理、生活垃圾集中处理场所排放应税污染物的

D. 纳税人综合利用的固体废物，符合国家和地方环境保护标准的

4. 环境保护税的计税单位有（　　　）。

A. 每污染当量

B. 每吨

C. 每千克指数　　　　　　　　　　　D. 超标分贝

5. 下列关于环境保护税征收管理的说法中，正确的有（　　　　　）。

A. 纳税义务发生时间为排放应税污染物的当日

B. 纳税人应当按月申报缴纳

C. 不能按固定期限计算缴纳的，可以按次申报缴纳

D. 纳税人应当向企业注册登记地税务机关申报缴纳

三、判断题

1. 环境保护税的纳税人为向我国领域或管辖的其他海域直接向环境排放应税污染物的企业事业单位和其他生产经营者。（　　　）

2. 企业事业单位和其他生产经营者向依法设立的污水集中处理、生活垃圾集中处理场所排放应税污染物，也需要缴纳环境保护税。（　　　）

3. 农业生产（不包括规模化养殖）排放应税污染物的暂免征收环境保护税。（　　　）

4. 依照规定减征环境保护税的，应当对每一排放口排放的不同应税污染物分别计算征税。（　　　）

5. 应税噪声按照超过国家规定标准的分贝数确定。（　　　）

项目十四　税务管理

 **学习目标**

知识目标
- 掌握税务登记管理
- 掌握发票、申报等基础管理的时间和主要程序
- 了解税款征收原则及征收制度
- 了解税务检查的职责
- 了解违反税收法规要承担的法律责任
- 掌握税务行政复议和税务行政诉讼的受案范围

技能目标
- 能按照法律规定的程序履行纳税管理义务，接受纳税检查
- 能利用法律手段维护纳税人自身权益，能够进行简单的行政复议

素养目标
- 树立守时、守法意识，能够依法维护权益
- 养成关注国家税收政策的习惯

⚙ **项目引例**

税务稽查行政复议

某县税务局稽查局查处一起重大税务案件，按规定提交县税务局重大案件审委会审理后，根据审委会主任签发的"重大税务案件审理意见书"，制作"税务处理决定书"和"税务行政处罚决定书"，并送达执行。

纳税人对行政处罚决定不服，按"税务行政处罚决定书"的要求向县税务局申请行政复议，县税务局作出"维持原决定"的复议决定。纳税人仍不服，依法向县人民法院起诉。法院判决如下："税务行政处罚决定书"中"如对本决定不服，可以自收到本决定之日起 60 日内依法向县税务局申请行政复议，或者自收到本决定之日起 6 个月内依法向人民法院起诉"，属于执法程序性错误，侵犯了纳税人的合法权益，依法撤销稽查局作出的"税务行政处罚决定书"。

问题：（1）税务行政复议机关如何判定？

（2）县税务局重大案件审委会审理的案件能否以稽查局的名义作出行政处罚？

（3）县人民法院的一审判决是否正确？

（4）行政诉讼一审败诉后稽查局该怎么办？

模块一　税务登记基础管理

　　税务管理，是指税收征收管理机关为了贯彻执行国家税收法律制度，加强税收工作，协调征税关系而对纳税人和扣缴义务人适时的基础性的管理制度和管理行为。税务管理是税收征收管理的重要内容，是税款征收的前提和基础。

一、税务登记

　　税务登记是税务机关对纳税人的基本情况及生产经营项目进行登记管理的一项基本制度，是整个税收征收管理的起点。其作用在于掌握纳税人的基本情况和税源情况。从税务登记开始，纳税人的身份及征纳双方的法律关系即得到确认。

（一）税务登记申请人

　　企业在外地设立的分支机构和从事生产、经营的场所，个体工商户以及从事生产、经营的事业单位，都应当办理税务登记。其他纳税人，除国家机关、个人和无固定生产经营场所的流动性农村小商贩外，也应当办理税务登记。

　　根据税收法律、行政法规的规定，负有扣缴税款的义务人（国家机关除外），应当办理扣缴税款登记。

（二）税务登记主管机关

　　县以上（含本级，下同）税务局（分局）是税务登记的主管机关，负责税务登记的设立登记、变更登记、注销登记以及非正常户处理、报验登记等有关事项。

（三）"多证合一"登记制度

　　我国目前实施"多证合一、一照一码"制度，农民专业合作社的工商营业执照、组织机构代码证、税务登记证、社会保险登记证、统计登记证和个体工商户的工商营业执照、税务登记证及企业（包括个体工商户、农民专业合作社）登记、备案等有关事项和各类证照统一整合到营业执照上。"一照一码"工商营业执照成为企业唯一的"身份证"，使统一社会信用代码成为企业唯一的"身份代码"。

　　在领取"一照一码"工商营业执照后，企业无须再到质检、社保、统计等部门办理任何手续，但应在领取工商营业执照后 15 日内，将其财务、会计制度或处理办法报送主管税务机关备案，并向税务机关报告企业全部存款账号。

二、发票管理

税务机关是发票的主管机关，负责发票的印制、领购、开具、取得、保管、缴销的管理和监督。

税务局应及时为纳税人提供清晰的发票领用指南；简化发票用领程序（其中：一般纳税人申请增值税专用发票，最高开票限额不超过 10 万元的，主管税务机关不需要事前实地查验）；不断提高发票管理信息化水平。

三、纳税申报管理

（一）纳税申报的基本规定

纳税申报是指纳税人按照税法规定的期限和内容，向税务机关提交有关纳税事项书面报告的法律行为。

办理纳税申报的对象包括负有纳税义务的单位和个人（包括取得临时应税收入或发生应税行为的纳税人，享受减税、免税待遇的纳税人）和扣缴义务人。纳税申报的方式主要有直接申报、邮寄申报和数据电文，除上述方式外，实行定期定额缴纳税款的纳税人，可以实行简易申报、简并征期等申报纳税方式。其中，邮寄申报，应使用统一的纳税申报特快专递专用信封，并以邮政部门收据作为申报凭据，以寄出的邮戳日期作为实际申报日期；数据电文方式申报，其申报日期以税务机关计算机网络系统收到该数据电文的时间为准。

（二）纳税申报的具体要求

纳税人、扣缴义务人，不论当期是否发生纳税义务，除经税务机关批准外，均应当按照规定办理纳税申报或者报送代扣代缴、代收代缴税款报告表。纳税人享受减税、免税待遇的，在减税、免税期间应当按照规定办理纳税申报。

纳税人、扣缴义务人按照规定的期限办理纳税申报或者报送代扣代缴、代收代缴税款报告表确有困难，需要延期的，应当在规定的期限内向税务机关提出书面延期申请，经税务机关核准，在核准的期限内办理。需要注意的是：

（1）延期申报属于纳税申报范畴，核准机关为县以上税务机关。

（2）延期申报不等于延期纳税。

（3）在核准的延期内办理正式申报，并与预缴数相比较后办理纳税结算。

纳税人和扣缴义务人在有效期间内，没有取得应税收入或所得，没有应缴税款发生，或者已办理税务登记但未开始经营或者开业期间没有经营收入的纳税人，除已办理停业审批手续的以外，必须按规定的纳税申报期限进行零申报。

模块二　税收征收管理

一、税款征收的原则

（1）税务机关是征税的唯一行政主体。

（2）税务机关只能依照法律、行政法规的规定征收税款。

（3）税务机关不得违反法律、行政法规的规定开征、停征、多征、少征、提前征收或者延缓征收税款或者摊派税款。

（4）税务机关征收税款必须遵守法定权限和法定程序。

（5）税务机关征收税款或者扣押、查封商品、货物或者其他财产时，必须向纳税人开具完税凭证或开付扣押、查封的收据或清单。

（6）税款、滞纳金、罚款统一由税务机关上缴国库。

（7）税款优先的原则。

税收优先于无担保债权；纳税人发生欠税在前的，税收优先于抵押权、质权和留置权的执行；税收优先于罚款、没收非法所得。纳税人欠缴税款，同时又被行政机关决定处以罚款、没收非法所得，税收优先于罚款、没收非法所得。

二、税款的征收方式

税款征收方式主要有查账征收、查定征收、查验征收、定期定额征收、委托代征税款、邮寄纳税以及其他方式。

三、税款征收制度

（一）税收征收制度——延期纳税

纳税人因有特殊困难，不能按期缴纳税款的，由纳税人提出书面申请经省、自治区、直辖市国家税务局、地方税务局批准，可以延期缴纳税款，但最长不得超过 3 个月且同一笔税款不得滚动审批，批准延期内免予加收滞纳金。

特殊困难的主要内容：一是因不可抗力；二是当期货币资金在扣除应付职工工资、社会保险费后，不足以缴纳税款的。

（二）税款征收制度——滞纳金

纳税人未按照规定期限缴纳税款的、扣缴义务人未按照规定期限解缴税款的，税务机关除责令限期缴纳外，从滞纳税款之日起，按日加收滞纳税款万分之五的滞纳金。加收滞纳金的起止时间为法律、行政法规规定或者税务机关依照法律、行政法规的规定确定的税款缴纳期限届满次日起至纳税人、扣缴义务人实际缴纳或者解缴税款之日止。

（三）税款征收制度——减免税收制度

减免税具体规定必须在税收实体法中体现，各级人民政府及其主管部门、单位和个人都不可擅自作出减免税决定；纳税人减免期内也要进行纳税申报；纳税人享受减免条件变化及时报告；减免期满次日起恢复征税。

凡属于无明确规定需经税务机关审批或没有规定申请期限的，纳税人可以在税收征管法规定的期限内申请减免税，要求退还多缴的税款（3 年内）。

（四）税款征收制度——税额核定和税收调整制度

1. 税额核定制度——核定征收

根据《中华人民共和国税收征收管理法》（以下简称《税收征管法》）第三十五条的规定，纳税人（包括单位纳税人和个人纳税人）有下列情形之一的，税务机关有权核定其应纳税额：

（1）依照法律、行政法规的规定可以不设置账簿的；

（2）依照法律、行政法规的规定应当设置账簿但未设置的；

（3）擅自销毁账簿或者拒不提供纳税资料的；

（4）虽设置账簿，但账目混乱或者成本资料、收入凭证、费用凭证残缺不全，难以查账的；

（5）发生纳税义务，未按照规定的期限办理纳税申报，经税务机关责令限期申报，逾期仍不申报的；

（6）纳税人申报的计税依据明显偏低，又无正当理由的。

2. 税收调整制度

税务机关可以按照下列方法调整计税收入额或者所得额：

（1）按照独立企业之间进行的相同或者类似业务活动的价格；

（2）按照再销售给无关联关系的第三者的价格所应取得的收入和利润水平；

（3）按照成本加合理的费用和利润；

（4）按照其他合理的方法。

（五）税款征收制度——税收保全措施与强制执行措施

税收保全措施是指税务机关对可能由于纳税人的行为或者某种客观原因，致使以后税款的征收不能保证或难以保证的案件，采取限制纳税人处理或转移商品、货物或其他财产的措施。

税收强制执行措施是指当事人不履行法律、行政法规规定的义务，有关国家机关采用法定的强制手段，强迫当事人履行义务的行为。

税务机关采取税收强制执行措施时，必须坚持告诫在先的原则。其中，个人及其所扶养家属维持生活必需的住房和用品，不在税收保全措施和强制执行措施的范围之内。生活必需的住房和用品不包括机动车辆、金银饰品、古玩字画、豪华住宅或者一处以外的住房。

税务机关对单价5 000元以下的其他生活用品，不采取税收保全措施和强制执行措施。

税务机关采取税收保全措施的期限一般不得超过6个月；重大案件需要延长的，应当报国家税务总局批准。

（六）税款征收制度——欠税清缴制度

（1）欠缴税款的审批权限集中在省、自治区、直辖市一级的税务机关。

（2）从事生产、经营的纳税人、扣缴义务人未按照规定的期限缴纳或者解缴税款的，纳税担保人未按照规定的期限缴纳所担保的税款的，由税务机关发出限期缴纳税款通知书，责令缴纳或者解缴税款的最长期限不得超过15日。

（3）建立离境清税制度。

（4）建立改制纳税人欠税的清缴制度。《税收征管法》第四十八条规定："纳税人有合并、分立情形的，应当向税务机关报告，并依法缴清税款。纳税人合并时未缴清税款的，应当由合并后的纳税人继续履行未履行的纳税义务；纳税人分立时未缴清税款的，分立后的纳税人对未履行的纳税义务应当承担连带责任。"

（5）大额欠税处分财产报告制度。欠缴税款数额在5万元以上的纳税人，在处分其不动产或者大额资产之前，应当向税务机关报告。

（6）税务机关可以对欠缴税款的纳税人行使代位权、撤销权。

（7）建立欠税公告制度。

（七）税款征收制度——税款的退还和追征制度

税款征收包括溢征、补征、追征。

1. 溢征

税务机关发现溢征应立即退回；纳税人发现自结算缴纳税款之日起3年内可书面申请退税并加算银行同期存款利息。

2. 补征

因税务机关责任，致使纳税人、扣缴义务人未缴或者少缴税款的，税务机关可以在3年内补征税款，不得加收滞纳金。

3. 追征

一般计算失误情况，税务机关发现在 3 年内追征；特殊计算失误情况（累计金额在 10 万元以上的），追征期延长至 5 年；偷、抗、骗税的无追征期限制，按日加收 0.5‰ 滞纳金。

四、税务检查制度

税务检查是税务机关以国家税收法律、法规为依据，对纳税人是否履行纳税义务的情况进行的审查、监督活动的总称。纳税人、扣缴义务人必须接受税务机关依法进行的税务检查。

（一）税务检查的方法

1. 从税务检查的内容和范围的角度来划分，税务检查方法有全查法和抽查法

所谓全查法，又称详查法，是税务机关对被查单位在检查期内的所有会计资料进行全面、系统而详细的检查，以检查纳税人是否严格履行纳税义务的一种方法。所谓抽查法，又称选查法，指税务机关对被查单位在检查期内的部分账簿、凭证等会计资料进行有选择性的检查，找出疑点、查处问题的一种检查方法。

2. 从税务检查实施的先后顺序来划分，税务检查方法有顺查法和逆查法

所谓顺查法，又称正查法，是税务机关按照企业会计核算的程序，从原始凭证开始，依次对记账凭证、账簿、会计报表进行检查的方法。所谓逆查法，又称倒查法，是税务机关采取的从审查分析会计报表或部分总账入手，逆向审查总账、明细账、记账凭证、原始凭证的一种检查方法。

3. 从税务检查实施的地点来划分，税务检查方法有实地检查法和调账检查法

所谓实地检查法，就是税务检查人员亲自到企业核算地进行纳税检查的方法。所谓调账检查法，就是税务检查人员将检查对象的所有会计核算资料调回税务机关进行检查的一种检查方法。但必须注意的是，税务机关外调被查单位的会计核算资料时，必须依法开具清单。

4. 从会计指标的不同运用来划分，税务检查方法有比较分析法和控制计算法

所谓比较分析法，就是将企业检查期内各经济指标的实际数与历史数据、计划数据或同类企业相关数据资料进行对比，寻找检查线索，实施税务检查的一种方法。比如，通过对比销售收入、费用情况，就可以发现纳税人应税销售额变化的原因。但在实际运用时，应注意指标的可比性，对比口径必须保持一致。

所谓控制计算法，就是利用各经济指标之间的相关性、制约性，来检测企业账面资料或纳税资料是否正确的一种方法。具体做法有：

（1）以产定销。即根据被查单位的实际生产量、库存量来核定其应实现的销售额与实

际销售额是否相符，如有误差，则查找原因，深入检查。

（2）以耗定产。即根据被查单位产品的单位原料消耗量来测定检查期实际应消耗原料量与实际消耗原料量是否相符，以寻找检查线索。

（二）税务检查的职责

（1）税务机关进行税务检查时的权利包括查账权、场地检查权、责成提供资料权、询问权、在交通要道和邮政企业的查证权、查询存款账户权。

（2）税务机关采取税收保全措施的期限一般不得超过6个月；重大案件需要延长的，应当报国家税务总局批准。

（3）税务机关调查税务违法案件时，对与案件有关的情况和资料，可以记录、录音、录像、照相和复制。

（4）税务机关派出人员在进行检查时，必须出示税务检查证和税务检查通知书。

模块三　违反税务管理规定行为的处罚

一、违反税务管理基本规定行为的处罚

（1）根据规定，纳税人有下列行为之一的，由税务机关责令限期改正，可以处2 000元以下的罚款；情节严重的，处2 000元以上10 000元以下的罚款：

① 未按照规定的期限申报办理税务登记、变更或者注销税务登记的。

② 未按照规定设置、保管账簿或者保管记账凭证和有关资料的。

③ 未按照规定将财务、会计制度或者财务、会计处理办法和会计核算软件报送税务机关备查的。

④ 未按照规定将其全部银行账号向税务机关报告的。

⑤ 未按照规定安装、使用税控装置，或者损毁或擅自改动税控装置的。

⑥ 纳税人未按照规定办理税务登记证件验证或者换证手续的。

（2）对不办理税务登记且逾期不改的纳税人，由工商行政管理机关吊销其营业执照。

（3）纳税人通过提供虚假的证明资料等手段，骗取税务登记证的，处2 000元以下的罚款；情节严重的，处2 000元以上10 000元以下的罚款。纳税人涉嫌其他违法行为的，按有关法律、行政法规的规定处理。对扣缴义务人税务违章行为的处罚具体规定如下。

① 未按照规定办理扣缴税款登记。扣缴义务人未按照规定办理扣缴税款登记的，税务机关应当自发现之日起3日内责令改正，并可以处1 000元以下的罚款。

② 不按规定设账、保管凭证。扣缴义务人未按照规定设置、保管代扣代缴、代收代

缴税款账簿或者保管代扣代缴、代收代缴税款记账凭证及有关资料的，由税务机关责令限期改正，并可以处 2 000 元以下的罚款；情节严重的，处 2 000 元以上 5 000 元以下的罚款。

③ 不按期申报。扣缴义务人未按照规定的期限向税务机关报送代扣代缴、代收代缴税款报告表等的，由税务机关责令限期改正，并可以处 2 000 元以下的罚款；情节严重的，可以处 2 000 元以上 10 000 元以下的罚款。

④ 不履行扣缴职责。扣缴义务人应扣未扣、应收未收税款的，由税务机关向纳税人追缴税款，对扣缴义务人处应扣未扣、应收未收税款 50% 以上 3 倍以下的罚款。

⑤ 偷税行为（扣而不缴）。扣缴义务人采取伪造、变造、隐匿、擅自销毁账簿、记账凭证，不缴或者少缴已扣、已收税款的，是偷税。税务机关将追缴其不缴或少缴的税款、滞纳金，并处不缴或少缴税款 50% 以上 5 倍以下的罚款，构成犯罪的，依法追究刑事责任；扣缴义务人采取前款所列手段，不缴或者少缴已扣、已收税款，数额较大的，依照规定处罚。对多次实施前两款行为，未经处理的，按照累计数额计算。

⑥ 虚假申报。扣缴义务人编造虚假计税依据的，由税务机关责令限期改正，并处 50 000 元以下的罚款。

二、对纳税人偷税、骗税、抗税、编造虚假计税依据、不申报的认定及其法律责任

（一）偷税

纳税人采取伪造、变造、隐匿、擅自销毁账簿、记账凭证，或者在账簿上多列支出或者不列、少列收入，或者经税务机关通知申报而拒不申报或者进行虚假的纳税申报，不缴或者少缴应纳税款的，是偷税。

逃避缴纳税款数额较大并且占应纳税额百分之十以上的，属于"逃税罪"。

对于偷税行为，税务机关将追缴其不缴或少缴的税款、滞纳金，并处不缴或少缴税款 50% 以上 5 倍以下的罚款。

对于"逃税罪"，依《中华人民共和国刑法》追究刑事责任：

（1）纳税人采取欺骗、隐瞒手段进行虚假纳税申报或者不申报，逃避缴纳税款数额较大并且占应纳税额百分之十以上的，处三年以下有期徒刑或者拘役，并处罚金；数额巨大并且占应纳税额百分之三十以上的，处三年以上七年以下有期徒刑，并处罚金。

（2）扣缴义务人采取前款所列手段，不缴或者少缴已扣、已收税款，数额较大的，依照前款的规定处罚。

（3）对多次实施前两款行为，未经处理的，按照累计数额计算。

（4）有第一款行为，经税务机关依法下达追缴通知后，补缴应纳税款，缴纳滞纳金，

已受行政处罚的，不予追究刑事责任；但是，五年内因逃避缴纳税款受过刑事处罚或者被税务机关给予两次以上行政处罚的除外。

（二）骗税

以假报出口等欺骗手段，骗取国家出口退税款的是骗税。由税务机关追缴其骗取的退税款，并处骗取税款 1 倍以上 5 倍以下的罚款；构成犯罪的，由司法机关追究刑事责任。

骗取国家出口退税款的，税务机关可在规定期间内停止为其办理出口退税。

（三）抗税

以暴力、威胁方法拒不缴纳税款的是抗税。除由税务机关追缴其拒缴的税款、滞纳金外，由司法机关追究刑事责任；情节轻微，未构成犯罪的，由税务机关追缴其拒缴的税款、滞纳金，处以拒缴税款 1 倍以上 5 倍以下的罚款。触及刑法的，处 3 年以下有期徒刑或者拘役，并处拒缴税款 1 倍以上 5 倍以下罚金；情节严重的，处 3 年以上 7 年以下有期徒刑，并处拒缴税款 1 倍以上 5 倍以下罚金。

（四）编造虚假计税依据

纳税人编造虚假计税依据的，由税务机关责令限期改正，并处 50 000 元以下的罚款。

（五）不申报

纳税人不申报，不缴或少缴应纳税款的，由税务机关追缴其不缴或少缴的税款、滞纳金，并处不缴或少缴税款 50% 以上 5 倍以下的罚款。

三、违反税务代理的法律责任

税务代理人违反税收法律、行政法规，造成纳税人未缴或者少缴税款的，除由纳税人缴纳或者补缴应纳税款、滞纳金外，对税务代理人处纳税人未缴或者少缴税款 50% 以上 3 倍以下的罚款。

模块四　税务行政复议和税务行政诉讼

一、税务行政复议

税务行政复议是我国行政复议制度的一个重要组成部分。税务行政复议是指当事人（纳税人、扣缴义务人、纳税担保人及其他税务当事人）不服税务机关及其工作人员作出的税务具体行政行为，依法向上一级税务机关（复议机关）提出申请，复议机关经审理对原税务机关具体行政行为依法作出维持、变更、撤销等决定的活动。

320

（一）税务行政复议的范围

税务行政复议的受案范围仅限于税务机关作出的税务具体行政行为。税务具体行政行为是指税务机关及其工作人员在税务行政管理活动中行使行政职权，针对特定的公民、法人或者其他组织，就特定的具体事项，作出的有关该公民、法人或者其他组织权利、义务的单方行为。主要包括：① 税务机关作出的征税行为；② 税务机关作出的责令纳税人提供纳税担保行为；③ 税务机关作出的税收保全措施；④ 税务机关未及时解除税收保全措施，使纳税人等合法权益遭受损失的行为；⑤ 税务机关作出的税收强制执行措施；⑥ 税务机关作出的税务行政处罚行为；⑦ 税务机关不予依法办理或答复的行为；⑧ 税务机关作出的取消增值税一般纳税人资格的行为；⑨ 税务机关作出的通知出境管理机关阻止出境行为。

（二）税务行政复议的管辖

我国税务行政复议管辖的基本制度原则上是实行由上一级税务机关管辖的一级复议制度。具体内容如下：

（1）对省级以下各级税务局作出的税务具体行政行为不服的，向其上一级机关申请行政复议；对省级税务局作出的具体行政行为不服的，向国家税务总局申请行政复议。

（2）对国家税务总局作出的具体行政行为不服的，向国家税务总局申请行政复议。对行政复议决定不服的，申请人可以向人民法院提出行政诉讼，也可以向国务院申请裁决，国务院的裁决为终局裁决。应该注意的是，向国务院申请二级复议审理是特殊规定，只适用于纳税人不服，由国家税务总局直接作出的具体税务行政行为的情况。对纳税人不服省级税务机关具体作出的税务行政行为，而向国家税务总局申请复议，并且对总局的复议决定不服的，此种情况，纳税人不能向国务院申请裁决，只能向人民法院起诉，即仍按一级复议原则处理。

（3）对上述（1）、（2）条规定以外的其他机关、组织等作出的税务具体行政行为不服的，按照下列规定申请行政复议：

① 对税务机关依法设立的派出机构，依照法律、法规或者规章的规定，以自己名义作出的税务具体行政行为不服的，向设立该派出机构的税务机关申请行政复议。

② 对扣缴义务人作出的扣缴税款行为不服的，向主管该扣缴义务人的税务机关的上一级税务机关申请复议；对受税务机关委托的单位作出的代征税款行为不服的，向委托税务机关的上一级税务机关申请复议。

③ 对税务机关与其他机关共同作出的具体行政行为不服的，向其上一级行政机关申请复议。

④ 对被撤销的税务机关在撤销前所作出的具体行政行为不服的，向继续行使其职权的税务机关的上一级税务机关申请行政复议。

为方便纳税人，按《中华人民共和国行政复议法》（以下简称《行政复议法》）有关规定，在上述情况下，复议申请人也可以向具体行政行为发生地的县级地方人民政府提出行政复议申请，由接受申请的县级地方人民政府依法进行转送。

【项目引例分析】

问题（1）：税务行政复议机关如何判定？

本案作为重大税务案件，"税务处理决定书"和"税务行政处罚决定书"经过了县税务局重大案件审委会的审理，虽然最终的行政执法文书是以县税务局稽查局的名义作出，但却不应向其所属税务局——县税务局申请行政复议。而应依据《行政复议法》的规定，可以向"重大案件审委会所在税务机关"——县税务局的"本级人民政府"申请行政复议，也可以向其"上一级主管部门"——市税务局申请行政复议。

在本案中，县税务局受理了纳税人不服税务行政处罚的复议申请并做出了行政复议决定，超越了税务行政复议权限，税务行政复议决定失当。

（三）税务行政复议的程序

税务行政复议的程序由申请、受理、审理、决定和送达构成。

1. 税务行政复议的申请

纳税人及其他税务当事人对税务机关作出的征税行为不服，应当先向复议机关申请行政复议，对复议决定不服，再向人民法院起诉。申请人按前款规定申请行政复议的，必须先依照税务机关的纳税决定缴纳或者解缴税款及滞纳金或者提供相应的担保，然后可以依法提出行政复议申请。

申请人对税务机关作出的征税以外的其他税务具体行政行为不服，可以申请行政复议，也可以直接向人民法院提起行政诉讼。申请人可以在得知税务机关作出具体行政行为之日起60日内提出行政复议申请。

因不可抗力或者被申请人设置障碍等其他正当理由耽误法定申请期限的，申请期限自障碍消除之日起继续计算。

2. 税务行政复议受理

（1）复议机关收到行政复议申请后，应当在5日内进行审查，对不符合规定的行政复议申请，决定不予受理，并书面告知申请人；对符合规定，但是不属于本机关受理的行政复议申请，应当告知申请人向有关行政复议机关提出申请。

（2）对符合规定的行政复议申请，自复议机关收到之日起即视为受理；受理行政复议申请，应书面告知申请人。

（3）对应当先向复议机关申请行政复议的，对行政复议决定不服再向人民法院提起行政诉讼的具体行政行为，复议机关决定不予受理或者受理后超过复议期限不作答复的，纳税人和其他税务当事人可以自收到不予受理决定书之日起，或者行政复议期满之日起15

日内，依法向人民法院提起行政诉讼。

3. 税务行政复议审理

税务行政复议审理是税务机关针对税务争议问题，根据税收法律、法规的规定，进行审查并作出处理决定的过程。

4. 税务行政复议决定

复议机关应当自受理行政复议申请之日起 7 日内，将行政复议申请书副本或者行政复议申请笔录复印件发送被申请人。

复议机关应当自受理申请之日起 60 日内作出行政复议决定。情况复杂，不能在规定期限内作出行政复议决定的，经复议机关负责人批准，可以适当延长，并告知申请人和被申请人，但是延长期限最多不超过 30 日。

5. 税务行政复议送达

复议机关将行政复议决定送至申请人手中，送达期限依照民事诉讼法关于送达的规定执行。

【项目引例分析】

问题（2）：县税务局重大案件审委会审理的案件能否以稽查局的名义作出行政处罚？

税务稽查案件审理，是税务检查的一项重要的执法程序。税务稽查案件的审理，一般执行谁稽查谁审理、谁审理谁决定的规则。但是，为了推进税务机关科学民主决策，强化内部权力制约，保护纳税人合法权益，对于重大税务案件的审理，却有着不同的规定。经过重大案件审委会审理的税案，仍然以开展税务稽查的稽查局的名义作出税务处理、处罚的相关决定。

本案的处罚，虽然经过了县税务局重大案件审委会的审理，按规定仍需要以稽查局的名义进行。税务稽查处罚程序完全符合法律、法规的规定，不是"执法程序性错误"。

【项目引例分析】

问题（3）：县人民法院的一审判决是否正确？

《税收征管法》《行政复议法》《中华人民共和国行政诉讼法》（以下简称《行政诉讼法》）等相关法律中，都明确规定纳税人不服税务机关作出的行政处罚行为，可以依法申请行政复议，也可以依法向人民法院起诉。本案中，稽查局对其纳税人的行政处罚，已依法按照税务行政处罚中的"调查、告知、听证、决定、执行"一般程序执行。在"税务行政处罚决定书"中，告知了纳税人的行政复议和行政诉讼的权利，却将行政复议机关错写为"县税务局"，只能是文书瑕疵，并不能据此认定为"执法程序性错误"。县人民法院的一审判决"依法撤销稽查局作出的税务行政处罚决定书"明显失当。

二、税务行政诉讼

税务行政诉讼是指纳税人和其他税务当事人认为税务机关及其工作人员作出的具体税务行政行为违法或者不当，侵犯了其合法权益，依法向人民法院提起行政诉讼，由人民法院对具体税务行为的合法性和适当性进行审理并作出裁决的司法活动。

（一）税务行政诉讼的受案范围

税务行政诉讼的受案范围与税务行政复议的受案范围基本一致，包括：

（1）税务机关作出的征税行为：一是征收税款、加收滞纳金；二是扣缴义务人、受税务机关委托的单位作出代扣代缴、代收代缴行为及代征行为。

（2）税务机关作出的责令纳税人提交纳税保证金或者纳税担保行为。

（3）税务机关作出的行政处罚行为：一是罚款；二是没收违法所得；三是停止出口退税权；四是收缴发票和暂停供应发票。

（4）税务机关作出的通知出境管理机关阻止出境行为。

（5）税务机关作出的税收保全措施：一是书面通知银行或者其他金融机构冻结存款；二是扣押、查封商品、货物或者其他财产。

（6）税务机关作出的税收强制执行措施：一是书面通知银行或者其他金融机构扣缴税款；二是拍卖所扣押、查封的商品、货物或者其他财产抵缴税款。

（7）认为符合法定条件申请税务机关颁发税务登记证和发售发票，税务机关拒绝颁发、发售或者不予答复的行为。

（8）税务机关的复议行为：一是复议机关改变了原具体行政行为；二是期限届满，税务机关不予答复。

（二）税务行政诉讼的管辖

税务行政诉讼的管辖分为级别管辖、地域管辖和裁定管辖。

1. 级别管辖

级别管辖是上下级人民法院之间受理第一审税务案件的分工和权限。根据《行政诉讼法》的规定，基层人民法院管辖一般的税务行政诉讼案件；中高级人民法院管辖本辖区内重大、复杂的税务行政诉讼案件；最高人民法院管辖全国范围内重大、复杂的税务行政诉讼案件。

2. 地域管辖

地域管辖是同级人民法院之间受理第一审行政案件的分工和权限，分一般地域管辖和特殊地域管辖两种。

（1）一般地域管辖。一般地域管辖指按照最初作出具体行政行为的机关所在地来确定管辖法院。凡是未经复议直接向人民法院提起诉讼的，或者经过复议，复议裁决维持原具体行政行为，当事人不服向人民法院提起诉讼的，根据《行政诉讼法》第十七条的规定，均由最初作出具体行政行为的税务机关所在地人民法院管辖。

（2）特殊地域管辖。特殊地域管辖指根据特殊行政法律关系所指的对象来确定管辖法院。税务行政案件的特殊地域管辖主要是指经过复议的案件，复议机关改变原具体行政行为的，由原告选择最初作出具体行政行为的税务机关所在地的人民法院，或者复议机关所在地人民法院管辖。原告可以向任何一个有管辖权的人民法院起诉，最先收到起诉状的人民法院为第一审法院。

3. 裁定管辖

裁定管辖是指人民法院依法自行裁定的管辖，包括移送管辖、指定管辖及管辖权的转移三种情况。

（1）移送管辖。移送管辖，是指某一人民法院受理行政案件后，发现自己对该案件无管辖权而将其移送给有管辖权的人民法院管辖。根据规定，人民法院发现受理的行政案件不属于自己管辖时，应当移送有管辖权的人民法院；受移送的人民法院不得再行移送。"发现"可以是主动发现，也可以是因当事人提出管辖权异议而发现。如果被告认为受诉人民法院无管辖权，应当在收到起诉状副本之日起15日内提出管辖权异议。受诉人民法院应当对异议进行审查，若认为异议不成立，裁定驳回；若认为异议成立，则裁定将案件移送有管辖权的人民法院。人民法院对管辖权异议审查后确定有管辖权的，不因当事人增加或者变更诉讼请求等改变管辖，但违反级别管辖、专属管辖规定的除外。

（2）指定管辖。指定管辖，是指上级人民法院根据法律的规定，指定其管辖区域内的下级人民法院对某一行政案件行使管辖权。有管辖权的人民法院由于特殊原因，不能行使管辖权的，由上级人民法院指定管辖。人民法院对管辖权发生争议，由争议双方协商解决；协商不成的，报其共同的上级人民法院指定管辖。"特殊原因"既包括法律上的原因，如因当事人申请回避或审判人员自行回避而导致无法组成合议庭进行审理，也包括事实上的原因，如因地震、水灾等使有管辖权的人民法院无法对行政案件行使管辖权。

（3）管辖权的转移。管辖权的转移，是指经上级人民法院决定或同意，将行政案件的管辖权由下级人民法院移送给上级人民法院。根据规定，上级人民法院有权审理下级人民法院管辖的第一审行政案件。下级人民法院对其管辖的第一审行政案件以及需要由上级人民法院审判的案件，可以报请上级人民法院决定。

（三）税务行政诉讼的起诉和受理

1. 税务行政诉讼的起诉

税务行政诉讼的起诉，是指公民、法人或者其他组织认为自己的合法权益受到税务机关具体行政行为的侵害，而向人民法院提出诉讼请求，要求人民法院行使审判权，依法予以保护的诉讼行为。起诉，是法律赋予税务行政管理相对人、用以保护其合法权益的权利和手段。在税务行政诉讼等行政诉讼中，起诉权是单向性的权利，税务机关不享有起诉权，只有应诉权，即税务机关只能作为被告；与民事诉讼不同，作为被告的税务机关不能反诉。

纳税人、扣缴义务人等税务管理相对人在提起税务行政诉讼时，必须符合下列条件：

（1）原告是认为具体税务行为侵犯其合法权益的公民、法人或者其他组织。

（2）有明确的被告。

（3）有具体的诉讼请求和事实、法律根据。

（4）属于人民法院的受案范围和受诉人民法院管辖。

此外，提起税务行政诉讼，还必须符合法定的期限和必经的程序。对税务机关的征税行为提起诉讼，必须先经过复议；对复议决定不服的，可以在接到复议决定书之日起15日内向人民法院起诉。对其他具体行政行为不服的，当事人可以在接到通知或者知道之日起六个月内直接向人民法院起诉。

税务机关作出具体行政行为时，未告知当事人诉权和起诉期限，致使当事人逾期向人民法院起诉的，其起诉期限从当事人实际知道诉权或者起诉期限时计算。但最长不得超过2年。

2. 税务行政诉讼的受理

原告起诉，经人民法院审查，认为符合起诉条件并立案审理的行为，称为受理。对当事人的起诉，人民法院一般从以下几方面进行审查并作出是否受理的决定：一是审查是否属于法定的诉讼受案范围；二是审查是否具备法定的起诉条件；三是审查是否已经受理或者正在受理；四是审查是否有管辖权；五是审查是否符合法定的期限；六是审查是否经过必经复议程序。

根据法律规定，人民法院接到诉状，经过审查，应当在7日内立案或者作出不予受理的裁定。原告对不予受理的裁定不服的，可以提起上诉。

（四）税务行政诉讼的审理和判决

人民法院对受理的税务行政案件。经过调查、收集证据、开庭审理之后。分别作出如下判决：

（1）维持判决。适用于具体行政行为证据确凿，适用法律、法规正确，符合法定程序的案件。

（2）撤销判决。被诉的具体行政行为主要证据不足，适用法律、法规错误，违反法定程序，或者超越职权、滥用职权，人民法院应判决撤销或部分撤销，同时可判决税务机关重新作出具体行政行为。

（3）履行判决。税务机关不履行或拖延履行法定职责的，判决其在一定期限内履行。

（4）变更判决。税务行政处罚显失公正的，可以变更判决。

对一审人民法院的判决不服，当事人可以上诉。对发生法律效力的判决，当事人必须执行，否则人民法院有权依对方当事人的申请予以强制执行。

【项目引例分析】

问题（4）：行政诉讼一审败诉后稽查局该怎么办？

税务行政诉讼是纳税人一项重要的救济权。税务机关应当尊重纳税人的诉讼权利，在诉讼过程中，充分行使诉讼权利、履行诉讼义务，自觉接受司法监督，不干预、阻碍人民法院受理和审理税务行政诉讼案件。对于本案中，县人民法院作出的"撤销稽查局作出的税务行政处罚决定书"一审判决，稽查局应当一方面尊重法院的判决，一方面积极做好准备，依据《行政诉讼法》规定，在判决书送达之日起 15 日内向市人民法院提起上诉。

📝 项目小结

税务管理的法律规范是《税收征管法》，《税收征管法》是税法的重要组成部分。国家制定《税收征管法》的目的是加强税收征收管理，规范税收征纳行为，保障国家税收收入，保护纳税人的合法权益。

税务管理包括税务登记基础管理、税收征收管理、税务检查、违反税务管理规定行为的处罚、税务行政复议和税务行政诉讼五部分。

📋 思维导图

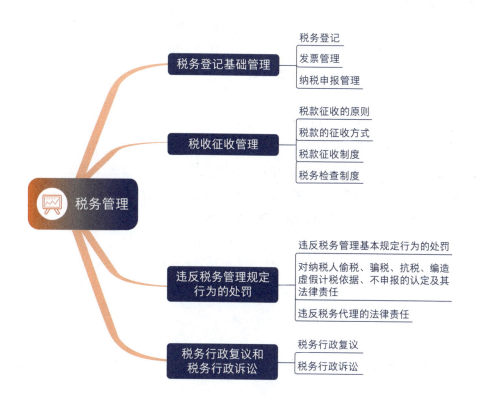

📝 项目练习

一、单选题

1. 根据税收征收管理法律制度的规定，采取数据电文方式办理纳税申报的，其申报日期应当以（   ）为准。

A. 纳税人、扣缴义务人首次在税务机关指定系统中填报的时间

B. 纳税人、扣缴义务人发出纳税申报数据电文的时间

C. 税务机关收到纳税申报数据电文确认书的时间

D. 税务机关计算机网络系统收到纳税申报数据电文的时间

2. 下列涉税专业服务业务中，代理记账机构可以从事的是（   ）。

A. 纳税申报代理   B. 专业税务顾问

C. 涉税鉴证   D. 纳税情况审查

3. 某公司将税务机关确定的最晚应于 202× 年 11 月 5 日缴纳的税款 30 万元拖至 202× 年 11 月 15 日缴纳，根据税收征收管理法律制度的规定，税务机关应依法加收该公司滞纳税款的滞纳金为（   ）元。

A. 150   B. 1 500

C. 1 000   D. 2 250

4. 根据税收征收管理法律制度的规定，下列各项中，属于税收保全措施的是（   ）。

A. 查封纳税人价值相当于应纳税款的货物

B. 停止出口退税权

C. 书面通知纳税人开户银行从其存款中扣缴税款

D. 拍卖纳税人价值相当于应纳税款的货物，以拍卖所得抵缴税款

5. 税务机关采取税收保全措施的期限一般不得超过（   ）。

A. 3 个月   B. 6 个月

C. 12 个月   D. 24 个月

二、多选题

1. 根据税收征收管理法律制度的规定，下列各项中，可以不办理税务登记的有（   ）。

A. 国家机关

B. 企业在外地设立的分支机构

C. 无固定生产经营场所的流动性农村小商贩

D. 负有个人所得税纳税义务的自然人

2. 根据税收征收管理法律制度的规定，纳税申报方式包括（　　　　）。

A. 自行申报   B. 邮寄申报

C. 数据电文申报   D. 简易申报

3. 根据税收征收管理法律制度的规定，下列各项中，属于税款征收方式的有（　　　　）。

A. 查验征收   B. 定期定额征收

C. 查账征收   D. 查定征收

4. 下列各项中，属于行政复议机关受理行政复议申请应符合的条件有（　　　　）。

A. 有明确的申请人和符合规定的被申请人

B. 申请人与具体行政行为有利害关系

C. 有具体的行政复议请求和理由

D. 其他行政复议机关尚未处理同一行政复议申请，人民法院尚未受理同一主体就同一事实提起的行政诉讼

5. 税务行政诉讼的管辖分为（　　　　）。

A. 属地管辖   B. 级别管辖

C. 地域管辖   D. 裁定管辖

三、判断题

1. 从事生产、经营的纳税人应当自领取工商营业执照之日起 15 日内，向生产、经营地或者纳税义务发生地的主管税务机关申报办理税务登记。（　　　）

2. 纳税人在办理注销税务登记前，应当向税务机关结清应纳税款、滞纳金、罚款，缴销发票、税务登记证件和其他税务证件。（　　　）

3. 纳税人享受减税、免税待遇的，则不需要再办理纳税申报。（　　　）

4. 已缴入国库的税款、滞纳金、罚款，任何单位和个人不得擅自变更预算科目和预算级次。（　　　）

5. 纳税人有解散、撤销、破产情形的，可在清算后向其主管税务机关报告，未结清税款的，由其主管税务机关参加清算。（　　　）

项目十五　数字化时代下的税收

项目引例

《德勤机器人上岗喽！》之专票管理和纳税申报新玩法

2017 年 5 月，中国第一款财务机器人"德勤财务机器人"发布，2017 年 8 月 17 日，德勤中国发布了"《德勤机器人上岗喽！》之专票管理和纳税申报新玩法"，本书节选了其中部分内容：

一、案例分享：增值税发票管理

（一）业务背景

随着全国金税三期实施的深入，"以票控税"的理念进一步执行，税务局对于增值税发票管理的要求越来越严格。目前大部分企业会针对增值税专用发票进行查验，鉴别发票真伪，确保发票合规，以便进行进项税抵扣和纳税申报。众多大企业，尤其是在财务共享服务中心模式下，由于纳税主体多，收票量大，目前的发票管理和进项税确认申报工作繁重，造成了财税流程自动化建设中的一大瓶颈。

（二）"小勤人"上岗

财务人员把增值税发票放入扫描仪中进行扫描，配合 OCR（Optical Character Recognition，光学字符识别）技术和 Insight Tax Cloud 发票查验云助手，不到一分钟的时间，德勤机器人（小名"小勤人"）已经成功查验了一张发票并在 Excel 表中登记了结果。然后财务人员将增值税发票移送到税务部门，税务人员会启动"小勤人"，让它自动去发票选择确认平台下载增值税发票批量勾选文件，再根据刚刚登记的发票清单去匹配，自动判断发票是否可以认证抵扣。"小勤人"会把需要勾选的发票整理成批量勾选文件，再导入到发票选择确认平台中，就可以抵扣进项税了。

（三）"小勤人"纳税申报

"小勤人"会自动登录系统，收集数据，填写表单，在工作结束后还会发送邮件告知。整个流程自动化程度可达 90% 以上。

二、德勤洞察

税务工作很大程度上需要人的经验和思考，但严格的合规性要求往往也带来大量重复性的工作，使得最宝贵的人工被这类工作无情占据。机器人自动化在显著提升流程效率、减少总体操作时间的同时，为企业实现税务流程自动化提供了新思路。我们认为，企业应该勇于创新，打造一个人工、信息系统、机器人三者和谐共存的生态环境，使得效率最大化，并且可扩展深入应用以满足企业长远发展需要。

模块一　数字化税务

数字化税务

步入工业 4.0，万物互联，云端行走。每一个人、每一个企业、每一个政府的信息都成为了云端的数据，所有东西都刻上了数据的属性，数据技术日趋成熟，通过数字技术，每样东西的产生、管理、使用和销毁都通过电脑处理，我们生活在一个数字化时代。

在数字化时代下，我们的税务征管从税务登记到征收管理也都越来越依赖于数字技术。

一、税务登记

税务登记又称纳税登记，主要包含设立登记，停业、复业登记，跨区域涉税事项报验等，目前的登记方法基本都依赖网络办理。

（一）设立登记

目前我国实行"多证合一、一照一码"管理办法，由市场监督管理部门核定后发放加载法人和其他组织统一社会信用代码的营业执照替代税务登记证。企业领取营业执照后，便可办理税务登记手续。以网络操作为例，新办企业税务登记具体流程如下：

1. 下载电子营业执照

加载统一社会信用代码的营业执照，是企业和组织在税务部门的数字税务账户。税务部门通过 18 位的统一社会信用代码，并利用数字技术与各政府部门、金融机构、投资机构、审计机构等实时共享信息，实时收集和处理与纳税人相关的税务信息。

企业操作员可通过扫描当地税务机关提供的二维码，根据提示，进行操作，下载电子营业执照，并根据提示注册账号、设置密码，该账号和密码是企业将来登录当地电子税务局、社保等系统账户的账号与密码。

2. 新户报到

操作员登录当地电子税务局官网，选择"新户报到"，再选择"新办纳税人套餐"，按页面提示信息填写并上传相关资料。各地电子税务局的操作界面可能存在差异，但基本操作方法是一样的，需要填写的主要信息有：

（1）税务信息确认。企业在填写税务信息确认采集表时，可以自动带出工商部门采集的信息，达到信息共享，避免纳税人重复操作。另外，纳税人还需要补充完善一些信息，如登记注册类型、主管税务机关、证照名称、生产经营地址、从业人数、单位性质、适用会计制度、所处街乡等信息。填写完毕后，点击"保存"，完成税务信息确认采集。

（2）财务相关信息。包括纳税人存款人账户信息、委托银行划缴税款三方协议书、银税库三方协议账号网络签订等。

（3）经营项目类别，等等。

另外，企业在填写资料时可选择是否申请成为增值税一般纳税人、是否申请税控盘和领取发票等事项。

3. 完成实名认证

企业应办理实名办税身份信息采集，进行实名认证，未实名认证的办税人员无法办理企业相关的涉税事项。具体操作如下：

（1）登录当地电子税务局官网，单击"我要办税"。

（2）新成立企业选择账号登录。

（3）依次单击"我的信息""用户管理""实名办税身份信息采集"，完成法定代表人、财务负责人、办税员信息采集。

4. 申请税控盘和领取发票

若企业需要开发票，在税务报到后可申请税控盘并领取发票。企业可在税务局办理大厅或电子税务局办理，办理时需要提供下列资料：

（1）营业执照副本原件、复印件和经办人身份证件。

（2）企业公章、财务专用章、法人代表章、发票专用章。

（3）基本存款账户信息和基本存款账户编号。

（4）票种核定单。

需要注意的是，申请税控盘需要交纳税控基础费用。填写完资料并交纳费用后，税务机关会按规定发放税控盘和发票。

（二）停业、复业登记

定期定额征收方式的个体工商户遇特殊情况需暂时停业一个月以上的，应向主管税务机关办理停业登记，以后需要复业时，也应向主管税务机关办理复业登记。目前，大部分地区都可通过本省电子税务局办理停业复业登记。

1. 停业登记

纳税人需要停业的，应当在停业前向税务机关申报办理停业登记，停业期限不得超过一年。纳税人通过本省电子税务局办理停业的一般登记流程如下：

（1）进入【我要办税】-【综合信息报告】-【状态信息报告】-【停业登记】，打开表单页面。

（2）填写表单资料。在申报办理停业登记时，应如实填写停业申请登记表，具体内容包括纳税人的基本信息资料，说明停业理由、停业期限、停业前的纳税情况和发票的领、用、存情况，并结清应纳税款、滞纳金、罚款。税务机关应收存其税务登记证件及副本、发票领购簿、未使用完的发票和其他税务证件。

（3）确认资料信息无误后点击保存并提交即成功办理，弹出业务办理成功的信息提示框后，税务人员进行审核，纳税人可以在历史记录查询审核结果。

需要注意的是：如果纳税人在停业期间发生纳税义务，应当按照税收法律、行政法规的规定申报缴纳税款。

2. 复业登记

纳税人应当于恢复生产经营之前，向税务机关申报办理复业登记，如实填写"停、复业报告书"，领回并启用税务登记证件、发票领购簿及其停业前领购的发票；纳税人停业期满不能及时恢复生产经营的，也应当在停业期满前向税务机关提出延长停业登记申请，并如实填写"停、复业报告书"。纳税人通过本省电子税务局办理复业的一般登记流程如下：

（1）进入【我要办税】-【综合信息报告】-【状态信息报告】-【复业登记】，打开表单页面。

（2）进入复业登记填写表单页面，填写表单资料。具体内容包括纳税人的基本信息资料，复业的时间、地点等信息。

（3）确认资料信息无误后点击保存并提交即成功办理，弹出业务办理成功的信息提示框，此业务为立即办结。

（三）跨区域涉税事项报验

纳税人跨区域经营，可通过本省电子税务局办理相关业务，如广东省电子税务局通过【公众服务】-【套餐业务】-【跨区域涉税事项办理】进行跨区域涉税事项报验。办理时需要注意以下事项：

（1）纳税人跨区域经营，应向机构所在地税务机关填报"跨区域涉税事项报告表"，不再开具"外出经营活动税收管理证明"。

（2）首次在经营地办理涉税事宜时，向经营地的税务机关报验。

（3）跨区域经营活动结束后，应结清经营地的税务机关应纳税款以及其他涉税事项，并向经营地的税务机关填报"经营地涉税事项反馈表"。经营地的税务机关应当及时将相关信息反馈给机构所在地的税务机关，纳税人不需要另行向机构所在地税务机关反馈。

二、税务变更

已领取加载统一社会信用代码营业执照的企业，如果生产经营地址、财务负责人、核算方式、从业人数、办税人等登记信息发生变化的，应向主管税务机关办理变更登记。如广东省通过电子税务局办理税务变更的具体操作流程如下：

（1）打开广东省电子税务局官网平台，单击"我要办税"。

（2）登录。

（3）在"税务登记变更"模块点击"新建申请"。

（4）根据企业变更的事项选择变更信息并按要求提交相应证明材料。

（5）全部证明材料附件上传完毕，点击"关闭"，回到主菜单，勾选已经添加的附件，点击"提交申请"，系统确认提交后提示"您的申请已提交成功"。

（6）返回办理流程界面，点击"查询受理结果"，可以看到"税务机关正在受理中"。

（7）进入"正在办理"页面，点击相应业务，点击"查询受理结果"即可查询相应业务的受理结果或状态，当业务受理状态为"已办结"时系统会自动弹出回执，告知税务变更受理情况。

三、智慧税务

为推动互联网创新成果与税收工作深度融合，国家税务局着力打造全天候、全方位、全覆盖、全流程、全联通的智慧税务生态系统。"互联网＋税务"系列产品有很多，此处仅介绍部分产品或服务。

（一）涉税云服务

目前，我国"新基建"行业发展迅速，所谓的"新基建"，即5G、人工智能、工业互联网、物联网等新兴基础设施建设。具体指三个方面：

1. 信息技术设施

基于新一代信息技术演化生成的基础设施，包括了以5G、物联网、工业互联网、卫星互联网为代表的通信网络基础设施。

2. 融合基础设施

深度应用互联网、大数据、人工智能等技术，支撑传统基础设施转型升级，进而形成的融合基础设施，包含以人工智能、云计算、区块链等为代表的新技术基础设施。

3. 创新基础设施

以数据中心、智能计算中心为代表的算力基础设施等。

云服务、数据中心是新基建的灵魂，云计算也是数字技术基础设施的底座，只有云计算、大数据、人工智能、物联网、5G 协同发展，才能产生聚变效应和辐射效应。

云服务使线下物理办公变线上远程办公，效率高，成本低。

我国税务局也与各大云服务商合作，通过整合、优化和新建的方式，将税务系统传统基础设施体系的改造与云计算平台的建设结合，搭建标准统一、新老兼顾、稳定可靠的税务系统内部基础设施架构，逐步形成云计算技术支撑下的基础设施管理、建设和维护的新体系。

例如，用友网络云服务业 2016 年初和 2017 年 9 月分别推出发票服务和税务服务平台，为企业提供开票、受票、增值税进销项管理、纳税申报、系统集成等一体化的解决方案和运营服务。平台能顺利运营，与税务系统的基础设施统一标准是关键。

（二）电子化发票

1. 电子发票

电子发票同普通发票一样，采用税务局统一发放的形式给商家使用，发票号码采用全国统一编码，采用统一防伪技术，分配给商家，在电子发票上附有电子发票税务局的签名机制。相对于纸质发票来说，电子发票是纸质发票的电子映像和电子记录，不需要纸质载体，不需要经过传统纸质发票的印制环节。与传统纸质发票相比，纳税人申领、开具、流转、查验电子发票等都可以通过税务机关统一的电子发票管理系统在互联网上进行，发票开具更快捷、查询更方便。

2. 区块链电子发票

区块链电子发票是指发票的整个流转环节都是在区块链这个分布式计算处理载体下运行的发票。它具有如下特点：

（1）发票申领、开具、查验、入账等流程实现链上储存、流转、报销。区块链电子发票具有全流程完整追溯、信息不可篡改等特性，与发票逻辑吻合，能够有效规避假发票，完善发票监管流程。

（2）区块链发票连结每一个发票干系人，可以追溯发票的来源、真伪和入账等信息，解决发票流转过程中一票多报、虚报虚抵、真假难验等难题。

（3）没有数量、金额的限制。

（4）低成本、流程简化、数据安全和隐私保障。

3. 区块链电子发票与电子发票的区别

（1）区块链电子发票没有"机器编号"。

（2）密码区的编码方式明显不同。电子发票如增值税电子普通发票的密码区编码全是阿拉伯数字，而区块链电子发票的密码区是英文数字和阿拉伯数字的结合。

（3）发票代码最后一位数字不同。电子发票如增值税电子普通发票的发票代码最后一位数为"1"，而区块链电子发票的发票代码最后一位数为"0"。

（4）区块链电子发票抬头名称里少了"增值税"这三个字。

（三）纸质发票服务网络化

（1）纸质发票的申领和验旧，均可通过发票服务平台实现，且发票可自动验旧。

（2）查验服务。全国统一的发票查验云平台，提供可通过网页、移动应用、微信、短信等多渠道随时、随地、随需查验的全国发票一站式云查验服务。

（四）申报缴纳服务多元化

1. 多元化纳税申报

（1）电脑申报：在网上申报纳税平台申报，实现申报纳税网上办理全覆盖和资料网上采集全覆盖。

（2）移动互联网申报：通过下载 APP，在移动互联网上申报。

（3）电话申报：在电话语音提示下通过电话键盘完成申报。

2. 催报催缴

通过互联网推送方式，在税款征收和稽查执行环节，向未在规定时限内缴纳税款或查补税款的纳税人进行催报催缴。

3. 多渠道缴纳税款

支持银行转账、POS 机、网上银行、手机银行、第三方支付等多种税款缴纳方式，保障纳税人支付环境安全。

4. 电子退税

打通外部申请与内部审批流程的衔接，实现退税业务办理电子化、网上一站式办结。优化出口退税和一般退税流程，提供网上申请、单证审核和业务办理进度的跟踪。

（五）智能应用

1. 个性化信息推送

（1）针对不同行业、不同类型的纳税人实施分类差异化推送相关政策法规、办税指南、涉税提醒等信息，提供及时有效的个性化服务。

（2）提供涉税信息网上订阅服务，按需向用户提供信息和资讯。

（3）基于税收风险管理，向特定纳税人推送预警提示，让纳税人及时了解涉税风险，引导自查自纠。

2. 涉税大数据运用

（1）将手工录入等传统渠道采集的数据和通过互联网、物联网等新型感知技术采集的数据以及第三方共享的信息，有机整合形成税收大数据。运用大数据技术，整合资源，支撑纳税服务、税收征管、政策效应分析、税收经济分析等工作，优化纳税服务，提高税收征管水平，拓展税收服务国家治理的新领域。

（2）在互联网上收集、筛选、捕捉涉税数据和公开信息，通过分析挖掘，为纳税人提供更精准的涉税服务，为税源管理、风险管理、涉税稽查、调查取证等工作提供信息支持。

【项目引例分析】

正是数字化技术的发展，"小勤人"才能模仿并高效完成"会计人"的工作。随着数字技术的不断进步，社会将越来越智能化。如广州南沙区税务局构建的"全域数字化税收服务机制"，从 2020 年 1 月 1 日起，南沙区税务局通过税收"大数据"赋能，重点针对发票管理、政策落实、办税流程、税收风险防控等领域进行改革。运用税收"大数据"等技术，南沙区税务局为纳税人提供主动、精准、便捷、智能的税收管理服务；通过全面推行电子发票和区块链电子发票，运用税务信息系统和数据管税，实行多缴税费主动退还机制，依托税收"大数据"管理实施精准化税费优惠政策落实机制，实行纳税人税收风险"大数据"体检等。

模块二　RPA 的税务应用

一、RPA 的含义

RPA 是 Robotic Process Automation 的缩写，翻译为流程自动化机器人，又可以称为 "Digital Labor"，即数字化劳动力。机器人参考人工在电脑桌面上的操作行为，依据人工操作的规则和行为，模拟人的方式自动执行一系列特定的工作流程。

从功能上来讲，RPA 是一种处理重复性工作和模拟手工操作的程序，可以实现数据检索与记录、图像识别与处理、平台上传与下载、数据加工与分析、信息监控与产出等五大功能。它能 24 小时机器处理；基于明确规则编写脚本；以系统外挂形式部署操作；模拟用户操作与交互。

基于它的功能与特点，目前，已有不少企业在办公领域采用 RPA 取代一些重复和繁琐的日常流程，其中就包括税务管理。

二、财务机器人的税务应用

财务机器人是 RPA 在财务领域的具体应用，本质上是一种处理重复性工作、模拟手工操作的程序，用以辅助财务人员完成交易量大、重复性高、易于标准化的基础业务，尤其是对于多个异构以及不允许开放接口和源代码的系统，从而优化财务流程，提高业务处理效率和质量，减少财务合规风险，使资源分配在更多的增值业务上，促进财务转型。其中，财务机器人在税务中的应用主要有以下几方面：

（一）自动报税

通过设计流程，让机器人每月定时、自动为企业进行纳税申报，报税时与最新财税政策及申报表同步更新，支持批量申报，7×24 小时工作制，效率高、成本低、准确率近 100%。

以增值税纳税申报为例，通过流程设计，机器人可以对接税务申报系统，让机器人自动为企业填报增值税纳税申报资料。具体设计如下：

（1）机器人每月自动读取数据，加载进项数据、销项数据。

（2）加载完进项数据、销项数据后，进入申报系统，由机器自动填写增值税纳税申报表及其附列资料。

（3）机器人自动登录税务申报系统执行纳税申报底稿的读取、增值税主动报送抵扣，自动填写表单并汇总、以及进行合同自动比对等。

（4）结果反馈。

（二）税务研究与规划

企业纳税申报需要遵守相关法律法规，同时，需要通过税务筹划优化企业税务管理。通过认知计算，计算机可以收录相关法律法规、条例及其他官方指引，并自动同步更新，从而提供税务状况的实时信息，并提供前瞻性策略来改善其业务。

（三）税务管理

在全球复杂多样的税务环境下，基于税务筹划、税务核算、税务申报、税务检查四个环节构建商务模式，将税务核算与核算体系相结合，应对税务稽查与检查，降低企业涉税风险。

1. 税务核算

无缝对接业务、财务、税务系统，及时掌握企业的销项开票数据，实现数据的集中化，从源头上实时掌握发票开具的真实情况。对进项税发票建立发票池管理，通过扫描、勾选等方式直接从税务局平台获取、认证并同时进行发票验真。相应完成税务核算内容。

2. 税务申报

如前所述，通过流程设计，企业系统直接对接税务申报系统，与最新财税政策及申报表同步更新，实现一键报税。

3. 税务筹划

财务机器人掌握了大量的业务、财务、税务数据，也储存了最新的财税法规，可以有效地为企业进行税务筹划。

4. 税务检查

将日常业务及财务处理中的税务风险点嵌入财务机器人系统，由机器人识别相关风险，将异常税务数据及时传递给税务会计，及时分析、查找异常原因，有效规避风险。

【项目引例分析】

"小勤人"模拟并增强了人与计算机的交互过程，准确高效地进行发票的查验和申报抵扣，自动进行纳税申报工作，目前，市面上已经有越来越多的财务机器人，也越来越多企业利用财务机器人提升财务的业务处理效率。据长沙晚报报道，早在 2017 年 8 月 11 日下午，在长沙智能制造研究总院，没有任何会计基础的湖南默默云物联技术有限公司经理王晓辉，经过 20 分钟操作流程培训后，将公司上月的发票、工资发放等流水录入会计机器人系统，15 分钟后录入完毕，王晓辉惊讶地发现，会计机器人已把记账凭证、会计账簿、利润表、国地税申报表等全自动生成。经过逐一核对，会计机器人所生成的凭证、会计账簿、会计报表、报税报表准确率达到 100%。

"5 年时间里几十名会计师统计了上万家企业的财务、税务特点，在机器人的大脑里建好了上万种模型。"会计机器人项目创始人谭中东介绍，会计机器人不需要专业会计操作，便可自动完成记账、报税工作。

📝 项目小结

在现代技术下，税务征管和企业的税务报送、税务筹划和税务管理都运用上了数字技术，而且越来越智能化，人类在先进的科学技术面前，要想不被淘汰，就只能不断进步。

📊 思维导图

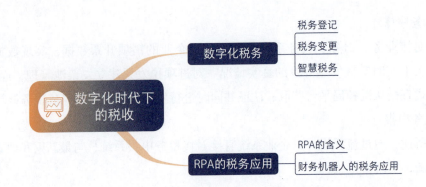

项目练习

一、单选题

1. 在计算机内，一切信息存取、传输都是以（　　　）形式进行的。

A. 十六进制   B. BCD 码

C. 二进制码   D. ASCII 码

2. 下列各项中，不属于税务登记的是（　　　）。

A. 设立登记   B. 停业登记

C. 复业登记   D. 工商登记

3. 按照"多证合一、一照一码"管理办法，纳税人领取营业执照后，应在初次办理涉税事宜时，进行（　　　）登记信息确认。

A. "多证合一"   B. 税务信息变更

C. 纳税申报   D. 跨区域涉税事项报验

4. 税务登记的停业、复业登记适用于（　　　）。

A. 一般纳税人   B. 外商投资企业

C. 扣缴义务人   D. 实行定期定额征收方式的个体工商户

5. 从事生产、经营的纳税人到外省临时从事生产、经营活动的，应当在经营地首次办理涉税事项前，向经营地税务机关办理（　　　），接受税务管理。

A. "多证合一"信息确认   B. "一照一码"手续

C. 变更登记   D. 跨区域涉税事项报验

二、多选题

1. 纳税人（　　　）事项时，需要持加载统一社会信用代码的营业执照。

A. 开立银行账户   B. 办理工商登记

C. 申请办理延期申报、延期缴纳税款   D. 申请减税、免税、退税

2. （　　　）需要在税务局完成实名办税身份信息采集。

A. 法定代表人   B. 财务负责人

C. 董事长   D. 办税员

3. 以下业务内容，一般可在当地电子税务局办理的有（　　　）。

A. 开立银行账户   B. 办理工商登记

C. 税务登记   D. 纳税申报

4. 目前，RPA 可以实现的功能有（　　　）。

A. 数据检索与记录　　　　　　　　　B. 图像识别与处理

C. 平台上传与下载　　　　　　　　　D. 数据加工与分析

E. 信息监控与产出

5. 目前，税务机器人可以完成（　　　　）任务。

A. 税务申报　　　　　　　　　　　　B. 税务核算

C. 税务检查　　　　　　　　　　　　D. 税务筹划

三、判断题

1. 法人和其他组织统一社会信用代码，是国家为每个法人和其他组织发放的一个唯一的、终身不变的主体标识代码，类似于自然人的公民身份号码。（　　　）

2. 企业在领取了加载统一社会信用代码的营业执照后，在首次办理涉税事宜时，应当进行"多证合一"登记信息确认。（　　　）

3. 财务机器人能每月定时、自动为企业进行纳税申报。（　　　）。

4. RPA 能模拟人的方式自动执行一系列特定的工作流程。（　　　）

5. 财务机器人是 RPA 在财务领域的具体应用，本质上是一种处理重复性工作、模拟手工操作的程序。（　　　）

附录 1+X 书证融通对照表

本教材内容				1+X证书职业技能等级标准		
项目	模块	节次	证书（等级）	工作领域	工作任务	职业技能要求
项目一	模块三	二	业财一体信息化应用（初级）	5. 业财一体信息化平台增值税业务处理	5.4 增值税纳税申报	5.4.1 能在信息化平台上正确计算进项税额、销项税额及应交增值税数据
	模块三	三	业财一体信息化应用（初级）	5. 业财一体信息化平台增值税业务处理	5.2 增值税发票开具	5.2.1 能根据《中华人民共和国增值税暂行条例》，在信息化平台上进行开票基本信息维护 5.2.2 能根据《中华人民共和国增值税暂行条例》，依据业务部门需求，在信息化平台上正确开具增值税专用发票、增值税普通发票、电子发票
	模块四	四	业财一体信息化应用（初级）	5. 业财一体信息化平台增值税业务处理	5.2 增值税发票开具	5.2.3 能根据《中华人民共和国增值税暂行条例》，依据业务部门需求，在信息化平台上进行发票取消操作
	模块四	五	业财一体信息化应用（初级）	5. 业财一体信息化平台增值税业务处理	5.3 增值税发票验证	5.3.1 能在信息化平台上进行电子发票的上传与查验 5.3.2 能在信息化平台上对已收到的外来增值税发票进行发票真伪验证 5.3.3 能在信息化平台上进行发票登记认证与认证业务的处理

本教材内容				1+X证书职业技能等级标准		
项目	模块	节次	证书（等级）	工作领域	工作任务	职业技能要求
	模块五	二	业财一体信息化应用（初级）	5. 业财一体信息化平台业增值税纳税业务处理	5.4 增值税纳税税申报	5.4.2 能在信息化平台上正确填制增值税纳税申报表附表 5.4.3 能在信息化平台上正确填制增值税纳税申报表
		三	业财一体信息化应用（中级）	1. 业财一体信息化平台业务流程实施	1.2 业务流程参数配置	1.2.4 能根据《企业财务通则》，在信息化平台发票管理模块中完成企业开票信息、进项销项发票信息对照等初始化设置，以便准确开具增值税发票信息
项目一	模块四	二、三、四、五	业财一体信息化应用（中级）	5. 业财一体信息化平台税务业务管理	5.1 增值税业务管理	5.1.1 能根据《中华人民共和国增值税暂行条例》及《企业财务通则》，在信息化平台上正确开具正字增值税专用发票、增值税普通发票、电子发票、及红字增值税蓝字、取消开票工作 5.1.2 能根据《中华人民共和国增值税暂行条例》，依据已收到的外来增值税发票信息，在信息化平台上及时准确确认进行增值税进项发票认证
	模块五	二	业财一体信息化应用（中级）	5. 业财一体信息化平台税务业务管理	5.1 增值税业务管理	5.1.4 能根据《中华人民共和国增值税暂行条例》，依据企业应交增值税信息，在增值税纳税申报表系统中及时准确填写增值税纳税申报表及附列资料 5.1.5 能根据《中华人民共和国增值税暂行条例》，依据企业增值税申报信息，在信息化平台上完成增值税税款缴纳工作

续表

本教材内容			1+X证书职业技能等级标准			
项目	模块	节次	证书（等级）	工作领域	工作任务	职业技能要求
项目一	模块四	三	财务数字化应用（初级）	3. 税务云增值业务处理	3.1 增值税开票与受票	3.1.1 在企业业务系统与财务数字化平台税务模块未集成的情况下，能正确开具发票，在财务数字化平台上统一管理已开票的发票记录，进行手工开票、预约开票、码上开票、文件导入开票等多种方式开票，将已开具开票的发票按照规定的流程交接给相关人员 3.1.2 在企业业务系统与财务数字化平台税务系统集成的情况下，能在财务数字化平台上完成开票业务，包括ERP集成开票、扫码自助开票、电商集成开票、APP集成开票、公众号集成开票，并将已开具的发票按照规定的流程交接给相关人员 3.1.3 能在财务数字化平台上进行电子发票的上传与查验
		五	财务数字化应用（初级）	3. 税务云增值业务处理	3.1 增值税开票与受票	3.1.5 在税企直连的情况下，能处理增值税发票登记与认证业务
项目四	模块二	二	业财一体信息化应用（高级）	5. 所得税业务处理与纳税筹划	5.1 所得税业务处理	5.1.1 能根据《中华人民共和国企业所得税法》，依据企业财务数据、收入明细表、成本费用明细表进行收入成本拆分，正确编制所得税调整表 5.1.2 能根据《中华人民共和国企业所得税法》，依据企业纳税期利润情况，计算应纳税所得额 5.1.3 能根据《中华人民共和国企业所得税法》，依据企业应纳税所得额及企业实际经营情况进行所得税调整，正确计算应交所得税额

续表

本教材内容			1+X证书职业技能等级标准			
项目	模块	节次	证书（等级）	工作领域	工作任务	职业技能要求
项目四	模块三	二	业财一体信息化应用（高级）	5. 所得税业务处理与纳税筹划	5.2 所得税申报	5.2.1 能根据《中华人民共和国企业所得税法》，依据企业应交所得税额，进行所得税预缴处理 5.2.2 能依据企业财务数据，所得税务数据，正确填写申报表、报告表，正确提交企业财务会计报表及其他纳税资料 5.2.3 能根据《中华人民共和国企业所得税法》，及时正确完成所得税费用缴纳工作，并及时出具税收缴款书，完成企业所得税纳税申报缴纳工作 5.2.4 能根据《中华人民共和国企业所得税法》，依据企业所得税缴纳情况，进行年度所得税汇算清缴
项目五	模块二	二	财务数字化应用（中级）	3. 税务云业务管理	3.1 个人所得税智能申报	3.1.2 能根据《中华人民共和国个人所得税法》，在财务数字化平台上完成专项扣除信息采集，对填报数据进行基础性的审核校验，将员工扣除信息写入税务档案 3.1.3 能依据人力资源部门提供的薪资发放明细表，在财务数字化平台上确定本期间内专项扣除信息发生变动的员工，将对应专项扣除信息电子申报表单导出，并上传至财务数字化平台个税扣缴客户端，避免企业在个税申报期重复导入员工扣除信息表
			财务数字化应用（中级）	3. 税务云业务管理	3.1 个人所得税智能申报	3.1.5 能根据《中华人民共和国个人所得税法》，在财务数字化平台上及时计算个人所得税并完成代扣代缴工作，以降低企业个人所得税涉税风险

续表

项目	本教材内容			1+X证书职业技能等级标准			
	模块	节次	证书（等级）	工作领域	工作任务	职业技能要求	
	模块三	二、三	财务数字化应用（中级）	3. 税务云业务管理	3.1 个人所得税智能申报	3.1.5 能根据《中华人民共和国个人所得税法》，在财务数字化平台上及时计算个人所得税并完成代缴工作，以降低企业个人所得税涉税风险	
	模块一	三	业财一体信息化应用（中级）	5. 业财一体信息化平台税务业务管理	5.2 个人所得税业务处理	5.2.1 能根据《中华人民共和国个人所得税法》，在信息息化平台上调整扣税基数和税率，确保符合个人所得税法的要求	
项目五	模块二	二	业财一体信息化应用（中级）	5. 业财一体信息化平台税务业务管理	5.2 个人所得税业务处理	5.2.2 能根据《中华人民共和国个人所得税法》，在信息化平台上准确完成个人所得税专项扣除信息采集和审核等环节的会计核算结果确认工作	
	模块二	二	业财一体信息化应用（中级）	5. 业财一体信息化平台税务业务管理	5.2 个人所得税业务处理	5.2.3 能根据《中华人民共和国个人所得税法》，依据个人所得税专项扣除信息，在信息化平台上及时完成个人所得税计算并进行代扣代缴个人所得税业务处理	
	模块三	二、三	业财一体信息化应用（中级）	5. 业财一体信息化平台税务业务管理	5.2 个人所得税业务处理	5.2.4 能根据《中华人民共和国个人所得税数据，依据企业个人所得税数据，在信息化平台上及时准确完成个人所得税纳税申报与缴纳工作	
项目九	模块二	二	业财一体信息化应用（中级）	5. 业财一体信息化平台税务业务管理	5.3 其他税务处理	5.3.1 能根据相关税法规定及时准确地进行印花税、房产税的统计与核算工作	

续表

项目	本教材内容			1+X证书职业技能等级标准		
	模块	节次	证书（等级）	工作领域	工作任务	职业技能要求
项目十二	模块二	一、二	财务数字化应用（中级）	3. 税务云业务管理	3.2 其他税种统计与申报	3.2.2 能根据《印花税暂行条例》，在财务数字化平台上完成印花税的台账登记与数据统计，能对异地缴纳的印花税生成印花税纳税申报（报告）表，并完成纳税申报相关工作
	模块三	二	财务数字化应用（中级）	3. 税务云业务管理	3.2 其他税种统计与申报	3.2.4 针对电子税局提供申报接口的税种，能依据企业纳税申报表内容，在财务数字化平台上通过"报税机器人"自动提交到财务数字化平台缴纳税申报模块
	模块二	一、二	业财一体信息化应用（中级）	5. 业财一体信息化平台税务业务管理	5.3 其他税务处理	5.3.1 能根据相关税法规定及时准确的进行印花税、房产税的统计与核算工作
	模块三	二	业财一体信息化应用（中级）	5. 业财一体信息化平台税务业务管理	5.3 其他税务处理	5.3.3 能根据税法规定及时完成印花税及房产税的申报及缴纳工作

参考文献 References ······

［1］杨则文．纳税实务［M］．3 版．北京：高等教育出版社，2019.

［2］梁伟样．税费计算与申报［M］．4 版．北京：高等教育出版社，2019.

［3］刘颖．东奥税务师 2020 教材　税法．Ⅰ［M］．北京：北京科学技术出版社，2020.

［4］刘颖．东奥税务师 2020 教材　税法．Ⅱ［M］．北京：北京科学技术出版社，2020.

［5］东奥会计在线．注册会计师 2020 教材上、下册［M］．北京：北京科学技术出版社，2020.

［6］全国税务师职业资格考试教材编写组．税法（Ⅱ）［M］．北京：中国税务出版社，2020.

［7］梁文涛．中国税收：税费计算与申报［M］．4 版．北京：中国人民大学出版社，2019.

黄玑，会计学副教授，广州番禺职业技术学院财经学院会计专业群骨干教师。主要研究领域为税收、纳税筹划、会计。国家精品在线开放课程"税法"教学团队核心成员，国家级精品资源共享课程"税法"教学团队核心成员，省级精品资源共享课程"会计"的参与建设者。广东省教学成果奖一等奖获得者。近年主编、参编教材近20部，主持或参与多个纵向和横向课题，公开发表学术论文多篇，其中两篇由人大复印资料全文转载。连续两年指导学生参加全国职业院校技能大赛高职组会计技能赛项获团体一等奖，并两度获得国家级技能大赛优秀指导老师奖。主持的会计专业核心课程"税务会计"已在国家级在线开放平台中国大学 MOOC 和智慧职教 MOOC 上多轮开放。

杨则文，金融学教授，高级会计师，中国注册会计师，中国注册税务师。国家"万人计划"教学名师，"广东特支计划"教学名师，广东省南粤优秀教师。国家示范专业"金融管理"专业带头人。国家级精品在线开放课程"税法"等4门国家级课程主持人。主编6部"十二五"职业教育国家规划教材和4部财政部规划教材，主持制定4项职业教育国家教学标准，获得3项国家级教学成果奖。

现任广州番禺职业技术学院财经学院院长，并担任全国金融职业教育教学指导委员会委员兼副秘书长，全国财政职业教育教学指导委员会副秘书长暨全国高职财经类专业教学指导委员会副主任委员，会计教育专家委员会理事，全国高等职业院校财经类专业在线开放课程联盟副理事长，中国商业会计学会高职高专部副主任，广州市人民政府重大行政决策论证专家，广州市财政局绩效管理专家。

郑重声明

高等教育出版社依法对本书享有专有出版权。任何未经许可的复制、销售行为均违反《中华人民共和国著作权法》,其行为人将承担相应的民事责任和行政责任;构成犯罪的,将被依法追究刑事责任。为了维护市场秩序,保护读者的合法权益,避免读者误用盗版书造成不良后果,我社将配合行政执法部门和司法机关对违法犯罪的单位和个人进行严厉打击。社会各界人士如发现上述侵权行为,希望及时举报,本社将奖励举报有功人员。

反盗版举报电话 （010）58581999　58582371　58582488

反盗版举报传真 （010）82086060

反盗版举报邮箱　dd@hep.com.cn

通信地址　北京市西城区德外大街 4 号
　　　　　高等教育出版社法律事务与版权管理部

邮政编码　100120

防伪查询说明

用户购书后刮开封底防伪涂层,利用手机微信等软件扫描二维码,会跳转至防伪查询网页,获得所购图书详细信息。用户也可将防伪二维码下的 20 位密码按从左到右、从上到下的顺序发送短信至 106695881280,免费查询所购图书真伪。

反盗版短信举报

编辑短信"JB,图书名称,出版社,购买地点"发送至 10669588128

防伪客服电话

（010）58582300

资源服务提示

授课教师如需获得本书配套教辅资源,请登录"高等教育出版社产品信息检索系统"（http://xuanshu.hep.com.cn/）,搜索本书并下载资源。首次使用本系统的用户,请先注册并进行教师资格认证。

资源服务支持电话:010-58581854 邮箱:songchen@hep.com.cn

高教社高职会计教师交流及资源服务 QQ 群:675544928

"新道教学平台"增值服务使用说明

首次进入云课堂,使用手机号 / 邮箱注册后,登录云课堂。

在线答疑及应用咨询:

（1）关注公众号"新道教育",在服务圈 – 微客服中您可获取人工实时解答;

（2）400 热线:400-6600-599。

资源服务应用咨询:

授课教师如需获取本书配套教辅资源,了解"新道教学平台",请登录新道官网 http://www.seentao.com,点击"教育服务",通过"实践教学服务"进入本课程的实践教学系统。